本书为辽宁省社会科学规划基金重点项目（项目编号：L24AYY006）中期成果

唐兰

金石学成就论考

李 刚 ◎ 著

社会科学文献出版社
SOCIAL SCIENCES ACADEMIC PRESS (CHINA)

目　录

第一章

唐兰其人其成

第一节　唐兰生平及主要学术成就

唐兰（1901~1979），字立厂（立庵、立盦），浙江省嘉兴县秀水人。中国近现代著名文字学家、金石学家和历史学家。先后在东北大学、北京大学、清华大学、北京师范大学、辅仁大学、西南联合大学等校任教，讲授《诗经》、《尚书》、"三礼"及古文字学。

唐兰早年入读商业学校，后改学中医，他在《天壤阁甲骨文存并考释·序》中说："民国肇建，余方读于商业学校，既卒业，改习医学，既为人诊疾，又颇厌之，而学为诗词。稍博览，思辑《文选注》所引古书，并为《晋书注》。九年冬，尽弃所业，就学无锡。"[①] "就学无锡"指的是1920~1923年在江苏无锡国学专修馆的学习，此时的唐兰师事清朝举人、进士唐文治先生，由是发愤治小学渐及群经。[②] 此间的研究成果包括"《说文注》四卷，《卦变发微》《礼经注笺》《孝经

---

① 唐兰编著《天壤阁甲骨文存并考释》，上海古籍出版社，2016，序第2页。
② 高明：《唐立庵先生与中国古文字学》，载张世林编《学林往事》（中册），朝华出版社，2000，第692页。

郑注正义》《栋宇考》《阃阈考》各一卷。"① 遗憾的是这些成果都没有保存下来。在研究《说文》的过程中，唐兰开始接触古文字学。"严可均、王筠之治《说文》，多援引彝铭，余作注亦颇采用吴氏之《古籀补》，因渐留意款识之学，及读孙诒让之《古籀拾遗》及《名原》，见其分析偏旁，精密过于前人，大好之，为《古籀通释》二卷，《款识文字考》一卷。"② 唐兰有关古文字学的理论建设受到了孙诒让的影响，其中的偏旁分析法是对孙氏的直接继承。

另一个对唐兰影响颇大的人物是王国维。唐兰早年以所学请教罗振玉，罗振玉又将唐兰介绍给王国维。至此，唐兰得识研究甲骨文、金文的两位前辈，这对他日后的学术研究产生了深刻的影响。"于时初知有甲骨文字，取罗氏所释，依《说文》编次之，颇有订正，驰书叩所疑，大获称许，且介之王国维氏，余每道出上海，必就王氏请益焉。"③ 在罗、王二人的推动下，甲骨文研究已成显学，陈直在《读金日札 读子日札》的引言中说："忆在民国六年，家保之兄邦怀客沪归，携回有殷墟甲骨文四、五十片，始见有甲骨文字。后复请益于邹适庐、徐积余两先生，陆续寄赠铜器拓本二百余种（甲种本记一百余种），始渐见两周文字。暇与家墨迳邦福、保之两兄互相钻研，两兄各有创获，心窃羡之。"④ 可见当时殷墟甲骨文的发现对唐兰、陈直等青年是多么有吸引力。

王国维也很欣赏唐兰，王国维1923年为商承祚《殷虚文字类编》所作序文中说："今世弱冠治古文字学者，余所见得四人焉：曰嘉兴唐立庵友兰，曰东莞容希白庚，曰胶州柯纯卿昌济，曰番禺商锡永承

---

① 唐兰编著《天壤阁甲骨文存并考释》，上海古籍出版社，2016，序第2页。
② 唐兰编著《天壤阁甲骨文存并考释》，上海古籍出版社，2016，序第2页。
③ 唐兰编著《天壤阁甲骨文存并考释》，上海古籍出版社，2016，序第2页。
④ 陈直：《读金日札 读子日札》，中华书局，2008，引言第17页。

祚。立庵孤学，于书无所不窥，尝据古书、古器以校《说文解字》。"①
王国维称唐兰为友，可见其对唐兰的器重。

王国维评价唐兰"于书无所不窥"，这足证唐兰的博学。1924 年唐兰"遂因罗氏之招至天津，馆于建德周氏，居津凡七年。初以罗氏之属校《本草经》，属稿仅半，以故辍业。拟辑诸纬及古小学书，校补《全上古三代秦汉六朝文》，订正《殷虚文字类编》，均未成。居停周学渊氏工诗词，余亦好之，日从诸词客游宴酬唱，稍废考证。仅为《白石道人歌曲旁谱考》一文，又拟为《唐宋燕乐曲考》，亦未成。其后又好读程朱之书，更泛览译籍与近人新著，所好弥广矣。"②

如果说 20 世纪 20 年代是唐兰学问的积累期，那么 30 年代则是唐兰学术研究的第一个丰收期。唐兰于 1930 年发表《跋"矢彝考释质疑"》《矢彝之又一考释》两篇文章，这两篇文章可以看作唐兰金石学研究的滥觞。1931 年春，唐兰受金毓黻之邀赴奉天，他回忆说："二十年春，东游辽沈，金毓黻氏约余编《东北丛书》，高亨氏又约余讲《尚书》于东北大学。时重理许书，病其不足以范围古文字，始用自然分类之法，拟作《名始》。席未暇暖，猝遭祸变。十月十八，浮海来归，所携书二箧，均卜辞彝铭，谓处穷可以著书也。旅居多闲，重辑《金文著录表》，但成钟鼎两类，尝编《商周古器物铭》，又作彝铭考释十余篇，为《古器物铭学》，均已付印，卒未成书。"③唐兰在其著作中多次提及自然分类法，但自然分类法的雏形如何，今天已不可查考，唐氏晚年未完稿《甲骨文自然分类法简编》，是理论与实践的结合。1931 年由奉天回到北平之后，唐兰"代顾颉刚氏讲《尚书》于燕京北京两大学，秋后遂入北大讲金文及古籍新证，旋又代董作宾

---

① 方麟选编《王国维文存》，江苏人民出版社，2013，第 715 页。
② 唐兰编著《天壤阁甲骨文存并考释》，上海古籍出版社，2016，序第 2 页。
③ 唐兰编著《天壤阁甲骨文存并考释》，上海古籍出版社，2016，序第 3 页。

氏讲甲骨文字，而师范辅仁清华中国诸大学亦相继约余讲古文字，兼及《诗》《书》《三礼》，迄今又七年矣。所编讲义有《尚书研究》《古籍新证》《先秦文化史》等，均未竟。于古文字之学，初编《钟鼎文字研究》，实为《名始》。继分甲骨钟鼎为两种，频年修订，未有定稿，惟所作《古文字学导论》已印行。"① 1931~1938年，唐兰在北京各个高校任教，所教授的课程涉及历史学、文字学等，唐氏的学问得到了顾颉刚等学者的认可。基于历史学及古器物学等领域的成就，唐兰于1936年受聘故宫博物院，任专门委员。七七事变之后，唐兰设法离开北京，最终在1939年取道香港、河内辗转至昆明，入西南联合大学任中文系副教授。②

1940年起唐兰改任西南联大中文系教授，同时担任北京大学文科研究所导师。抗日战争胜利后，北京大学迁回北平。1946年唐兰途经重庆返回北平，并在重庆第一次和通信往来达十数年之久的郭沫若晤面（30年代初即互相通信进行学术交流，1934年为郭沫若《两周金文辞大系》作序，嗣后仍书信往还，却一直未见过面）。到北平后继续担任北京大学教授，1947年代理中文系主任。③

新中国成立后，唐兰仍在北京大学担任教授兼中文系主任，并担任故宫博物院设计员。1952年全国高等院校调整后，唐兰正式调至故宫博物院，先后担任设计员、研究员、学术委员会主任、陈列部主任、美术史部主任、副院长等职，直到1966年。④"文革"中唐兰先生受到冲击，学术研究一度中断。

20世纪70年代是唐兰一生中最多产的时期，也是他从事学术研

---

① 唐兰编著《天壤阁甲骨文存并考释》，上海古籍出版社，2016，序第3页。
② 曾礼：《唐兰传略》，载《中国当代社会科学家》（第3辑），书目文献出版社，1983，第235页。
③ 曾礼：《唐兰传略》，载《中国当代社会科学家》（第3辑），书目文献出版社，1983，第236页。
④ 曾礼：《唐兰传略》，载《中国当代社会科学家》（第3辑），书目文献出版社，1983，第238页。

究取得成就最高的阶段。1972 年，唐兰在北京休假时写出《永盂铭文解释》，经郭沫若同意发表在复刊的《文物》上。同年，唐兰又对山西侯马出土的盟书进行研究，发表《侯马出土晋国赵嘉之盟载书新释》。① 1972 年唐兰参加了文物出版社召开的马王堆一号墓座谈会。② 1973 年以后，唐兰参加了长沙马王堆汉墓出土帛书、竹简的研究整理工作。③《论周昭王时代的青铜器铭刻》（1979 年根据手稿整理，发表于《古文字研究》第 2 辑）、《西周青铜器铭文分代史征》（未完稿，1986 年经唐复年整理出版）都写于这一时期。

1976 年，唐兰深感自己已年逾古稀，希望把毕生研究所得做一总结。他曾在札记中写道："竭我余生，倾筐倒箧，为我国古代史与古代社会的研究作一些贡献。"④ 又曾在致友人信中说："现在整理，不知能完全功否。但从另一角度说，现在才着手，也有好处，因我现在似乎水到渠成了，在过去整理，有些看法尚未成熟也。"⑤

1979 年 1 月 11 日，唐兰先生因病逝世。唐兰先生给我们留下了巨大的学术财富，除已发表的论文和专著，还有大量未发表的手稿。"文革"时唐先生的大量手稿丢失，但值得庆幸的是，《唐兰全集》已由故宫博物院的诸位学者整理出版。今天，我们通过研读唐兰先生的著作和文章可以窥见其学问之博大、考释之精密。唐兰一生著作颇丰，但致力最久的要数古文字学，他本人在文字学、考古学以及古史研究方面所取得的成就都与古文字学分不开，下文将从文字学、考古学、历史学三个方面来介绍唐兰的学术成就。

---

① 曾礼：《唐兰传略》，载《中国当代社会科学家》（第 3 辑），书目文献出版社，1983，第 239 页。
② 朱德熙：《纪念唐立厂先生》，载《古文字研究》（第 2 辑），中华书局，1981。
③ 朱德熙：《纪念唐立厂先生》，载《古文字研究》（第 2 辑），中华书局，1981。
④ 曾礼：《唐兰传略》，载《中国当代社会科学家》（第 3 辑），书目文献出版社，1983，第 239 页。
⑤ 曾礼：《唐兰传略》，载《中国当代社会科学家》（第 3 辑），书目文献出版社，1983，第 239~240 页。

（一）文字学方面的成就

唐兰在文字学理论、古文字考释两方面取得了巨大成就，其在文字学理论方面的成果主要收录在《古文字学导论》及《中国文字学》两部著作中。文字学从传统小学中独立出来，建立自己的理论体系，这与唐兰先生的工作密不可分。

唐兰原计划要写作"古文字学七书"，这七书分别是《古文字学导论》《殷虚甲骨文字研究》《殷周古器文字研究》《六国文字研究》《秦汉篆研究》《名始》《说文解字笺正》。在唐兰的最初设想中，《古文字学导论》只是《名始》的体例，但因为学术研究及教学的需要，此书作为北京大学教学用的讲义于 1935 年由作者手写石印。《古文字学导论》除随堂发给学生外，曾加印了 100 本，由来薰阁书店公开发行。《古文字学导论》1957 年曾重印，1963 年中央党校历史研究室作为教材影印，增加作者的一篇跋及《武丁时期龟甲卜辞》和《克盨盖铭文》图版。1981 年齐鲁书社出版增订本，此版在 1963 年版的基础上补齐图十至图十八图版，并增入作者 1963 年所做部分修订。书后附张政烺先生所撰《出版附记》。2016 年，上海古籍出版社据齐鲁书社增订版整理再版，其中《整理说明》对《古文字学导论》的版本情况有简要介绍。在这部著作中，唐兰力图建立中国文字学的科学体系，全书就新文字学的建立、古文字考释方法、文字改革等问题做了深入研究。

《古文字学导论》的写作，是由内外两种因素促成的。此书本就是唐兰的写作计划之一，这是内因。

至于写作《古文字学导论》的外因，唐兰在自序中说：

古文字研究本是文字学里最重要的一部分，但过去的文字学者对古文字无深切的研究，研究古文字的人又多不懂得文字学，结果，文字学和古文字研究是分开的，文字学既因语言音韵的独立而奄奄待尽，古文字的研究也因没有理论和方法，是非漫无标准，而不能进步。这一层隔阂，多少年来，我就想设法打通的。要实现这个企图，就得把我所持的理论和所用的方法，写了出来，和学者们共同讨论，使古文字的研究，能成为科学。①

这里唐兰讲了文字学与古文字研究的关系，古文字是文字学研究的对象，是材料，古文字考释只是文字学研究的具体工作。文字学与古文字研究的不同正如训诂与训诂学的不同。文字学是理论和方法，古文字研究必须有文字学理论的指导。没有古文字研究，文字学理论只能在许慎"六书说"的框架内修修补补。古文字研究如果不上升到理论的高度，那就只是"技"，永远无法升华为"道"。唐兰这种"正名"的工作是很有必要的。唐兰在《古文字学导论》引言中又说：

近来学术界有一种风尚，崇信异国人所做的中国学术研究，而把自己的专门学者看成"东家丘"。异国人的治学方法，可以钦佩的地方固然很多，但他们也有所短。即如语言和文字两方面，语言声韵是他们所能擅长的，文字训诂却就不然。有些人瞧见异国人对语言声韵研究得很有些成绩，就去推崇这一类学问，因之文字学就不被重视，这种观念是错误的。我们要纠正这种错误，就得赶快把古文字学的基础建立起来，使它成为一种科学。②

20 世纪初，中国传统学术受西方理论的影响极大，语法学、音韵

---

① 唐兰：《古文字学导论》（增订本），齐鲁书社，1981，第 7~8 页。
② 唐兰：《古文字学导论》（增订本），齐鲁书社，1981，第 28~29 页。

学等学科在借鉴西方理论的基础上从传统小学走上了科学化、现代化的道路。但是任何一种语言和文字必定有其民族性、时代性和地域性，而汉字的民族性和地域性更是显而易见的。一味模仿西方理论不可能建立"中国文字学"的理论体系。唐兰批评时人"独标悬解""附会穿凿"之风太盛，盲目崇拜西方理论。当时的学术风气乃是时代的局限。唐兰誓要突破这种局限，建立古文字学的理论体系。这就是唐兰写作《古文字学导论》的最终目的。

这里我们需要讲一下文字学和古文字学的关系。从学科分类的角度来看，文字学应分为中国文字学和世界文字学，中国文字学又可分为汉语文字学和民族文字学。汉语文字学根据时代又可分为现代汉语文字学和古文字学。当然，文字学还应包括文字发展史及比较文字学等。文字学的研究对象是十分广泛的，唐兰先生所要建立的古文字学理论只是文字学的一个分支而已，但这一分支理论的建立却是文字学大厦的一块基石。今天各高校所设文字学专业一般指中国古文字学。唐兰《古文字学导论》一书中的文字学往往等同于古文字学。

《古文字学导论》在理论建设上的成就，唐兰自己总结道：

> 《古文字学导论》开始沟通了这两方面的隔阂，在奄奄无生气的文字学里摄取了比《史籀篇》早上一千年的殷虚文字，以及比古文经，《仓颉篇》多出了无数倍的两周文字，六国文字，秦、汉文字，从这么多而重要的材料里所呈露出来的事实，使我修正了传统的说法，建立了新的文字构成论，奠定了新的文字学的基础。在另一方面，也尽量使古文字的研究，脱离了猜谜射覆的途径，走上了科学的道路。①

---

① 唐兰：《中国文字学》，上海古籍出版社，2001，第9页。

　　唐兰先生所说的"两方面的隔阂"是指当时的文字学著作，"一部分注重构成的理论，把宋以来的六书说演述一下，从《说文》篆文里找一些例证"。这种注重构成理论的文字学著作实际仍是许慎"六书说"的余绪。唐兰注意到汉字构形理论的发展已经明显落后于古文字学的研究了。甲骨文等古文字资料的大量发现并没有促进文字学理论的发展，守旧的学者不肯或没有能力创造一种新的构形理论，守着许慎的旧说，文字学永远无法成为一门科学。"另一部分只注意字体的变迁，容庚用甲骨金文等实物来对照一下字体，也颇有人效法，因为这是比较容易讨好的。"① 时至今日，古文字字编仍是容易出成果的研究方向，这种"述而不作"虽然为学者的研究提供了资料，但在理论建设方面的贡献十分有限。《古文字学导论》提出了"三书说"理论，是当时少有的文字学理论著作，唐兰自称"奠定了新的文字学基础"，这绝非夸诞之言，目前学者公认《古文字学导论》的出版"标志着现代意义的古文字学的建立"②。

　　唐兰说《古文字学导论》"这一本小册子，分做两部分：第一部分，是由古文字学的立场去研究文字学；第二部分，是阐明研究古文字学的方法和规则"③。今天以裘锡圭《文字学概要》、刘钊《古文字构形学》、王宁《汉字构形学导论》为代表的文字学理论著作，仍然是从古文字学的立场去研究文字学，唐兰提出的这一研究方法在今天仍有指导意义。唐兰提出"对照法""推勘法""偏旁分析法"等古文字考释方法，现代学者虽有所补充，但并未提出"远胜前人"的新方法。《古文字学导论》看起来似乎不够厚重，但它在文字学领域的

---

① 唐兰：《中国文字学》，上海古籍出版社，2001，第 8 页。
② 裘锡圭、沈培：《二十世纪的汉语文字学》，载刘坚主编《二十世纪的中国语言学》，北京大学出版社，1998，第 112 页。
③ 唐兰：《古文字学导论》（增订本），齐鲁书社，1981，第 25 页。

影响却十分深远，唐兰在此书中提出的若干课题或设想，如今都已成为现实，如自然分类法已被《甲骨文字诂林》《甲骨文字编》等多部著作采用，字形通转理论已完全被接受等。

唐兰的《古文字学导论》有两个重要的理论贡献：一是打破传统"六书"理论，建立了新的古文字构形理论——"三书说"；二是总结古文字的考释方法。

唐兰在研究古文字的过程中发现了传统"六书说"的局限性。与以往《说文》研究者墨守许说不同，唐兰大胆地提出了被称为"三书说"的汉字构形理论。早年作《说文注》时，唐兰还是许学的拥趸，此时的他已完全摆脱了许学的桎梏。象形字、象意字和形声字是唐兰提出的"三书说"。任何学科的理论建议都离不开正名工作，"三书说"当然也要正名，遗憾的是《古文字学导论》中为"三书"所下的定义不十分完备。例如，象意字就不好界定，唐兰说："这里的象意文字的范围，包括旧时所谓'合体象形字'、'会意字'和'指事字'的大部分，所以和原来的会意字迥然不同，读者们对'象意'这个名词倘还不能了解，这里有一个最简捷的方法，只要把象单体物形的'象形字'，和注有声符的'形声字'区别出来，所剩下的就都是'象意'。"① 因难以界定，唐兰也只好用排除法来确定象意字的范围。一个内涵和外延并不明确的概念是不利于学术研究的。在唐兰的理论中，象意字又可分为单体象意字、复体象意字和变体象意字三种。象形文字是比较容易确定的，"象形文字的所象，是实物的形"②。象形又可细分为象身、象物和象工。形声字是"三书"和"六书"共有的分类，其范围亦相同，即包括声符的文字，所以《古文字学导论》仅对"形声字"做了比较详细的分类而没有为形声字下定义。形声字是

① 唐兰：《古文字学导论》（增订本），齐鲁书社，1981，第102~103页。
② 唐兰：《古文字学导论》（增订本），齐鲁书社，1981，第93页。

依据其来源分类的，"形声字是由象意、象语和象声演变成的。由象意字直接变成形声的，是'原始形声字'；由象语或象声转辗演变的是'纯粹形声字'；由形声字再演变出来的形声字，有的叠床架屋，是'复体形声字'。例如：殷从声声，磬从殸声。有的改头换面。例如：翌、翊并从羽声，变为昱，从立声，是'变体形声字'"①。

唐兰还将"三书说"与文字的发展时期对应起来，"由原始文字演化成近代文字的过程里，细密地分析起来，有三个时期。由绘画到象形文字的完成是原始期。由象意文字的兴起到完成，是上古期。由形声文字的兴起到完成，是近古期"②。今人往往援引古文字资料来批评《说文解字》的错误，这是没有认识到文字也有共时和历时两种形态。许慎主要依据秦汉时的文字资料来写作《说文解字》，"六书"理论自然最适用于此时期的文字系统。我们用"六书"来分析早于秦汉或晚于秦汉的文字资料，有时"扞格难通"，这是很正常的现象。建立一种适用于分析不同历史时期的文字形体的构形学说，是非常艰难的工作。唐兰的"三书说"是用来分析近古期及其以前的文字构形的。这种将文字的构形理论与文字发展时期对应起来的研究思路是值得我们借鉴的。

因为《古文字学导论》的正名工作还存在缺陷，唐兰在 1949 年出版的《中国文字学》中对"三书说"进行了补充。关于象形字，唐兰说：

象形文字画出一个物体，或一些惯用的记号，叫人一见就能认识这是什么。画一只虎的形象，就是"虎"字，象的形状，就

---

① 唐兰：《古文字学导论》（增订本），齐鲁书社，1981，第 119 页。
② 唐兰：《古文字学导论》（增订本），齐鲁书社，1981，第 83 页。

是"象"字,一画二画就是"一""二"①,方形圆形就是"□""○"。凡是象形文字:

  一 一定是独体字,

  二 一定是名字,

  三 一定在本名以外,不含别的意义。

  例如古"人"字象侧面的人形,一望而知它所代表的就是语言里的"人",所以是象形字。②

此次补充,唐兰将惯用记号字归入象形文字一类。许慎将一、二、三等积画而成的文字归入指事字一类,但这种指事字又与上下等指事字的构形明显不同。唐兰引入惯用记号字这一概念,丰富了象形字的内涵,是值得肯定的。经过这次补充,象形字的定义包含了形体和字义两个方面。

关于象意字,唐兰补充说:

  象意文字是图画文字的主要部分。在上古时期,还没有发生任何形声字之前,完全用图画文字时,除了少数象形文字,就完全是象意文字了。③

唐兰先生认为"三书说"是极精密的学说,"象形、象意、形声,叫做三书,足以范围一切中国文字。不归于形,必归于意,不归于意,必归于声。形意声是文字的三方面,我们用三书分类,就不容许

---

① 本书引文较多,引文的标点符号尽量保持原貌,少量与现行标点符号用法明显不符的地方则稍做处理不单独说明,遇到引文中明显的排版错字则直接改正不做说明。

② 唐兰:《中国文字学》,上海古籍出版社,2001,第66~67页。

③ 唐兰:《中国文字学》,上海古籍出版社,2001,第67页。

再有混淆不清的地方"①。实际上，象意字的界限很难分清，唐兰不厌其烦地举例来说明象意字：

> 古"大"字虽则象正面的人形，但是语言里的"大"和人形无关。我们可以推想，古"大"字是象大人的意义，因为小孩子总是头大，身体的比例小，而大人则身体的比例大了，头反觉得小了，所以，大人的"大"是由小子之"小"，比例得来的。由大人的"大"又引申做一般的"大"，这个字已包含了人形以外的意义，那就只是象意字。②

除认为象意字表示的是抽象的概念外，唐兰还认为象意字只注重图画某一方面的特征：

> 象意字有时是单体的，有时是复体的。单体象意文字有些近似象形文字，不过象意字注重的是一个图形里的特点，例如古"尸"字象人蹲踞，就只注重蹲踞的一点，"身"字象人大腹，就只注重大腹的一点，此外可以不管，这是象形字和单体象意字的分别。③

唐兰认为象形字和象意字都是由图画演变而来，象形字表示的是具体的实物形象，而象意字表示的是抽象的概念。用象形手段表达抽象的概念，这种造字法究竟属于哪一类？文字学、训诂学和词汇学都遇到了这个问题。王宁在《训诂学原理》一书中提出了"造意"和

---

① 唐兰：《中国文字学》，上海古籍出版社，2001，第 68 页。
② 唐兰：《中国文字学》，上海古籍出版社，2001，第 67 页。
③ 唐兰：《中国文字学》，上海古籍出版社，2001，第 67 页。

"实义"两个概念，"造意是指字的造形意图，实义则是由造意中反映出的词义。造意是以实义为依据的，但有时它仅是实义的具体化、形象化，而并非实义本身，造意只能说字，实义才真正在语言中被使用过，才能称为词的本义"①。根据王宁的理论，"大"是正面的人形，是象形字，但这是造意。从词义来看，大表示的是抽象的与"小"相反的"大"义，这是实义。这其实是字形与词义的关系问题。文字学的构形研究到底应以形为标准，以义为标准，还是形义兼顾？学者所持标准不同，得出的结论往往也不同。

唐兰认为"三书说"是精密的汉字构形理论，但其他学者还有不同的意见。裘锡圭先生指出了唐兰"三书说"存在的四大问题，第一个问题是将"三书说"与文字的形、意、声三方面相比附。

> 唐先生所说的文字的形意声，就是一般所说的文字的形音义。把象意字和形声字分别跟字义和字音联系起来，多少还有些道理。因为象意字的字形是表示字义的，形声字的声旁是表示字音的。可是把象形字跟文字的形联系起来，就使人难以理解了。所谓字音字义实际上就是字所代表的词的音义。字形可以说是词的书写形式。象形字固然是词的书写形式，象意字和形声字又何尝不是呢？为什么单单把象形字跟字形联系起来呢？如果从字形跟所代表的词发生联系的途径来看，象形字跟象意字并没有多大区别。因为象形字所象的形，是词所指的事物之形，而词所指的事物就是词义的内容。象形字的字形跟象意字的字形一样，也是表示字义的。词并没有一个独立在词义之外的、可以为象形字所象的"形"。②

---

① 王宁：《训诂学原理》，中国国际广播出版社，1996，第43页。
② 裘锡圭：《文字学概要》，商务印书馆，1988，第105页。

　　将汉字结构与形音义联系起来的分析方法始自许慎。后世学者一般都遵循这一研究原则。象形字被许慎定义为"画成其物，随体诘诎"。这个定义实际包含两方面内容：一是用图画手段摹写客观事物；二是用形体反映词义。汉字构形理论实际是在研究形和义之间的关系。裘先生批评说："把象形字跟文字的形联系起来，就使人难以理解了。"唐兰在《中国文字学》中将"人""虎"等字归入象形字，将"大"归入象意字，这都是从形义关系角度出发得出的结论。"虎"之所以为象形字，是因为形义统一。裘锡圭所说的"难以理解"，似不成立。

　　裘锡圭指出"三书说"存在的第二个问题是没有为非图画文字类型的表意字留下位置。

　　　　唐先生的象形字和象意都属于图画文字（大致相当于我们所说的用形符造成的表意字）。所以在他的三书说里，非图画文字类型的表意字是没有位置的。大概唐先生以为那些字都是后起的，而且数量也不多，可以不去管它们。但是作为关于汉字构造的一种基本理论，不考虑这些字，总不免是一个缺陷。唐先生曾把这种字称为"变体象意字"。这当然不是认真解决问题的办法。①

　　唐兰认为文字起源于图画，所以早期没有为非图画类型的文字留下位置。在《中国文字学》中，唐兰提出了"惯用符号"这个概念，"惯用符号"虽然包括"一""二""三""□""○"等一部分非图画文字，但其与象意字之间的界限仍然是模糊的，裘锡圭的这一批评

---

① 　裘锡圭：《文字学概要》，商务印书馆，1988，第105页。

是中肯的。

裴锡圭指出"三书说"存在的第三个问题是象形、象意的划分意义不大。

> 唐先生自以为三书说的分类非常明确,一点混淆不清的地方也没有。其实象形、象意的界线并不是那么明确的。唐先生在《古文字学导论》上编里把"雨"当作象形字,在上编的"正讹"里加以纠正,说"雨"应该是象意字。《导论》把"上"、"下"当作象意字,到《中国文字学》里,"上"、"下"、"□"(方)、"〇"(圆)都变成了象形字。他说象形字一定是"名字"(当是名词之意),"方"、"圆"所代表的词恐怕不能说是"名字"。可见他自己在划分象形、象意的时候也有举棋不定的情形。①

正如裴锡圭批评的那样,象形字与象意字的界限不明是"三书说"最大的不足。

裴锡圭认为"三书说"的第四个不足是将假借字排除在汉字基本类型之外。

> 三书不包括假借,因为唐先生认为假借不是造字方法。说假借不是造字方法,是可以的。但是因此就不把假借字看作汉字的一种基本类型,却是不妥当的。一个表意字或形声字在假借来表示一个同音或音近的词的时候,是作为音符来起作用的。所以,假借字(如花钱的"花")跟被借字(花草的"花"),在文字外形上虽然完全相同,在文字构造上却是不同性质的(花草的

---

① 裴锡圭:《文字学概要》,商务印书馆,1988,第106页。

"花"是由意符和音符构成的形声字，花钱的"花"是完全使用音符的假借字）。过去有人说假借是不造字的造字，也就是这个意思。假借字不但在构造上有自己的特性，而且数量很大，作用很重要。在建立关于汉字构造的理论的时候，必须把假借字看作一种基本类型，不然就不能真正反映出汉字的本质。[①]

许慎"六书"中的转注和假借是争议最多的。戴震提出"四体二用"的说法，认为转注和假借是用字法而不是造字法。戴震这一观点影响较大。如果承认假借是汉字构形的一种，那么我们就会遇到一字异构的问题。我们说第一人称代词"我"是本无其字的假借字，这一结论的前提是"我"用作第一人称代词。文字学家公认"我"是象形字，其本义是一种武器。可见，在判断"我"的构形的时候要联系它的词义。如果在研究汉字构形的时候都加上这样的前提，那么一个字就可以分析为多种结构，如"蚤"在跳蚤这个意义上是形声字，在早晨这个意义上是假借字。再如"西"在鸟在巢这个意义上是象形字，在方位名词这一意义上是假借字。以"蚤"来表示"早晨"是本有其字的假借，以"西"表示方位名词是本无其字的假借，这两种假借中的被借字都有自己的本义，被借字的本义与形体之间有着更直接的联系，我们据此认为判断一个字的结构的时候要依据其本义。

裘锡圭说"一个表意字或形声字在假借来表示一个同音或音近的词的时候，是作为音符来起作用的"，这一说法本身没有问题，但因此将假借看作汉字的一种类型就不妥了。假借是记录词的一种手段。词是音义的结合体，词的书写符号必须具备记音功能，只有具备了读音，象形字才可以被认定为文字，不具备读音的象形只能算图画。象

---

① 裘锡圭：《文字学概要》，商务印书馆，1988，第 105~106 页。

形字本身具有记音功能，在形声字中，某些象形字是作为声符使用的。假借和象形同样具有表音功能，在表音这一点上它们没有本质区别。我们之所以不将象形字看作表音符号，是因为象形字能够通过形体反映词义。我们说"虎"是象形字，是就"虎"记录哺乳动物老虎这一意义而言的，绝不是就"马虎"这一意义而言的。所以说，汉字构形理论研究的是汉字形体的特点，研究的是形与义之间的关系。

在文字学研究中，必须区分"字"和"词"，有时一个字可以代表多个词，如名词耳朵的耳与句尾语气词的耳是两个完全不同的词，它们只是共享了一个形体。词汇学将这种现象称为同形词。① 花钱的"花"的本质是用"huā"音来记录语言中的一个词，这个词的书写符号与"花朵"的"花"相同，我们应该将"花朵"和"花钱"中的两个"花"看作"同音同形词"。如果用工具书的处理手段来标记的话，写作花₁和花₂更方便理解。口语中只有同音词，书面语中才有"同形同音词"。同音同形词是词的语音形式在书面语中的符号化，这种符号化的手段是文字假借。所以说字有假借用法，但不能有假借义，词有本义和引申义，但不能有"假借义"，所谓"假借义"已经是另一个词了。"本无其字的假借"包含两重意义，"本无其字"是说这个词本没有记录它的符号，不能用文字学理论去分析这种"无形"；"假借"是说这个词在书面语中需要借用一个已有的符号去记录它。因此我们说"假借"是文字符号的用法，它不是一种汉字类型。按照我们的分析，凡将"假借"视为汉字结构类型的说法都是不可信的。

唐兰的"三书说"显然并不完美，除象形和象意界限不明外，形声与象意之间也有模糊地带。唐兰说："形声字的特点是有了声符，比较容易区别。不过有些声化的象意字，虽然也并在形声字的范围

---

① 蒋绍愚：《古汉语词汇纲要》，商务印书馆，2005，第29页。

里，就它原是图画文字的一点，我们依旧把它列入象意字。"① 如此一来，象意字与形声字也有一部分重合了。

唐兰"三书说"的提出引发了汉字构形理论研究的高潮。裘锡圭提出表意字、形声字和假借字的"三书说"。他说："表意字使用意符，也可以称为意符字。假借字使用音符，也可以称为表音字或音符字，形声字同时使用意符和音符，也可以称为半表意半表音字或意符音符字。这样分类，眉目清楚，合乎逻辑，比六书说要好得多。"②

裘锡圭是在陈梦家象形、假借、形声"三书说"的基础上提出自己的"三书说"的。不过陈梦家先是说"象形、假借和形声是从以象形为构造原则下逐渐产生的三种基本类型，是汉字的基本类型"③，又说"我们认为象形、假借、形声并不是三种预设的造字法则，只是文字发展的三个过程"④。可见陈梦家的"三书说"指的是汉字发展的三个过程而不是汉字的构形理论。

林沄从文字符号和所记录语词的关系角度提出自己的"三书说"。林先生说：

> 文字是有形的符号，语词则以一定的音表示一定的意义。文字之记录语词，就是以一定的形来代表和区别一定的音和义。从这个观点来看，文字符号和所记录语词的关系可以分为三大类，即
>
> （一）以形表义
>
> （二）以形记音

---

① 唐兰：《中国文字学》，上海古籍出版社，2001，第67~68页。
② 裘锡圭：《文字学概要》，商务印书馆，1988，第107页。
③ 陈梦家：《殷虚卜辞综述》，中华书局，1988，第77页。
④ 陈梦家：《殷虚卜辞综述》，中华书局，1988，第79页。

（三）兼及音义①

　　林先生"三书说"中第一类包括许慎"六书"中的象形、指事、会意，第二类就是"六书"中的假借，第三类就是"六书"中的形声。②

　　除陈梦家、裘锡圭、林沄提出"三书说"外，詹鄞鑫提出了"象形、指事、象事、会意、形声、变体"的"新六书说"。③ 张玉金则将汉字的造字法分为"表义法、表音法、音义法和记号法"四种。④ 王力主编的《古代汉语》在提及汉字构造时说："今天我们对于汉字构造可以作更科学的说明。首先应该认为转注、假借和汉字的构造无关；其次，对于象形、指事、会意、形声还可以作更合理的分类：一类是没有表音成分的纯粹表意字（包括象形、指事、会意）；一类是有表音成分的形声字。"⑤ 黄天树提出了"有声字""无声字"的"二书说"。⑥ 这些关于汉字构形理论的论著，都认识到传统"六书"的局限，试图建立一套科学的理论体系。汉字构形理论已呈现"百家争鸣""百花齐放"之势。

　　王宁总结汉字构形理论的历史说：

　　　　近现代文字学的许多大家对汉字理论的研究，为汉字构形学的创建打下了良好的基础。同时，文字的自觉考证和古文字学的

---

① 林沄：《古文字研究简论》，吉林大学出版社，1986，第14页。
② 林沄：《古文字研究简论》，吉林大学出版社，1986，第14~27页。
③ 詹鄞鑫：《汉字说略》，辽宁教育出版社，1991，第171页。
④ 张玉金：《汉字造字法新探》，《古汉语研究》1999年第4期。
⑤ 王力主编《古代汉语》（校订重排版），中华书局，1999，第162页。
⑥ 黄天树：《殷墟甲骨文"有声字"的构造》，载《黄天树古文字论集》，学苑出版社，2006，第270页。

建立，不但使汉字构形的规律逐步得到了多方印证，而且使文字断代的观念得到了强化。从甲骨文到秦篆历代古文字大量形体的实际面貌，隶变以后汉字形体演变的复杂事实，都对传统"六书"提出了挑战，进一步说明了"六书"仅对秦代规范的小篆是适合的，但是它无法覆盖历代的汉字构形。为了使汉字构形的类型划分能切合古文字的实际，一些文字学家提出了"三书"说。"三书"说在对汉字构造方式的概括上虽更为科学，但是就分析汉字构形的操作性来说，对古文字过于笼统，对今文字又不完全切合，始终未能将"六书"替代下来。①

目前来看，"六书说""三书说"都有不足之处。"二书说"是比较合理的分类法，但王力所提出的"二书说"太过简单。黄天树先生的"有声字"和"无声字"仅是一级分类，"有声字"和"无声字"在不同历史时期还有更加精密的二级分类，这一学说既考虑到汉字结构类型的历史变化，又考虑到汉字结构类型的层次等级，是一个切合历代汉字类型的新理论。王宁则将汉字的"构形模式"分为"单构件模式"和"加标示构件的模式"两种，王先生的构形理论核心是汉字的"结构层次"及"构件模式"，这与传统的汉字构形理论有较大的不同。黄、王二人的学说，代表了汉字构形理论发展的两个方向：一是与传统"六书"理论有密切联系的"二书说"；二是创建一套全新的构形理论，包括全新的术语系统。这两个发展方向孰优孰劣还难有定论，但可以肯定的是，在唐兰提出"三书说"之后，汉字构形理论正在加速发展。

《古文字学导论》的第二个理论贡献是总结古文字考释的方法。

---

① 王宁：《汉字构形学导论》，商务印书馆，2015，第9~10页。

唐兰将古文字考释方法归纳为如下四种。

（1）对照法或比较法

　　这种最简易的对照法，就是古文字学的起点。一直到现在，我们遇见一个新发现的古文字，第一步就得查《说文》，差不多是一定的手续。

　　对照的范围逐渐扩大，就不仅限于小篆。吴大澂、孙诒让都曾用各种古文字互相比较。罗振玉常用隶书和古文字比较，不失为新颖的见解。①

"对照法"看似简单，但要应用这种方法考释古文字却不得不重视古文字里的变例，唐兰归纳出"反写例""倒写例"两种变例。唐兰利用这种方法考释"巫"字说："十，在甲骨和铜器里常见，向来没有人认得（有人释做'癸'，非是）。假如我们去读《诅楚文》，就可以知道是'巫咸'的'巫'字，《说文》作巫，反不如隶书比较相近（十误为壬）。金文有𥎵字，以前也不认识，由此就可知道是筭字了。"②

近年来大批战国秦汉简帛出土，许多字形可与《汗简》《古文四声韵》等传抄古文相参校，对照法所参照的对象由小篆扩展至战国秦汉文字，虽然对照的范围扩大了，但小篆仍是重要的参照对象。熟读《说文》仍是利用对照法考释古文字的基本功。

（2）推勘法

　　除了"对照法"以外，往时学者所用的方法，就是"推勘

---

① 唐兰：《古文字学导论》（增订本），齐鲁书社，1981，第165~166 页。
② 唐兰：《古文字学导论》（增订本），齐鲁书社，1981，第166~167 页。

法"。有许多文字是不认识的，但因由寻绎文义的结果，就可以认识了。①

推勘法必须有其他方法辅助才能正确考释古文字。"推勘法只能使我们知道文字的一部分读音和意义，要完全认识一个文字，总还要别种方法的辅助。"② 使用推勘法的前提是要正确分析字形。"研究的时候千万不可抛开了文字的形体。"③ 唐兰应用推勘法考释"亢"字说："金文里的'𡙡'字，前人误释做'太'，我因'亢'字小篆或作'亢'，推知'𡙡'就是'亢'（亢），但最重要的证明，是'幽亢（趠鼎）''朱亢'（𤖥敦）的就是'幽衡''朱衡'。"④ 在唐兰的某些文字考释文章中，虽然字形的分析不正确，但对词义的解释却是可取的，这就是利用推勘法做到的。

（3）偏旁分析法

把已认识的古文字，分析做若干单体——就是偏旁，再把每一个单体的各种不同的形式集合起来，看它们的变化；等到遇见大众所不认识的字，也只要把来分析做若干单体，假使各个单体都认识了，再合起来认识那一个字。这种方法，虽未必便能认识难字（因为有些字的偏旁，虽是可识，一凑合后又不可识了），但由此认识的字，大抵总是颠扑不破的。⑤

这是古文字考释中最重要的方法，也是最可信的方法。唐兰用此

---

① 唐兰：《古文字学导论》（增订本），齐鲁书社，1981，第 170 页。
② 唐兰：《古文字学导论》（增订本），齐鲁书社，1981，第 172 页。
③ 唐兰：《古文字学导论》（增订本），齐鲁书社，1981，第 174 页。
④ 唐兰：《古文字学导论》（增订本），齐鲁书社，1981，第 173 页。
⑤ 唐兰：《古文字学导论》（增订本），齐鲁书社，1981，第 179 页。

法考释"定"字说:"甲骨文的🔲字,前人误释做'㝮'(迥),我改为从宀正声,即'定'字(近出《古文声系》即本余说改正,录作定字)。这种字一经考定,似很容易认识,但在未考定前,就是小学专家,也常会终身不悟。"①

唐兰最重视"偏旁分析法",《古文字学导论》中"偏旁分析法"一节所占比重最大,分上下两部分。最值得称道的是这一节所分析的"凸"和"斤"两个偏旁。唐兰考释出金文中的過、藉及甲骨文中的㰤,算上偏旁凸共四个字。从近年出版的工具书来看,虽隶定有所不同,但这四个字的释读已经得到了广泛的认可。甲骨文中从斤的十九个字,前人未识,唐兰逐一释出。这十九个字因使用"偏旁分析法"来考释,所以虽然论证文字简略,但各字互相对照,偏旁演变轨迹一目了然,释读的准确性是非常高的。从近年出版的工具书来看,大部分的释字成果已经被学界认可。

学者若能谨慎地应用"偏旁分析法",那么对同一字形的考释,必然得出相同的结论。杨树达在1951年5月2日的日记中说:"余前以析、兵、折、斲、新、斫诸文说寄科学院。今日得复,告唐兰《文字学导论》已先言之。"② 杨树达对析、兵等字的考释可以看作"偏旁分析法"的一次实践。

今天,我们选取唐先生《古文字学导论》中的考释成果与近年出版的《新金文编》、《新甲骨文编》(增订本)和《古文字谱系疏证》做一比较,由表1-1、表1-2可知,唐先生的古文字考释结论大部分被今天的研究者认可。

---

① 唐兰:《古文字学导论》(增订本),齐鲁书社,1981,第188页。
② 杨树达:《积微翁回忆录》,上海古籍出版社,2013,第319页。

表1-1 唐兰释从冎诸字

例字	《古文字学导论》	《新金文编》	《古文字谱系疏证》
〔字形〕	過	過 172	過 2253
〔字形〕	蒔	蒔 80	蒔 3208
〔字形〕	歠	歠 519	旤 2255

表1-2 唐兰释从斤诸字

例字	《古文字学导论》	《新甲骨文编》（增订本）	《古文字谱系疏证》
〔字形〕	靳	后二形释靳 13	靳（祈）3639
〔字形〕	旛	旛 409	旛（旂）3640
〔字形〕	斯	斯（折）31	折（斯）2451
〔字形〕	研	磬 547	研 1531
〔字形〕	絮	紤 746	紤（縋）3645
〔字形〕	兵	兵 143	兵 1932
〔字形〕	斯	析 365	斨（析）2085
〔字形〕	炘	戾 595	炘（婑）3637
〔字形〕	旿（昕）	旿 415	旿（昕）3645
〔字形〕	肵	斨 781	肵 3634
〔字形〕	斦	斦 781	斦 3643
〔字形〕	叝	斦 781	叝 3644
〔字形〕	斧	斧 780	斧 1660
〔字形〕	新	新 780	新 3573
〔字形〕	新	新 781	新 3574
〔字形〕	窾（新）	窾 452	窾（窺）3577
〔字形〕	靳斯（析）		
〔字形〕	斦	磬 547	斦 3644

续表

例字	《古文字学导论》	《新甲骨文编》（增订本）	《古文字谱系疏证》
磬	砠	磬 547	硎 1531

注：释文后数字为所在图书页码。

资料来源：刘钊主编《新甲骨文编》（增订本），福建人民出版社，2014；黄德宽主编《古文字谱系疏证》，商务印书馆，2007；董莲池编著《新金文编》，作家出版社，2011。

（4）历史考证法

我们精密地分析文字的偏旁，在分析后还不能认识或者有疑问的时候，就得去追求它的历史。在这里，我们须切戒杜撰，我们得搜集材料，找求证据，归纳出许多公例。

这种研究的方法，我称它做"历史的考证"。偏旁分析法研究横的部分，历史考证法研究纵的部分，这两种方法是古文字研究里的最重要部分，而历史考证法尤其重要。①

"历史考证法"往往要与"偏旁分析法"相结合，这种方法是对汉字形体历时的研究，是要打破以往文字分期的界限的。唐兰通过分析"壶"字的演变历史，证明𪉢、𪉢（懿）字本从壶，这一论证是可信的。② 目前历史考证法已经成为最常见的古文字考释方法。历史考证法不仅推动了古文字考释的科学化，而且还引发了古文字类工具书编排体例的改革，高明《古文字类编》一书将甲骨文、金文及战国文字分栏收录；李学勤主编的《字源》一书全用图示的形式揭示汉字形体演变的历史，这些工具书可以看作"历史考证法"的具体应用。

---

① 唐兰：《古文字学导论》（增订本），齐鲁书社，1981，第197~198页。
② 唐兰：《古文字学导论》（增订本），齐鲁书社，1981，第256~257页。

"历史考证法"既可以据早期古文字资料考释或校订时代较晚的古文字形体，亦可据时代较晚的古文字资料考释早期的古文字形体。《说文解字考正》《说文新证》等著作皆是据先秦古文字资料考释或校订小篆的佳作。刘钊《利用郭店楚简字形考释金文一例》及陈剑《据郭店简释读西周金文一例》则是利用战国时期的古文字资料释读西周金文的佳作。

对照法、推勘法、偏旁分析法及历史考证法是古文字考释中最重要也是应用最广泛的方法。准确地说，推勘法推求的是词义，属于训诂学范畴，并不是古文字考释方法，虽然这种方法可以为字形的考证提供帮助。利用对照法、偏旁分析法及历史考证法时要特别重视分析字形，这也是古文字学者共同的认识。唐兰说：

> 在这里，第一步得把字的形体笔划都弄清楚了。普通人能看摹写刊刻的文字，因为笔划是清楚的，但到了原器，拓本和影印本，有些笔划就不能辨认了。①

唐兰还指出古文字形体不易辨认有几层原因，如契刻铸范的不精，往往使文字的笔画错误、脱漏、杂乱；古器物历时既久，不免磨灭、毁损、破碎，或为土斑铜锈所掩，因而字画不清及有残缺；古器物出土后，给俗工剔坏；拓本模糊，印本恶劣，至不能辨认笔画；摹本和临本的错误；等等。②

与唐兰同时代的于省吾向来提倡"以形为主"，其实质就是主张在考释古文字时，将客观存在的字形作为主要的出发点。③ 林沄受于

---

① 唐兰：《古文字学导论》（增订本），齐鲁书社，1981，第156页。
② 唐兰：《古文字学导论》（增订本），齐鲁书社，1981，第156~161页。
③ 林沄：《古文字研究简论》，吉林大学出版社，1986，第37页。

省吾影响特别强调字形。林沄在《古文字研究简论》一书中将字形列为考释古文字的主要出发点，同时又特别强调古文字考释方法中的历史比较法。①

刘钊在《古文字构形学》一书中也强调了以形为主的考释原则，他说："考释古文字的一条根本原则，就是以形为主，从字形出发。文字都具有形、音、义三部分，但辨识一个字的过程，只能是由形至音，由音到义的过程。形是第一位，是先决条件，只有先解决了形，才能谈到音义。形的解释对了，问题就算解决了一大半，而形的解释错了，音、义的解释便不可能对。"②

继唐兰之后，许多古文字学者都总结出了自己的考释方法，如杨树达在《新识字之由来》一文中将考释文字的方法归纳为十四个条目。他说："举其条目，一曰据《说文》释字，二曰据甲文释字，三曰据甲文定偏旁释字，四曰据铭文释字，五曰据形体释字，六曰据文义释字，七曰据古礼俗释字，八曰义近形旁任作，九曰音近声旁任作，十曰古文形繁，十一曰古文形简，十二曰古文象形会意字加声旁，十三曰古文位置与篆文不同，十四曰二字形近混用云。"③ "杨氏提出的这十四条方法，没有说明主次，没有说明各条之间的关系，而且还提出了'以文义定字形'、'屈形就义'等片面强调辞义对考释文字的决定作用的错误理论。文义对识字和字义解释有着选择和判定的作用，但无论在何种情况下都不能上升为决定作用，否则，'以文义定字形'、'屈形就义'，就会得出错误的结论。"④

高明在《中国古文字学通论》一书中对唐兰的方法只是略加修

---

① 林沄：《古文字研究简论》，吉林大学出版社，1986，第37、49页。
② 刘钊：《古文字构形学》，福建人民出版社，2006，第228~229页。
③ 杨树达：《积微居金文说》（增订本），中华书局，1997，第1~14页。
④ 黄德宽、陈秉新：《汉语文字学史》（增订本），安徽教育出版社，2006，第194页。

改。高明将古文字考释方法归纳为因袭比较法、辞例推勘法、偏旁分析法、据礼俗制度释字四种方法①，其将历史考证法舍弃是不明智的。此外，黄德宽等学者也都提出了若干古文字考释方法。②

唐兰《古文字学导论》另一个贡献是阐发字形通转规律及字形演变规律。《古文字学导论》专设一节讲"字形通转的规律"：

> 凡是研究语言音韵的人，都知道字音是有通转的，但字形也有通转，这是以前学者所不知道的。
>
> 通转和演变是不同的。演变是由时代不同而变化，虽说在周初还保存一部分图形文字，商时甲骨，𠀔和𠀼，𠂤和𠂆同被应用，但图形文字终于消灭了。𠀔和𠂤也终于遗忘了，两个时代的文字，有好些地方是截然不同的。至于通转，却不是时间的关系，在文字的型式没有十分固定以前，同时的文字，会有好多样写法，既非特别摹古，也不是有意创造新体，只是有许多通用的写法，是当时人所公认的。③

中国古代的文字学者根据异体字的结构，总结出偏旁通用的原则。如根据咏和詠、谕和喻的关系，总结出作为偏旁的言、口可以通用。古文字中也有这样的通用现象，唐兰将其归纳为"凡义相近的字，在偏旁里可以通转"，如巾和衣、土和𠂤通用。后来高明在《古体汉字义近形旁通用例》一文中整理出三十二个意义相近的形旁互为通用的实例，例如人、女形旁通用例；儿、女形旁通用例；首、页形旁

---

① 高明：《中国古文字学通论》，北京大学出版社，1996，第168~172页。
② 黄德宽：《汉字理论丛稿》，商务印书馆，2006，第249页；刘翔、陈抗、陈初生、董琨编著《商周古文字读本》，语文出版社，1989，第233页。
③ 唐兰：《古文字学导论》（增订本），齐鲁书社，1981，第231页。

通用例；止、辵形旁通用例；目、见形旁通用例；等等。高明在每一个例子下面都列有字形比较的表格，一目了然。① 这个"义近形旁通用"的原则不断被新材料所证实，如曾侯乙墓中乐律名"夷则"之"夷"既可写作"屖"又可写作"遟"，可证"止"与"辵"作为形旁可通用；又如"见"与"视"作为单字使用时形体是有差别的，但是作为偏旁却可通用。② 裘锡圭又据这一原则补充了"糸"与"丝"通用的例子。③

唐兰还总结出另外两条字形通转规律。（一）有些型式，在后世看来是很有分别的，但在发生的历史里，原是从一个系统里演变出来的，所以可以通用，也可以随便写。唐兰总结的这条通转规律还需要具体分析，如将东字的、、、等形体看作字形通转，而我们认为这是同一字的繁简体。归入此类型中的大、天、人、元皆是由人字演变而来，此四字的通转与"同部字通转"的界限不清。（二）凡同部（由一个象形文字里孳乳出来的）的文字，在偏旁里可以通用——只要在不失本字特点的时候。这条规律亦需要具体分析。如望写作、，人形与壬形的关系到底是字形通转还是形体演变需要进一步研究。此类型中行与彳通用又可归入"凡义相近的字，在偏旁里可以通转"这一类。亻与的通用可以看作"同部字通转"的代表。④

唐兰提出的"字形通转"原理是古文字学的重要理论。但唐先生在具体的分类及不同通转类型的命名上还是太过疏略。今天的古文字研究只将"义近形旁通用"看作字形通转。

字形演变规律中文字混淆及形体增繁两方面比较重要，唐兰说：

---

① 高明：《古体汉字义近形旁通用例》，《中国语文研究》1982 年第 4 辑。
② 裘锡圭：《甲骨文中的见与视》，载《甲骨文发现一百周年学术研讨会论文集》，（台北）文史哲出版社，1999。
③ 裘锡圭：《古文字论集》，中华书局，1992，第 479 页。
④ 唐兰：《古文字学导论》（增订本），齐鲁书社，1981，第 232~241 页。

"文字的淆混和错误，是一部分文字在演变过程里的或然的结果，在文字的本身上，本只有演变，只有我们去认识，解释，或应用它的时候，才觉得混淆和错误，而这混淆、错误的由来，仍逃不出演变和通转的规律。"①

相对于字形通转来说，字形混淆或偏旁混淆是影响古文字正确释读的一个重要因素，这与"义近偏旁通用"是不同的。唐兰说："因为古文字多混淆，所以有些文字常被误解，有些是后来人不敢认识的（或者是误认）。"② 唐兰列举了古文字中口与凵、大与矢、人与刀、山与火等偏旁混淆的例子。③ 近年来，随着战国文字研究的深入，我们发现偏旁混同的现象在战国文字中很普遍，李家浩注意到在战国文字中，两个形近的字作为偏旁，往往混用不分，并举出"弓"与"尸"、"人"与"弓"、"弋"与"戈"、"焦"与"鱼"、"畐"与"酉"以及"云"与"虫""缶"等偏旁互讹的例子。④

刘钊专门谈到古文字中的"讹混"：

　　"讹混"是指一个文字构形因素与另一个与其形体接近的构形因素之间产生的混用现象。发生讹混的构形因素既可以是单独存在的字，也可以是构成字的偏旁。从广义上看，"讹混"与"讹变"有相同之处，"讹混"可以列为"讹变"的一个小类。从狭义上看，"讹混"与"讹变"又有区别。"讹混"与"讹变"的区别主要表现在：1."讹变"所指的构形因素可大可小，既包括独立的字和偏旁的讹变，也包括笔划的讹变，而发生"讹混"

----

① 唐兰：《古文字学导论》（增订本），齐鲁书社，1981，第 244~245 页。
② 唐兰：《古文字学导论》（增订本），齐鲁书社，1981，第 245 页。
③ 唐兰：《古文字学导论》（增订本），齐鲁书社，1981，第 245 页。
④ 李家浩：《战国官印考释（两篇）》，载《著名中年语言学家自选集·李家浩卷》，安徽教育出版社，2002，第 145~146 页。

的构形因素基本是指可以独立的字和构形偏旁；2. "讹变"一般是指构形由一种形态向另一种形态的转变，大都是不能逆转的单向发展，而"讹混"则不光有单向的发展，还有两种形态之间的混用，有时是可以互换的双向互动。"讹混"与"义近偏旁通用"不同，"义近偏旁通用"的"偏旁"之间一般情况下形体并不接近，只是因为"义近"才产生互换，而"讹混"的主要特征就是形体接近，混用的偏旁之间"音"和"义"都没有关系（偶然的巧合不算）。①

经过刘钊先生的系统分析，"讹混"与"讹变"、"讹混"与"义近偏旁通用"之间的关系更加清晰，"讹混"这一术语比唐兰提出的"文字的淆混和错误"更准确，可以看作对唐说的补充和完善。

唐兰总结归纳了大量古文字发展变化的规律，其中文字的增繁规律内容丰富，在古文字的考释中需要特别注意。

其一，"文字的结构，趋向到整齐的方面，因此在许多地方添一些笔划，使疏密匀称"，约有五类。

（1）"凡垂直的长画，中间常加·，·又引为一，间或为Ｖ。"如"壬"字先作"工"，后在中间垂直的长画加"·"写作工，再后"·"又引为"一"写作"壬"。其他如"十""辛"等字均如此。

（2）"凡字首是横画，常加一画。"如"雨"字先写作帀，后写作帀。其他如"示""帝"等字均如此。

（3）"凡字首为横画者，常加八。"如"尚"字，唐氏以为是由向加"八"而成向；"公"字，是由"○"加"八"而成公。

（4）"凡字末常加一，一下又加--或八。"如"其"字由箕加

---

① 刘钊：《古文字构形学》，福建人民出版社，2006，第139页。

"一"作🐝，再加"－－"作🐝。又如唐氏以为"奠"字是由🥚加"一"作🥚，再加"八"作🥚。

（5）"凡中有空隙的字，常填以·。"如古"星"字作🐝或作🐝，"周"字作🌐或作🌐。

其二，"因为形声字的盛行，在较古文字上面增加偏旁。"如🕉增作🕉（蜀）后来更增作"蠋"，"韦"字增作"围"，🕉增作"奉"。

其三，"因为文字的书法，成为艺术，常增加笔画或偏旁。"如"子"字写作🕉，（王子造匜）增以🕉旁；进而加以鸟形的偏旁，就成鸟篆了。①

文字增繁的规律告诉我们，字形上的某些笔画并不是这个字的必要成分，可能是起到装饰美化的作用的。掌握并运用这一规律有利于战国文字的考释。对这一问题做深入研究的是汤余惠先生的《略论战国文字形体研究中的几个问题》，文章第四部分"辅助性笔划"是对唐兰观点的肯定和有力补充，如唐兰"凡垂直的长画，中间常加·，·又引为一，间或为∨"一条下并未举垂直长画加"∨"的例子，汤先生则补充说"考战国陶文疾字或写成🕉（《簠匋》"豆里疾目"），兵器铭文医字或作🕉（陈侯因咨戟），古玺内字或作🕉，凡此均可证唐先生的说法是能够成立的"②。唐兰所处时代战国文字研究还不发达，但他的理论却一次又一次被新材料、新研究证明是科学的、可信的，足见其过人的智慧。

《古文字学导论》是唯一将"应用古文字学"列为一章的古文字学著作。这一章包括"古文字的分类——自然分类法和古文字字汇的编辑"及"研究古文字和创造新文字"两部分，其中"自然分类法"

---

① 唐兰：《古文字学导论》（增订本），齐鲁书社，1981，第 223~228 页。
② 汤余惠：《略论战国文字形体研究中的几个问题》，载《古文字研究》第 15 辑，中华书局，1986。

影响最大。古文字字汇一类的工具书，最常用的是按韵或说文部首编次。《甲骨文编》《金文编》等都是按说文部首编次的。关于自然分类法的源起，唐兰说"在九一八惨变那一年的春天，我在沈阳一家小旅馆里，创始用'自然分类法'来整理古文字"①。这一分类方法是以"三书说"为基础的。"我们的新分类法和文字发生的理论是一贯的。因为文字是由绘画来的，较古的象形和象意文字都是图形，而最早的绘画，只象实物的形，所以用象形做部首，由象形字分化出来的单体象意字都隶属在'部'里。""由原始象形字或单体象意字所分化出来的复体象意字，则隶属于'科'。""由象形，象意（包括单体复体）孳乳出来的形声字，则隶属于'系'。"② 唐兰认为这种方法是合理的分类法，"我们由此可以看出文字的孳乳和演变的情形，可以取同类的文字比较，可以推出文字的涵义"③。

唐兰在《古文字学导论》中提出了"自然分类法"的构想，1939年辅仁大学出版《天壤阁甲骨文存并考释》，其检字部分即按"自然分类法"来编次，唐兰遗稿《甲骨文自然分类简编》是理论与实践的再一次结合。1967年日本学者岛邦男的《殷墟卜辞综类》出版，这部书是根据甲骨文字自身形体特点来分类的，即利用了"自然分类法"。姚孝遂主编的《殷墟甲骨刻辞类纂》，朱歧祥的《殷墟甲骨文字通释稿》，沈建华、曹锦炎编著的《新编甲骨文字形总表》以及近年李宗焜的《甲骨文字编》等著作都是用"自然分类法"来编次，可见"自然分类法"在甲骨文字汇编方面已得到学者的认可。

《古文字学导论》一书在学术史上占有重要地位，至今学者们仍对其赞许有加，刘钊评价说：

---

① 唐兰：《古文字学导论》（增订本），齐鲁书社，1981，第279页。
② 唐兰：《古文字学导论》（增订本），齐鲁书社，1981，第280~282页。
③ 唐兰：《古文字学导论》（增订本），齐鲁书社，1981，第285页。

　　当代人中最值得称道的是唐兰先生，其所著《古文字学导论》一书，至今仍不失其在古文字考释和古文字构形学上的指导意义。唐兰先生是最早将孙诒让的"偏旁分析"方法吸收并加以充实提高的人，他提出的考释古文字的"对照法"、"推勘法"、"偏旁分析法"、"历史考证"等四条法则，至今仍是学者们利用的根本方法。后来补充的一些具体方法大体都不出这个范围。①

　　裴锡圭评价说："《古文字学导论》是第一部古文字学理论性著作。其书第二部分阐明研究古文字，主要是考释古文字的方法，特别强调了偏旁分析法和历史考证法的重要性，此书标志着现代意义的古文字学的建立。"②

　　除《古文字学导论》外，唐兰的另一部文字学名作是《中国文字学》，此书 1949 年由开明书店出版，晚《古文字学导论》十四年。这两部文字学专著可称为姊妹篇，唐先生在《古文字学导论》中说：

　　　　在我要创立的新文字学里所要研究的，是从文字起源，一直到现代楷书或俗字、简字的历史。这范围是极广泛的，但最重要的，却只是小篆以前的古文字。③

　　又进一步说：

---

① 刘钊：《古文字构形学》，福建人民出版社，2006，第 4 页。
② 裴锡圭、沈培：《二十世纪的汉语文字学》，载刘坚主编《二十世纪的中国语言学》，北京大学出版社，1998，第 112 页。
③ 唐兰：《古文字学导论》（增订本），齐鲁书社，1981，第 136 页。

我们要把文字学革新，成为真正的科学，那末，最要紧的，是古文字的研究。所以，为文字学而研究古文字，才是学者所应认清的主要的目的。①

可见在唐先生心中，《古文字学导论》乃是中国文字学的一部分，而且是最重要的一部分。在古文字学理论建立起来之后，文字学理论的建设必须提到日程上来，《中国文字学》即唐先生创立"新文字学"的尝试，此书在海内外"重印了二三十次，总印数大概早已超过十余万册"②。仅从印数上就足以说明此书影响力之大。

文字学、训诂学、音韵学旧称小学，为经学附庸，而文字学又以《说文解字》为主要研究对象。章太炎首先提出中国语言文字学这一名称，唐兰则首倡"中国文字学"这一名称。唐先生说：

因为中国的文字是特殊的，在一切进化的民族都用拼音文字的时期，她却独自应用一种本来含有义符的注音文字。在最古的时候，中国文字本也是图画文字，但至迟在三千五百年前，已改成了注音文字，而这种文字一直到现在还活着，被全中国的人民，以及她邻近的地方使用着。我们既不能把它们和埃及、巴比伦等已经久已死亡的古文字一例看承，又不能把只有二十多个字母拼音的西方文字来比类，所以，这一种西方人所不能理解的特殊的学科，我们只有把它叫做"中国文字学"（The Science of Chinese Characters）。③

---

① 唐兰：《古文字学导论》（增订本），齐鲁书社，1981，第137页。
② 刘雨：《唐兰先生的治学之路》，《故宫博物院院刊》2015年第5期。
③ 唐兰：《中国文字学》，上海古籍出版社，2001，第4~5页。

"中国文字学"这一说法的提出，不仅肯定了汉字的特殊性，而且纠正了时人认为中国文字落后的错误认识。

唐兰之所以能建立科学的文字学理论，是因为他认识到语言与文字的不同：

中国文字是注音的，语言和文字在很古的时期就已经不一致，从文字上几乎看不到真实的语言，所以，在中国，几乎可以说没有语言学。但是，中国人把文字统一了古今的殊语，也统一了东南西北无数的分歧的语言，所以，从纪元前就有了文字学，而且一直在发展。西方的语言学，中国的文字学，是两个不同的学科，充分表现出两种倾向不同的文字里所造成的极明显的差别。

有些学者把 Philology 叫做语言文字学或语文学，这是很错误的。文字学固然不能包括语言学，同样，语言学也不能包括文字学。在文字学里，不能研究到"果赢"的语源，"殷"读为"衣"失去韵尾 n 一类问题；但在语言学里也不能研究到从二的字古都从一，"卩"字本象人跽形一类的问题。①

因未能认识到文字学与语言学之间的关系，民国初年的文字学教材仍包括文字、音韵、训诂三部分，如朱宗莱《文字学形义篇》包括训诂学内容，钱玄同《文字学音篇》包括音韵学内容。这种文字学教材的体例一直影响到现代，如冯时 2016 年出版的《中国古文字学概论》，第四章为"音韵学概述"，第五章为"训诂学概述"。唐兰先生早就指出："我们可以知道文字学本来就是字形学，不应该包括训诂和声韵。一个字的音和义虽然和字形有关系，但在本质上，它们是属

---

① 唐兰：《中国文字学》，上海古籍出版社，2001，第 5 页。

于语言的。严格说起来，字义是语义的一部分，字音是语音的一部分，语义和语音是应该属于语言学的。"①

唐兰对"文字学"的认识超过同时代学者。就研究对象而言，除古文字研究外，唐兰认为"近代文字的研究，也是很重要的。隶书、草书、楷书，都有人做过搜集的工作。楷书的问题最多，别字问题，唐人所厘定的字样，唐以后的简体字，刻板流行以后的印刷体，都属于近代文字学的范围"②。"现在，各种文字，几乎都有专家在做研究，还没有人作综合比较的工作，但我相信将来总可以发展成为文字学，一门新兴的科学。"③"俗文字在文字学史上应该有重要的地位，但过去没有人注意过，这是重古轻今的毛病。"④

20 世纪 80 年代之后，《比较文字学初探》《汉语俗字研究》《现代汉语文字学》⑤ 等教材或专著陆续出版，而《中国文字发展史》⑥则分为"民族文字卷"、"商周文字卷"、"秦汉文字卷"、"隋唐五代文字卷"及"魏晋南北朝文字卷"五部分，除民族文字外，比较文字学、俗文字学等皆是唐兰当年所提出的研究课题，这些都证明唐兰先生在"文字学"领域的认识是超前的。

唐兰也具有较高的语言学修养。唐先生指出：

> 有些人把中国语言列为单音节语，是很错误的。中国的文字，一个字只代表一个音节，但是她的语言，却不是单音节的。这种错误是由于没有把"字"（Character）和"语"（Word）分

---

① 唐兰：《中国文字学》，上海古籍出版社，2001，第 7 页。
② 唐兰：《中国文字学》，上海古籍出版社，2001，第 9 页。
③ 唐兰：《中国文字学》，上海古籍出版社，2001，第 13 页。
④ 唐兰：《中国文字学》，上海古籍出版社，2001，第 17 页。
⑤ 周有光：《比较文字学初探》，语文出版社，1998；张涌泉：《汉语俗字研究》，岳麓书社，1995；殷寄明、汪如东：《现代汉语文字学》，复旦大学出版社，2007。
⑥ 臧克和主编《中国文字发展史》，华东师范大学出版社，2018。

析清楚的缘故。"字"是书写的，一个中国字，是一个方块，也只代表一个音节。而"语"是语言的，在语言里是一个不可分析的单位，写成文字时，有时可以只是一个字，但碰上双音节语或三音节语，就必须写两个或三个字。[①]

唐兰所说的"语"即汉语里的"词"，只有将"字"与"词"区别开来，文字学和训诂学的界限才能真正明确。这正是唐兰所说："我的文字学研究对象，只限于形体，我不但不想把音韵学找回来，实际上，还得把训诂学送出去。"[②]

唐兰在《中国文字学》前论部分辨析了语言与文字的关系，明确了中国文字学的研究范围。除前论外，此书还包括文字的发生、文字的构成、文字的演化及文字的变革等五部分。其中，文字的构成及文字的演化两部分对后世文字学影响较大。

《中国文字学》第三部分"文字的构成"主要是补充和完善《古文字学导论》提出的"三书说"。关于"三书说"的内容前文已经涉及，不再赘述。此处只谈"六技"和"记号文字"两个术语。《古文字学导论》说："形的'分化'，义的'引申'，声的'假借'是文字演变的三条大路。"[③]"六技"指分化、引申、假借、孳乳、转注和緟益，是用来说明古今文字构成的过程的。孳乳是以一个语根为声符，通过加注形符来创造形声字的方法；转注是指形符相同的一组同义词；緟益是在原字上加注形符或音符以使文字的表音或表义更加准确。孳乳、转注和緟益是由旧的图画文字演变为形声字的三条途径。唐兰的"三书说"之所以不包含"假借字"，正是因为他看到"六

---

① 唐兰：《中国文字学》，上海古籍出版社，2001，第25页。
② 唐兰：《中国文字学》，上海古籍出版社，2001，第6页。
③ 唐兰：《古文字学导论》（增订本），齐鲁书社，1981，第89页。

技"在文字发展过程中的作用。

唐兰说:"除了在形体上分化外,还有两种重要的方法。'引申'是文字的意义的延展,例如'日'是象形,在语言里,却可用作今'日'的意义。'假借'是文字的声音的借用,例如'羽'字是象形,借来代表语言里翌日的'翌'声。如果我们把'引申'谊叫做'象语',那么'假借'来的字声该叫做'象声'。但'象语'和'象声'都是本无其字,所以那时的文字,只有象形和象意。"① 通过这一段论述,我们可以看出唐兰将词义引申和同音假借看作语言现象而非文字现象,这正是其高明之处。

在《中国文字学》一书中,唐兰严格区分"分化"与"演化":

> 这种文字史上常见的很微的差别,和改易的过程,我们把它叫做"演化"。"演化"和"分化"不同,"分化"是产生出新文字来的,"演化"的结果,有时也会变成"分化",但它的本身是无目的的,只是不停的改易而已。"演化"是逐渐的,在不知不觉间,推陈出新,到了某种程度,或者由于环境的关系,常常会引起一种突然的,剧烈的变化,这就是我们在下章所说的"变革"。②

其实演化是字体的演变,如篆隶形体虽不同,但其代表的"词"却是相同的。分化的目的是为不同的"词"创造形体,其主要手段是在旧有字体的基础上进行改造,如将"人"倒写而成"匕"字。分化和演化反映的是字与语言之间的关系,即演化反映的是文字不受语言规律制约的一面,形体的演化并不产生新词,演化要受文字发展规律制

---

① 唐兰:《古文字学导论》(增订本),齐鲁书社,1981,第89页。
② 唐兰:《中国文字学》,上海古籍出版社,2001,第101页。

约。"分化"则反映了语言制约文字发展的一面，即新词产生后需要为它创造一个新的形体。只有深刻认识语言与文字之间的关系才能更好地研究文字学。

唐兰是同时代文字学家中最重视语言与文字关系的一位，所以其文字学著作在理论建设上多有创新。"六技"与"三书说"反映的是语言与文字的关系，将二者合观才能体会唐兰将"假借字"排除在汉字类型之外的用意。正如前文所说无论是唐兰的"三书说"还是陈梦家、裘锡圭的"三书说"都不完善。我们应放弃"三书""六书"的框架，建立一套新的科学的汉字构形理论。

唐兰是著名的古文字学家，但却毫无保守习气，这从他对待文字改革的态度上就可以看出来。《古文字学导论》专门有一章讲"应用古文字学"，其中有"研究古文字创造新文字"一节，唐兰自创了一套由形符与注音符号组合的新形声字。《中国文字学》"文字的变革"一章中专有一节"新文字——注音字·拼音字·新形声字·新汉字"，唐兰改称之前所创的新形声字为"新汉字"。遗憾的是，唐兰这次尝试失败了。唐先生是坚定的文字改革派，新中国成立后，唐兰发表了《中国文字的简化和拼音化》《论马克思主义理论与中国文字改革基本问题》《再论中国文字改革基本问题——关于"汉字拼音化"》等多篇论文。唐兰主张汉字改革要循序渐进，最终完成汉语拼音化，汉字改革的过渡阶段是汉字拼音，这种新文字保留汉字形体特征，由音符和注音符号构成。唐兰多次与主张汉语拼音化的激进改革派论战，在双方的交锋中，汉字改革越发谨慎。现在看，汉字改革的论战是不可避免的，保守派与改革派对汉语汉字的优缺点做了充分的分析，为日后的语言文字政策的提出提供了理论依据。今天语言文字工作重心已由汉字改革转移到汉字规范，在科技日益发展的今天，英语等表音文字遇到了更多困难，"再如英语中缩略词的词汇量已经超过了10万以上，由 26 个只表音的字母造成的紧缩词给人们造成了麻烦"。"英语走向紧缩化是一条不得已的道路，关键的原因在于新词语越来越长龙化，若不紧缩，不但说起来啰唆费力，写起来也费时费功。英语词紧缩后与原词失去音形上的有机联系，反而增加了使用者的难度。"① 反观汉字，在适应新时代、新情况方面展现出了极强的生命力。

除文字学理论外，唐兰在古文字考释方面亦取得了骄人的成就。唐兰所释甲骨文中的"秋"、"尿"、"古"及从"斤"诸字多已成定论。《殷墟文字记》《天壤阁甲骨文存并考释》是两部以考释文字为主的著作，《古文字学导论》《甲骨文自然分类简编》二书中亦有大量考释成果。《属羌钟考释》《获白兕考》《寿县所出铜器考略》《周王䤴钟考》等论文在考释文字方面亦有创获。经唐兰考释确定的西周金文有"诰""䤴""夷""迁""传"等，详见本书第二章。唐兰的许多考释成果已被后来出土的新材料所证实。如"诰"字的释读被郭店楚简资料所证实，"夷"字释读被曾侯乙墓所出资料证实，"传"字释读被清华简《保训》所证实，等等。

（二）考古学方面的成就

唐兰先生并未受过专门的考古学训练，他在考古学领域所取得的成就主要体现在西周青铜器的断代上，这方面的著作主要有《西周铜器断代中的"康宫"问题》、《论周昭王时代的青铜器铭刻》及遗稿《西周青铜器铭文分代史征》。

1934 年唐兰发表《作册令尊及作册令彝铭考释》一文，正式提出西周铜器断代中的"康宫原则"，此后的《西周铜器断代中的"康宫"问题》对这一原则做了补充和完善，而《论周昭王时代的青铜器

---

① 殷寄明、汪如东：《现代汉语文字学》，复旦大学出版社，2007，第 147 页。

铭刻》一文则是利用"康宫原则"对西周青铜器进行断代研究的实践之作。西周铜器断代的"康宫原则"引起了广泛的争论，至今学者间仍存在分歧，这一点可以参看本书第三章，不过唐兰利用这一原则对周昭王时期铜器的判定却取得了重要的成就，也被越来越多的新材料所证实。本书第三章得出的结论是现在还没有出土材料明确证明这一原则是错误的。

除断代成果外，唐兰对中国青铜器的起源、分类也多有研究，如《参加伦敦中国艺术国际展览会铜器说明》一文指出：

> 中国青铜器之发明，最迟当在商初（西纪前一五〇〇年左右）或尚远在其前，以我就现存铜器观之，其制作之技巧，已极进步矣。
>
> 冶金术之起原，与制陶极有影响。故古代铜器之形制，大部与陶器相同，如鬲、甗、豆等在古陶器内极多发见，然铜器之较迟者，或出于他种器物之摹仿，如簠即仿诸竹制之筐是也。[1]

在这一说明里唐兰还将铜器分为烹饪器及食器、容器、寻常用器、乐器和兵器五大类，并将中国青铜器的艺术价值分为色剂、形式、花纹、书法四点。这一说明可以说是唐兰对考古学理论和方法的应用。

（三）历史学方面的成就

唐兰反复申明要用金文资料来研究西周史，他本人也在这方面做了很多有益的尝试。遗稿《西周青铜器铭文分代史征》可以看作一部利用金文材料书写的西周史，《西周青铜器铭文分代史征》将有铭西

---

[1]　唐兰：《参加伦敦中国艺术国际展览会铜器说明》，载《唐兰全集》，上海古籍出版社，2015，第 443 页。

周铜器按王世排列，每一王世都有一篇传记（遗稿只写到穆王，穆王以后未完成），主要是考证王年及重大历史事件，这些传记不仅引证了丰富的传世文献，还利用了大量金文资料，如成王的传记便引用了宾尊和宾卣（现在通称为保尊和保卣）、何尊、太保簋等金文资料。这部著作可以补《史记·周本纪》等传世文献的不足，也为新时期西周史的研究提供了借鉴。

唐兰之后的许倬云、杨宽都著有《西周史》，两人的著作都引证了大量的考古材料，比唐兰的研究深入了一步，不过两人都是做专题研究，如许倬云的《西周史》利用考古材料来研究西周时期的政府组织、周人的生活等专题。杨宽研究的专题包括西周时代的土地制度、农业生产和手工业生产，西周王朝的政权机构、社会结构，等等。这些新成果都在利用新材料方面有所突破，也是对唐兰利用金文材料来研究西周史的观点的补充和发展。

这方面的具体成果包括对金文"孤竹"的考释、对金文中成王东征事件的考证、对古代中国使用青铜农具问题的探讨等，可以参看本书第四章。

第二节 唐兰金石学成就研究的意义

唐兰一生著述颇丰，其研究范围涉及古文字学、历史学等多个领域。先生早年就读于商业学校，后又习医、学诗词。1920 年就学无锡，在无锡期间受同学影响研治小学，由小学而治古文字学。古文字学是唐兰一生致力最多的学问。先生对甲骨文、金文、石鼓文都有精到的研究，晚年曾参与马王堆帛书的整理。唐兰的古文字研究不仅重视文字考释，而且重视利用古文字资料进行文字学、古代史的研究。

　　近年来已经有人开始研究唐兰的文字学理论及甲骨文成就，目前能见到的学位论文就不止一篇，台湾学者在这方面的研究要比大陆早一些，例如 1997 年台湾中国文化大学中国文学研究所王若的硕士学位论文《唐兰古文字研究》、1999 年台湾东海大学中国文学系南基琬的博士学位论文《唐兰文字学研究》、2004 年台湾静宜大学柯维盈的硕士学位论文《唐兰〈甲骨文自然分类法〉研究》。大陆在这方面的研究有 2006 年曲阜师范大学孙英梅的硕士学位论文《唐兰先生文字学理论研究》、同年河北师范大学娄博的硕士学位论文《唐兰之甲骨文研究》。

　　作为 20 世纪著名的古文字学者，唐兰在甲骨文、金文的文字考释以及青铜器的分期断代等方面都做出了巨大的贡献。对唐兰的学术思想进行研究可以让我们清楚地了解一代学人的学术成长历程，总结其学术上的得失，给后来人提供借鉴。

　　本书选择唐兰的金文考释及青铜器断代成就进行研究，主要因为这些成就属于传统金石学范畴，因此以《唐兰金石学成就论考》为题。这一选题具有十分重要的研究意义，首先从金石学的研究历史看，早在汉代就有关于考释青铜器铭文的记载，《汉书·郊祀志下》：

　　　　是时，美阳得鼎，献之。下有司议，多以为宜荐见宗庙，如元鼎时故事。张敞好古文字，按鼎铭勒而上议曰："臣闻周祖始乎后稷，后稷封于斄，公刘发迹于豳，大王建国于邠梁，文、武兴于丰、镐。由此言之，则邠、梁、丰、镐之间周旧居也，固宜有宗庙、坛场祭祀之臧。今鼎出于邠东，中有刻书曰：'王命尸臣："官此栒邑，赐尔旂鸾黼黻琱戈。"尸臣拜手稽首曰："敢对扬天子丕显休命。"'臣愚不足以迹古文，窃以传记言之，此鼎殆周之所以褒赐大臣，大臣子孙刻铭其先功，臧之于宫庙也。昔宝鼎之出于汾脽也，河东太守以闻，诏曰：'朕巡祭后土，祈为百姓蒙丰年，今谷嗛未报，鼎焉为出哉？'博问者老，意旧臧与？诚欲考得事实也。有司验脽上非旧臧处，鼎大八尺一寸，高三尺六寸，殊异于众鼎。今此鼎细小，又有款识，不宜荐见于宗庙。"制曰："京兆尹议是。"①

许慎《说文解字·序》亦云："郡国亦往往于山川得鼎彝，其铭即前代之古文。"② 但是汉至唐的几百年间，文献中虽有青铜器出土的记载，但是专门的著录考释著作要到宋代才出现。

到了宋代，出土的青铜器渐多，收集著录之风始兴。宋代的著录专书，在所摹铭文之下多有释文，但很少有考证。此时的释字水平还停留在与《说文解字》相对照的层面上。

清代的金文研究进入一个全新的阶段，著录的古器物数倍于宋代，考释文字的数量和成就也远超宋人。晚清的吴大澂和孙诒让是杰出代表。吴大澂的《说文古籀补》，孙诒让的《古籀拾遗》《古籀余论》对后世影响深远，可以说是当时古文字研究的巅峰之作。孙诒让在古文字考释方法上有重要贡献，孙氏的偏旁分析法直接影响了唐兰的古文字研究。

20世纪30年代之后，金文研究走上科学道路。唐兰便处在传统金石学向现代科学过渡的阶段，他本人亦为金石学研究走上科学的发展道路做出了贡献。举例来说，唐兰的古文字考释方法其实是在总结宋代至清代金石文字考释方法的基础上提出来的。宋人开始编写金文著录书，编写体例一直影响到清代，唐兰又提出理想中的古器著录表：

---

① 班固：《汉书》，中华书局，1962，第1251页。
② 许慎：《说文解字》，中华书局，2013，第317页。

著录之方法，于每器下，分名称、形式、流传、著录、考证五目。名称当别为两项，（一）标准名，（二）别名。形式当别为体质、颜色、形制、重量、尺寸、花纹、铭式、字数等项。流传当分出土、收藏二项。著录当分录目、图形、摹铭、照像、原拓五项，每一书必记卷页，且用符号标明木板或影印，或拓工及印刷之精粗。考证则分时代及地域、杂记三项。[①]

唐先生在 1934 年就提出了古器物著录的标准，但受时代及技术的限制，这一想法在相当长的时间内都未能实现。新中国成立后编纂的《殷周金文集成》是第一部全面收录青铜器铭文的著作，但此书只收拓片和摹本，无释文，更无花纹、尺寸等信息。2007 年此书出版了修订增补本，加入了释文，在第 8 册书后还增加了器物出土地索引、器物现藏地索引、器物著录书刊索引、部分著录书刊与本书器号对照表等内容。吴振烽编纂的《商周青铜器铭文暨图像集成》为每一件器物提供了时代、出土时地、收藏者、尺度重量、形制纹饰、著录、铭文字数、铭文释文八类信息，此书还提供了铭文拓片及器物照片。《殷周金文集成》修订增补本及《商周青铜器铭文暨图像集成》的编排体例非常接近唐兰的设想。如今金石资料库的建设得到了国家的大力支持，这种电子资料库的编纂体例比唐先生预想的还要完备，这是科学技术为学术研究带来的便利。

其次，从研究的重要性来看，金文研究在古文字研究中一直占有重要地位。黄德宽、陈秉新在《汉语文字学史》（增订本）中将这种重要性归纳为以下三点：

[①]　唐兰：《理想中之商周古器物著录表》，载《唐兰全集》，上海古籍出版社，2015，第 322 页。

　　首先，它是古文字发展史上的中间环节，上承甲骨文，下启战国秦汉文字，是研究文字演变规律的重要依据和中介。甲骨文的许多字，是靠着金文这个中介才得以认识的。其次，传世和出土商周铜器铭文将近万件，单字近四千。这些铭文涉及当时社会活动的各个方面，而且有不少长篇铭文和有韵铭文，提供了研究上古词汇、语法、训诂、音韵的丰富资料，也为采用各种辅助手段全方位研究古文字开辟了更广阔的天地。再次，早期金文中保存了一些字的原始形态，是研究文字起源的珍贵材料。因此，在古文字研究领域里，金文的研究举足轻重，古文字学家一直为之倾注心智。①

　　陈絜在《商周金文》一书中专列一节谈金文研究的意义，除《汉语文字学史》提到的重要性外还谈到如下两个方面：

　　然而对周史研究而言，尤其是对西周史研究来讲，西周金文的重要性已经得到了相当充分的体现。它们是西周史研究过程中第一手的原始文献，不仅具有比较确切的时代同步性，且数量庞大。上百字的长铭习见，很多长篇铭文的史料价值都可与任何传世的周初文献相媲美，甚至超过传世文献。我们今天之所以能对周代的历史、政治、经济、文化、社会、历法等有比较清晰的认识，无不得益于金文资料的大量出土与相关研究的逐步深入。

　　当下的金文研究，就某种意义上讲，也可以说是考古学的一个有机组成部分。所以金文的探讨，对考古学研究的深入同样具有相当大的促进作用。商周时期许多遗址与墓葬，就是因为有金

---

① 黄德宽、陈秉新：《汉语文字学史》（增订本），安徽教育出版社，2006，第187页。

文资料的伴出，才使得一些关键性的问题得到解决。同样，作为青铜器研究的一个重要组成部分，金文本身研究的日益精审，也能促进铜器类型学的日趋精准。①

最后，与唐兰同时代的郭沫若、于省吾、容庚、杨树达等学者都在金文研究方面取得了重要成就。各家的研究都有自己的特色。陈絜在《商周金文》一书中这样概括郭沫若和唐兰的金文研究特色：

> 郭氏的贡献，主要在于建立了一套关于周代金文研究的比较科学的体系，以及在分期断代基础之上的史学研究。他的工作极大地推动了金文资料史料化的进程。但在具体铭文的考释上，却存在一些问题。症结在于郭氏有一个预设的所谓的"重要目标"，即为了搜集西周及春秋时代有关于奴隶制的资料、以便确定历史阶段，而决不是"玩物丧志"，愈搞愈琐碎，陷入枝节性的问题，而脱离了预定的目标。这种先入为主的思想，在一定程度上影响了他在金文研究中的客观性与科学性。但精到处也是有的，如对族氏铭文含义的解释，为日后古史学界研究商周家族形态奠定了良好的基础。
>
> ……
>
> 唐兰很少作针对某个金文文字的考释文章，他的成就主要体现在器铭考释类论著中，其治学志趣也在于以金文的分期断代为基础重构西周古史上，贡献殊大。②

通过对比可以考察这些学者在金文研究中所用方法的异同，取得

---

① 陈絜：《商周金文》，文物出版社，2006，第7页。
② 陈絜：《商周金文》，文物出版社，2006，第73~74页。

049

成果或失误的原因，避免我们再走弯路。

新中国成立后，考古工作取得了巨大成就，大量有铭青铜器经科学发掘出土。在资料著录方面，一批高质量的工具书陆续出版。1984～1994年《殷周金文集成》（以下简称《集成》）出版，全书18册，所收器铭总数近12000件，2007年这部书又出版了修订增补版，此书收录资料的下限是20世纪80年代。2002年，刘雨、卢岩编著的《近出殷周金文集录》出版，此书全面、系统、详尽地收集了《殷周金文集成》未收的近出殷周金文资料1300余件，此书收录资料下限至1999年。2006年台北"中研院"历史语言研究所锺柏生、陈昭容、黄铭崇、袁国华诸先生编著的《新收殷周青铜器铭文暨器影汇编》一书由台北艺文印书馆出版，此书主要汇辑近年新出土的铜器铭文，间亦收录《集成》失收、漏收的部分。从近百种期刊、专书、拍卖行图录中拣选出有铭铜器，收录铭文拓片、铜器器影、器形线图、纹饰拓片，收录年份下限至2005年，共2005件有铭铜器。

时至今日金文资料可以说是极其丰富了，相关的研究著作也是卷帙浩繁，现在我们有必要也有条件对金文研究做一个全面的整理与回顾。在开展这样一项工程之前，我们需要做相关的专题研究，本书的目的是希望能为将来的研究提供有益的参考。

唐兰的金文研究是对金文材料做全面而立体的研究，他不仅在文字考释、青铜器断代方面取得了巨大的成就，还利用金文材料来"补史证经"。唐兰对金文中涉及的社会制度、礼仪制度、历史事件等相关内容都做了有意义的研究。在对金文材料做了深入的研究之后，唐兰又对青铜器的器形、起源、青铜农具等问题做了有益的探讨。唐兰在同时代学者中是一个典型——熟悉文献、考释严谨，以唐兰的金石学成就作为研究对象有着十分重要的意义。

本书以唐兰的金石学成就为研究对象，其研究意义在于以下几个方面。

第一，可以从唐兰的学术得失中总结经验教训，学习唐先生优秀的考释理论和方法，为金石学研究提供借鉴。这些优秀的理论和方法不仅适用于金石学研究，而且对整个古文字的研究都有参考价值。同时将唐兰的某些失误进行总结，可以避免以后再犯类似错误。

第二，通过与同时代学者及现代学者的比较，我们既可以判断唐兰的学术地位，亦可以判断唐兰所总结的研究方法的历史地位。这种共时与历时的比较，既为学术史提供了材料，又可以帮助读者及研究者客观评价一代学人。

第三，本书虽只研究唐兰学术成就的一部分，但这一选题必然会为唐兰全部学术成就研究提供借鉴。

第二章

唐兰的金文考释成就

　　唐兰在甲骨文、金文释字方面取得了卓越的成就，其甲骨文的考释成果集中在《殷墟文字记》《天壤阁甲骨文存并考释》中，而其金文考释成果则散见于几十篇论文中。本章将介绍唐兰的重要金文考释成果，为使论述条理清晰，本章将唐兰的考释成果大致分为三类：一是字形的考定；二是词义的诠释；三是文句的疏通和铭文的翻译。

第一节　字形的考定

　　首先来看几个已经被其他学者或新材料证明正确的例子。

　　1. 释"诰"字

　　史喻簋（唐兰称史喑簋，《集成》07·4030）有"王亯毕公"一语，"亯"字写作█，唐兰将其隶定为"亯"，并考释说"亯字应该是诰字的别体。《说文》诰的古文作𧫕，《玉篇》《广韵》都没有，《汗简》引作𧫕"。"《尚书·大诰》释文'诰本亦作亯'。那末，许慎所见的壁中古文是从言从攴作亯，传写《说文》的人把攴旁误为𦐍了。《玉篇》攴部有亯字，'公到切，古文告'。日本僧空海所著《万象名义》是根据原本《玉篇》节录的，在算下注'公到反，语也，谨也'。
上一义用的是《广雅·释诂》'告，语也'。下一义是用《尔雅·释言》'诰，谨也'。可见算不但是古文告，也还是古文诰。这是因为言本作㗊和告作㗊相近，就把从言从收的算改为从收告声的算字了。"①

1963 年陕西省宝鸡市出土的何尊铭文中又出现了这个字，何尊铭文"王算宗小子于京室"的"算"字与此字同形，唐兰在《阿尊铭文解释》一文中又重申了自己释诰的观点。从文意推勘，何尊中的"算"释为"诰"无疑是正确的，这一观点得到了学者的普遍认同。此字亦见于春秋时期的王孙诰钟（《集成》01·261），不过是用作人名，伍仕谦考证说："唐兰先生释诰，是也。按《尚书·大诰序》'作大诰'，《释文》'诰，本作算'。《玉篇》收部有算字，'公到切，古文告'。甲骨文言、告二字通用。"② 此字又屡见于新出土的楚简中，如 1993 年发现的郭店楚简《成之闻之》38 号简："《康算》曰：'不还大暊，文王作罚。'"《缁衣》5 号简："《尹算（诰）》员（云）：'佳（惟）尹㑖及康（汤），咸（咸）又（有）一惪（德）。'"《缁衣》28 号简："《康算》员（云）'敬明乃罚'。"上博简《缁衣》3 号简"《尹算（诰）》员（云）：'佳（唯）尹㑖及康（汤），咸（咸）又（有）一惪（德）。'"③ "算"字均从言从廾作算形，郭店简释文考释"算"字说："算，金文屡见，唐兰先生释作'诰'。《汗简》引《王子庶碑》'诰'与简文形同。《尹诰》，《尚书》篇名，今本《缁衣》误为'尹吉'。"④ 有了新出金文及楚简材料的证明，我们可以肯定唐兰对"诰"字的考释是非常正确的。

---

① 唐兰：《史话篡铭考释》，《考古》1972 年第 5 期。
② 伍仕谦：《王子午鼎、王孙算钟铭文考释》，载《古文字研究》（第 9 辑），中华书局，1984。
③ 马承源主编《上海博物馆藏战国楚竹书》（一），上海古籍出版社，2001，第 177 页。
④ 荆门市博物馆编《郭店楚墓竹简》，文物出版社，1998，第 129~130、132、168 页。

2. 释“遝”为“县”

免簋（《集成》09·4626）铭文有“令免乍（作）嗣（司）土（徒），嗣（司）郑遝（廩）”一语，唐兰考释其中的“遝”字说“遝读为寰。《穀梁传·隐公元年》‘寰内诸侯’，《释文》：‘寰音县，古县字。’《匡谬正俗》：‘宇县，州县字本作寰，后借县字为之。’《说文新附》：‘寰，王者封畿内县也。’《广韵三十二霰》县字注：‘古作寰，楚庄王灭陈为县，县名自此始也。’下面说‘寰，古文。’由此可见此铭郑寰即郑县。”①

按，清人阮元主编的《积古斋钟鼎彝器款识》已经指出免簋（原书称宄簋）的“遝”应读为“县”。该书卷七免簋“遝”下说：“遝通寰，寰古县字。《穀梁·隐公元年》传‘寰内诸侯’，《释文》：‘寰音县，寰内，圻内也。’”②不过阮氏的这一考释并未得到重视，郭沫若在考释免簋时仍认为“遝当读为苑”③。此外郭氏亦将元年师旋簋中的“丰遝”释为“丰苑”④，陈梦家认为“郑遝”“丰遝”的“遝”皆假作垣或环。⑤不过唐兰虽将免簋中的“遝”读为“县”，但却未能正确释出元年师旋簋中的“丰县”。唐兰遗稿《西周青铜器铭文分代史征》只做了元年师旋簋的释文，未及写考释，释文将“丰遝”的“遝”字单独断为一句，看得出来唐兰并不认为此铭中的“遝”是“县”字。由于唐兰只释出免簋的“县”字，所以我们不敢肯定这个考释是独立完成的还是参考了阮氏的意见。即使是他参考了阮元的意见，也足证其见识颇丰。

唐兰并未论及西周时“县”的性质，也未能全面考察先秦古文字

---

① 唐兰：《西周青铜器铭文分代史征》，中华书局，1986，第 372 页。
② 阮元：《积古斋钟鼎彝器款识》（四），载《丛书集成初编》，商务印书馆，1937，第 383 页。
③ 郭沫若：《两周金文辞大系图录考释》（二），科学出版社，2002，第 197 页。
④ 郭沫若：《长安县张家坡铜器群铭文汇释》，《考古学报》1962 年第 1 期。
⑤ 陈梦家：《西周铜器断代》（上），中华书局，2004，第 204 页。

中的"县"字。直至1985年李家浩先生对先秦古文字中的"县"做了全面的考察,李先生指出:"无论是'县鄙'之'县'还是'郡县'之'县',在古文献上都有很多的记载,可是过去为人们所引用的古文字中关于'县'的资料,却仅有春秋时期齐叔弓镈铭文里的'其县二百'和战国时期齐国印文、陶文里的'平陵县'这两条。其实在古文字中关于'县'的资料是很多的,只是由于'县'字写作'遷'、'睘'或'鄲'而没有引起大家的注意罢了。"① 李先生指出:"西周文字资料中的'县'属于县鄙之'县'。"李家浩的意见现已被学术界接受。

3. 释"襋"字

弡方鼎(《集成》05·2789)有"玄衣朱襮襋"一语,罗西章等人将襮隶定为襋,并考释襮字说:"'袷',《说文》衣部说'交衽也,从衣,金声'。"② 不过他们并没有对襋字做考释,唐兰将襮隶定为襮,释为暴,唐说:"铭作朱襮,襮从衣虒声。虒就是暴字,见《周礼·司虣》。那末,襮就是《说文》解为'黼领也'的襋字。《诗·扬之水》:'朱衣朱襋'。毛苌传:'襋,领也。'"③ 唐兰与罗西章等人的文章同时发表在《文物》1976年第6期,学界普遍将襋字的考释成果归功于唐兰及裘锡圭二位。

裘锡圭与唐兰同时考释出弡方鼎中的"襋"字,不过裘先生论证更详细,裘先生考释说:"从古书和古文字资料来看,虣应该是虒字的古体。古代称博虎为暴。《诗·小雅·小旻》说:'不敢暴虎,不敢冯河',《郑风·大叔于田》也有'襢裼暴虎'之语。古书里有时把

① 李家浩:《先秦文字中的"县"》,载《文史》(第28辑),中华书局,1987。
② 罗西章、吴镇烽、雒忠如:《陕西扶风出土西周伯弡诸器》,《文物》1976年第6期。
③ 唐兰:《用青铜器铭文来研究西周史——综论宝鸡市近年发现的一批青铜器的重要历史价值》,《文物》1976年第6期。

疾暴的暴写作虣，例如《周礼》的'暴'字就大都写作虣。《文选·
芜城赋》李善注引字书说虣是古暴字。从字形上看，虣字从虎，应该
就是暴虎之暴的本字。这个字也见于西周晚期的曑盨和战国时代的诅
楚文，但写法与古书略有出入：勿事（使）戱虐从狱（曑盨，见《历
代钟鼎彝器款识》15.151，原称寅簋），内之则虣虐不辜（诅楚文，
《见绛帖》）。《集韵》《类篇》都收虣字异体虣，大概就是根据诅楚
文的。郭沫若先生在《诅楚文考释》里说：'虣即暴虎冯河之暴，字
不从戒，实象两手执戈以搏虎。《周礼》古文作虣，从武，殆系讹
误。'（见《天地玄黄》）这是很正确的。曑盨虣字从戌，戌本象戈钺
之类武器，从戌与从戈同意。这两个虣字或从廾，或不从廾。这跟金
文'执'字有执、墊二体（见《金文编》557页），是同类的情况。
由此可以断定，彧方鼎襃字所从的戱也是虣字。襃字显然是从衣虣声
的形声字，应该就是古书里的'襮'字的异体。"[1] 唐兰只是在文章注
释中对"襃"字做了简单的考释，裘先生不仅考释了金文中的"虣"
字，还对甲骨文中的这个字进行了考释，并指出文献中的"暴虎"可
以使用兵仗，纠正了古人训"暴虎"为徒手搏虎的错误。

4. 释"歔"字

歔钟有"歔"字，前人或隶定为"割"，读为"匄"，或释"周
夫"二字，或释"妈""舒"，等等。[2] 唐兰则考释说："金文习见歔
字，作歔、歔、歔、㰌、㮶、杜、歔、歔等形。其用法有二：一为国
名，如寏鼎、录簋之歔，及遇甗、歔侯之孙陝鼎之歔侯是也。一为人
名，如本铭（引者按即周王歔钟）及大夫始鼎、歔鼎、歔弔簋、歔父
簋、杜衍簋是也。宋人误释为珝，徐同柏释录簋国名为舒，然歔实从
夫从害，害作㠹、㡅等形，与舍作㐆、㐆等形迥异，则舒亦误也。孙诒

① 裘锡圭：《说"玄衣朱襮袡"——兼释甲骨文虣字》，《文物》1976年第12期。
② 周法高：《金文诂林》，香港中文大学出版社，1975，第6176~6193页。

让释𣪊为燷，𣪊为燩，燷、燩一字，斯为得之。郭沫若于此铭释𣪊，谓当从害声，甚是。而于用为国名处，误依徐说释为舒，则似未深考也。""孙诒让谓𣩈即𣪊之省变，说至警辟，余由是思及季宫父簠自称其器为𪉲，其所从之𣪊，亦即𣪊字也。铜器之簠，铭中多作匦字，从匚古声，即经传"瑚琏"之瑚也。季宫父簠以𪉲为匦，则𣪊可读为胡也。""由此推本器作者之𣪊，亦当读为胡，无疑也。史称周厉王名胡，而此器自器制铭辞各方面判之，当在厉宣之世，则𣪊即厉王本名，又可无疑也。"[①]

唐兰将𣪊释为厉王名的意见得到了新出土材料的有力支持，1978年5月陕西省扶风县齐家村出土𣪊簋，铭一百二十四字，铭文有"𣪊作𪔂彝宝簋""𣪊其万年𪔂"[②]；1982年10月陕西省博物馆征集到一件西周铜编钟即五祀𣪊钟，钟铭八十九字，有"𣪊其万年"等字[③]，这两件器物被公认为是周厉王器，可证𣪊确为厉王名。此字亦见于包山楚简，作𢾭、𢾭、𢾭形[④]，在简文中用为姓氏，《战国文字编》及《楚文字编》均将此字归入𣪊字下。新出土的青铜器铭文及楚简资料都可证明唐兰将"𣪊"读为"胡"是可信的。

5. 释"卒"字

𢦏簋（《集成》08·4322）铭云"衣博（搏）无𣃗（尤）于𢦏身"。唐兰先生在释文附录注10中说："原作衣，即卒字，完毕。匽王戠戈萃字作衮，寡子卣谇字作诶，并可证。"[⑤] 唐兰这个简略的注释一开始并未引起学者足够的重视，唐兰也没有全面考察西周金文中的

① 唐兰：《周王𣪊钟考》，载《唐兰全集》，上海古籍出版社，2015，第 477~478 页。
② 扶风县图博馆：《陕西扶风发现西周厉王𣪊簋》，《文物》1979 年第 4 期。
③ 穆海亭、朱捷元：《新发现的西周王室重器五祀𣪊钟考》，《人文杂志》1983 年第 2 期。
④ 张守中撰集《包山楚简文字编》，文物出版社，1996，第 251 页。
⑤ 唐兰：《用青铜器铭文来研究西周史——综论宝鸡市近年发现的一批青铜器的重要历史价值》，《文物》1976 年第 6 期。

"衣"字是否均用作"卒"。直到 1980 年多友鼎的发现，学者才开始重新审视唐兰这一考释，并对甲骨文中原释"衣"之字重做考释。

1980 年 11 月在陕西长安县发现多友鼎，鼎名中"癸未，戎伐荀衣孚""衣复荀人孚""唯孚车不克，以衣焚"三处出现"衣"字，田醒农、雒忠如考释说："第四行第九字的'衣'字与'已'为同音字。古人在使用同音字时，往往互相借用，所以鼎铭中'戎伐荀衣孚'、'衣复简人孚'、'以衣焚'等句中的衣字，都应译为已字，比较恰当。"① 此后李学勤在文章中说："'衣俘'，当参看下文第八行'衣复简人俘'，第十三行'衣焚'，'衣'显系语词。或读为'已'，但'已'和'衣'古韵不同部，不能通假。按'衣'在此处应读为'繄'或'伊'，用法和'惟'相同，这样读便言从字顺了。实际上，这三个'衣'字，都是无义的语中助词。'衣'的这种用法也见于敔簋。"② 李学勤很快发现将多友鼎中的"衣"看作语词并不成立。在《多友鼎的"卒"字及其他》一文中，李学勤接受了唐兰的意见，并将繁卣、多友鼎、天亡簋、庚嬴鼎、它簋中原释为"衣"的字都读为"卒"。③

"衣"字常见于甲骨文中，王国维考释"衣"字说"衣为祭名，未见古书，潍县陈氏所藏大丰敦云：'王衣祀于丕显考文王。'案衣祀疑即殷祀，殷本月声，读与衣同。故《书·康诰》'殪戎殷'，《中庸》作'壹戎衣'，郑注'齐人言殷声如衣'，《吕氏春秋·慎大览》'亲郼如夏，'高注'郼读如衣，今兖州人谓殷氏皆曰衣。'然则卜辞与大丰敦之衣，殆皆借为殷字，惟卜辞为合祭之名，大丰敦为专祭之名，此其异也。"④ 王国维的观点被多数学者所接受，卜辞中的"衣"长期

---

① 田醒农、雒忠如：《多友鼎的发现及其铭文试释》，《人文杂志》1981 年第 4 期。
② 李学勤：《论多友鼎的时代及意义》，《人文杂志》1981 年第 6 期。
③ 李学勤：《多友鼎的"卒"字及其他》，载《新出青铜器研究》（增订版），人民美术出版社，2016，第 113 页。
④ 于省吾主编《甲骨文字诂林》，中华书局，1996，第 1903 页。

被读为"殷祭"之"殷"。李学勤在考释出西周金文中的"衣"应该读为"卒"的同时也意识到甲骨文中的"衣"也应该读为"卒",李先生列举了大量黄组、𠂤组、出组卜辞中"衣"应读为"卒"的例子。对于"衣"读为"卒"的原因,李学勤分析说:"'衣'、'卒'二字在卜辞金文中往往混淆不分,需要我们细心区别,才能正确读释。这和我们讨论过的'氏'、'氐'两字在金文中相混淆,情形正是类似的。"①

李学勤认为衣、卒二字在卜辞和金文中混淆不分,裘锡圭则通过排比字形将衣和卒区别开来,在甲骨文中𡥀这种中间有交叉线的皆为卒字,𠔼这种衣形却带有斜出尾巴的亦当释为卒。不过裘先生也承认甲骨文中确实存在衣、卒不分的现象。裘先生指出"已发表的殷墟卜辞中的所谓'衣'字,除去一些辞义不可解的,都应该释读为'卒'"。而𢦏簋、多友鼎、沈子它簋盖铭、敔簋、大丰簋中的"衣"都可能是"卒"字。②

因衣与卒在商周甲骨文、金文中长期混用,学者在研究中多有误释,以至有些正确的考释反被忽视了,如刘心源在天亡簋(刘氏称天无敦)的考释中说:"卒或释衣,非。卒从衣作𡥀,此作𠔼,乃卒省。卒祀谓终祀也。"③但刘氏的意见未得到重视,众多考释天亡簋的文章仍将"衣"读为"殷"。④

唐兰的一条注释引起了李学勤等学者的重视,裘锡圭进一步帮我们梳理了甲骨文和金文中的"卒"字并从形体上区分衣和卒。遗憾的

① 李学勤:《多友鼎的"卒"字及其他》,载《新出青铜器研究》(增订版),人民美术出版社,2016,第115页。
② 裘锡圭:《释殷墟卜辞中的"卒"和"裈"》,《中原文物》1990年第3期。
③ 刘心源:《奇觚室吉金文述》(卷四),光绪二十八年刻本,第11页。
④ 孙作云:《再论"天亡簋"二三事》,《文物》1960年第5期;殷涤非:《试论"大丰簋"的年代》,《文物》1960年第5期;刘晓东:《天亡簋与武王东土度邑》,《考古与文物》1987年第1期。

是唐兰虽然将彧簋中的"衣"释为"卒",但他并没有详细论证,也不曾对相关的"衣"字做全面考察。其在天亡簋(唐称朕簋)释文注释中仍说:"衣读为殷,《书·康诰》:'殪戎殷',《礼记·中庸》作'壹戎衣',郑玄注:'齐人言殷声如衣。'"①

6. 释"徲(夷)"字

鬲攸从鼎(《集成》05·2818)铭云"王才(在)周康宫徲大室"。其中"徲"字有释"遟""辟",训为"待""旁"等意见②,因为《说文》辵部"遟"字下说:"籀文遟从屖。"所以学者多从释遟说,如郭沫若说:"徲字当是动词,《说文》云:'徐行也。'"③ 唐兰先是推断说:"鬲攸从鼎有康宫徲太室,盖夷王之庙也。"④ 继而考释说:"鬲攸从鼎说:'王在周康宫徲太室',而害簋说:'王在屖宫'(见薛氏《历代钟鼎彝器款识法帖》卷十四,原名宰辟父敦),'屖'跟'徲'是一个字,通作'夷'(《诗经·四牡》'周道倭遟',韩诗作'威夷'),那末,'康宫'里的'夷太室',也就是'康宫'里'夷宫'的'太室'。"⑤ 与唐兰观点相同的还有吴其昌,他也认为"屖太室"就是"夷王"庙,吴氏说:"西周天子王号,明见于金文者,玟、珷、成、邵、穆、龚、懿俱有(详金文王号表及金文世族谱)。虽无康王,然而有'康宫'、'康庙'、'康寝'。虽无夷王,然而有'屖宫'('屖'即'尸','尸'即'夷')、'徲太室'。"⑥

于省吾先生对唐兰释"徲"为"夷"有所补充,于先生说:

---

① 唐兰:《西周青铜器铭文分代史征》,中华书局,1986,第13页。
② 刘心源释为徲,训为待,杨树达释为辟,训为旁侧,参见周法高《金文诂林》,香港中文大学出版社,1974,第1001~1006页。
③ 郭沫若:《两周金文辞大系图录考释》(二),科学出版社,2002,第33页。
④ 唐兰:《作册令尊及作册令彝铭考释》,《国立北京大学国学季刊》第4卷第1期,1934年。
⑤ 唐兰:《西周铜器断代中的"康宫"问题》,《考古学报》1962年第1期。
⑥ 吴其昌:《金文历朔疏证》,北京图书馆出版社,2004,第341页。

　　徲、夷叠韵，古音并属脂部。徲通迟，古文从彳从辵每无别，《说文》歧徲、遟（今本伪作"遲"）为二字非是。钱大昕《二十二史考异》于《史记·张释之、冯唐列传》一条中讲遟与夷的通借颇详，今录之于下：

　　"陵遟而至于二世，《汉书》作陵夷。《平准书》选举陵遟，《汉志》亦作夷。《司马相如传》陵夷衰微，《汉书》作遟。古文夷与遟通，《诗》周道倭遟，《韩诗》作郁夷。《淮南原道训》，冯夷大丙之御，高诱云，夷或作遟。娄寿碑，徲徜衡门，即栖遟也。《说文》遟或作迡，从尼，尼古文夷字。"

　　按钱氏所列七证，除《诗》周道倭遟一证已见唐文，余则可补其说之未备。夷王之夷，《左传》昭二十二年以及《国语·周语》、《古本竹书纪年》均作夷。以金文验之，则应作"屖"或"徲"，是本字之湮，由来已久。[①]

　　唐兰的这一考释亦被 1978 年湖北随县出土的曾侯乙墓文字资料所证实，曾侯乙编钟有数千字的乐律铭文，其中律名"夷则"之"夷"写作██、██形，裘锡圭、李家浩考释说：

　　钟铭中律名"夷则"有"迟则"、"屖则"两种写法。"迟"古作"遟"，钟铭多作"屖"，省"辵"为"止"。古文字中从"辵"从"止"本可相通，但钟铭此字"尸"旁写在"辛"的左侧，可能因其与"彳"形近，兼作"辵"旁所从之"彳"用。下层一组二号钟此字作"�"，似乎可以证明这一点。"迟"、"夷"古通，如"陵迟"亦作"陵夷"等，例不胜举（参看于省吾

———

①　于省吾：《读金文札记五则》，《考古》1966 年第 2 期。

《读金文札记五则·一，西周王号中的"犀"和"剌"》，《考古》1966 年 2 期）。"犀"即"迟"字声旁，当然也可与"夷"通用。西周金文"犀宫"即"夷宫"，便是一例。①

曾侯乙编钟铭文为"犀""徲"读为夷增添了新的证据，此后又发现了更直接的证据，2003 年 1 月 19 日，陕西眉县杨家村发现青铜器窖藏，共出 27 件铜器，其中逨盘铭文计 372 字（包括合体 1 个，重文符号 12 个），铭文历数文王至厉王名号："夹鬷（绍）文王武王达殷"、"克逨匹成王"、"会鬷（绍）康王"、"用会卲（昭）王、穆王"、"用辟龏（恭）王、懿王"、"匍保厥辟考（孝）王、徲（夷）王，又成于周邦"②。其中"徲王"无疑就是"夷王"，这一发现证明唐兰、于省吾读"徲"为"夷"是正确的。

7. 释"剌"为"厉"

金文中"剌祖""剌考"习见，将其读为"烈祖""烈考"已成学界共识。其中克钟（《集成》01·204）铭文有"康剌宫"，唐兰考释说"盖厉王之庙也"③。又说："克钟说'王在周康剌宫'，'剌'字金文一般作为'烈'字用，'剌祖'、'剌考'就是'烈祖'、'烈考'，班簋的'亡克竞氒剌'，就是'无克竞厥烈'；'烈'字与厉通（《国语·鲁语上》的'烈山氏'就是《礼记·祭法》上的'厉山氏'），《说文》'赖'字从'剌'声，'赖'字也和'厉'通，（《左传》昭公四年'遂城赖'，《公羊传》《穀梁传》均作'厉'，《说文》的'疠'字就是'癞'字），所以'剌宫'就是'厉宫'，跟'昭宫'、

---

① 裘锡圭、李家浩：《曾侯乙钟、磬铭文释文与考释》，载湖北省博物馆编《曾侯乙墓》，文物出版社，1989，第 556 页。

② 陕西省考古研究所、宝鸡市考古工作队、眉县文化馆联合考古队：《陕西眉县杨家村西周青铜器窖藏》，《考古与文物》2003 年第 3 期。

③ 唐兰：《作册令尊及作册令彝铭考释》，《国立北京大学国学季刊》第 4 卷第 1 期，1934 年。

'穆宫'、'犀宫'等一样，'厉宫'就是厉王的宗庙。"①

于省吾先生补充说："金文称'刺宫'，即厉王的庙，是厉王之厉本应作'刺'。厉、刺古字通。《史记·秦本纪》的'厉龚公'《秦始皇本纪》末附《秦纪》作'刺龚公'，这是一个很好的证明。"②

按，此"刺"字亦见于曾侯乙编钟，如钟铭"穆音之在楚为穆钟，其在周为刺音。"裘锡圭、李家浩两位先生考证此处的"刺音"就是见于《国语·周语下》的"厉"。③ 前文提到 2003 年陕西眉县出土的逨盘中也出现了厉王的王号，厉字正做"刺"，新出土材料又一次证明唐兰的观点是正确的。

8. 释"畀"字

永盂金文中有畀字，唐兰隶定为"畀"字并考释说：

　　铭文中锡畀的畀字，像一支箭，但是比一般的箭头大，是弩上用的。在《周礼》司弓矢里的庳矢，故书（旧抄本）作痹矢。畀就是痹矢之痹的原始象形字。小篆往往把古文变错了，如异字本象人高举两手过顶似翼，元字本象人一条腿偏大，乘字本象人站在树上面，小篆都把它们分成两截了，这种例子是很多的。畀字象畀矢形，小篆分成两截，许慎已不知道，在《说文解字》里说成从丌甶声，解为"相付与之物，在阁上也"。实则把象形的畀字假借为付与之义，其来已古，在这个器铭里和廿五年蘄从盨，还有宋代出土的中方鼎里都是把它当作付与田邑的意思的。在金文里还有算字，就是《说文》的算字，用以盖蒸饭的甑底的，从

① 唐兰：《西周铜器断代中的"康宫"问题》，《考古学报》1962 年第 1 期。
② 于省吾：《读金文札记五则》，《考古》1966 年第 2 期。
③ 裘锡圭、李家浩：《曾侯乙钟、磬铭文释文与考释》，载湖北省博物馆编《曾侯乙墓》，文物出版社，1989，第 556 页。

草从竹都通用，算可以用草做。甲骨文有鼻字和濞字，过去因把
畀释成矢，这些字就都不认识了。①

此后唐兰又补充说：

　　"畀"字象痹矢形，假借为畀予的意义。前文漏举了一些重
要的例证。其一是甲骨文常见的"畀"字，罗振玉《殷虚书契考
释》误释为"矢"字，而不知道甲骨刻辞里自有"矢"字。《甲
骨文编》（中华版）卷五把"畀"和"矢"混在一起，都释作
"矢"。其实像《殷虚书契后编》卷上第十七页第四片的卜辞说：
"于王曰勹舌方畀"。意思是向王曰这个祖先乞求把舌方畀予他，
如果把"畀"字释为"矢"就讲不通了。其二是《西清古鉴》
卷十一的班簋铭文说："三年静东或（国），亡不咸畀（眷）天畏
（威），炎（丕）畀屯陟。"也用了"畀"字。《尚书·多方》："刑
殄有夏，惟天不畀纯"。旧训纯为大，可见"畀纯"两字是周初
经常联用的。只是《多方》是"不畀纯"，而班簋则相反，"炎"
字与上面"亡不"的"不"不同，应读"丕"，"丕畀纯陟"是
颂扬之辞了。（《立政》说："亦越成汤陟，丕釐上帝之耿命"，
陟是升的意思）。其三是盂澅父鼎（《三代吉金文存》卷三）和
"遟作姜澅簋"（同上卷十），都有"澅"字，容庚《金文编》都
放在附录下，作为不可认识的字。那末，我把"畀"字从旧时误
释为"矢"字里区别出来以后，在甲骨金文里，就有了新认识出
来的：畀、萛、澅、鼻、濞五个字了。除萛就是《说文》算外，
余四字也都见于《说文》。②

———————————

① 唐兰：《永盂铭文解释》，《文物》1972年第1期。
② 唐兰：《〈永盂铭文解释〉的一些补充——并答读者来信》，《文物》1972年第1期。

　　虽然清代学者已经认出"畀"字，但都未做任何考释，"所以唐兰先生辨认出甲骨、金文里的'畀'字，仍然是具有重要意义的"①。但是唐兰并未对字形演变及"畀"字在甲骨卜辞中的用法等问题做详细阐述。裘锡圭对此做了补充，并制成字形演变表。裘先生认为"畀"字的本义应该是古书中叫作"匕"的那种矢镞的象形字②，但在甲骨文及金文中已经假借为"付与"意。唐兰的考释经裘锡圭先生补充后更完善了。下图为裘锡圭先生所做"畀"字形体演过程。

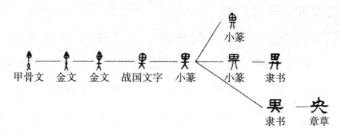

9. 释郊

　　德方鼎（《集成》05·2661）中有一个从"高"从"舛"的字。郭沫若认为此字"通镐，即镐京"③，马承源同意郭沫若的说法。④ 陈梦家提出了新的看法，他说："此器蒿字从高从舛，与《冈劫尊》（本书14）'高祖'之高同形，是'祼自高'犹卣铭之'归祼于我多高'，高疑指高祖而言。卜辞卜祭先祖有'自大示''自上甲''自大乙''自且乙祼，若'（《后》下22.10）等，犹此器之'自高'。"⑤ 唐兰先生将此字隶定为"葬"，读为"郊"，认为："葬即蒿字，此处当假借为郊字。曾姬壶说：'安兹漾陲蒿间之无叺'，蒿间即郊间。《周

----

① 裘锡圭：《"畀"字补释》，载《古文字论集》，中华书局，1992，第90~97页。
② 裘锡圭：《"畀"字补释》，载《古文字论集》，中华书局，1992，第90~97页。
③ 郭沫若：《由周初四德器的考释谈到殷代已在进行文字简化》，《文物》1959年第7期。
④ 马承源：《德方鼎铭文管见》，《文物》1963年第11期。
⑤ 陈梦家：《西周铜器断代》（上），中华书局，2004，第73页。

礼·载师》注说："故书郊或为蒿"；《左传·文公三年》："秦伯伐晋，济河焚舟，取王官及郊"，《史记·秦本纪》作鄐；《礼记·月令》高禖，《诗·生民》毛传作郊。均其证。这里说的是郊祭。"①

唐兰的这一考释长期未受到学者的重视，直到李学勤《释郊》一文的发表才解决了"郊"字的释读问题。李学勤指出甲骨文中的"'蒿土'、'膏土'均应读为'郊社'。从'高'声的字和从'交'声的字古常通假，《周礼·载师》注更明云：'故书……"郊"或为"蒿"。'郊，依照礼家的传统说法，即指圜丘，是用以祭天的所在，因位于国之南郊，故名。"②

李学勤考证周原甲骨文"祠自蒿"的"蒿"，同样应读为"郊"，意思是祭天。"祠自郊"是从祭天开始的大规模祀典。德方鼎铭文说："惟三月，王在成周，延武王，祼自蒿。"李学勤解释"祼自蒿"说："与周原卜辞对照，'祼自蒿'的'蒿'自亦当读为'郊'，其意义也是相同的。""这样讲，有一个明显的证据，就是何尊的铭文。何尊同德方鼎的联系，我曾经讨论过，其铭文云：'惟王初迁，宅于成周，复冋武王豊，祼自天。……'现在看，铭中'冋'应读为'廩'，《广雅·释言》：'治也。''豊'读为'礼'。复廩武王礼意为重行武王之礼，和铭文下面周王所说武王'廷告于天'一句呼应。'祼自天'的意义，和德方鼎'祼自郊'、周原卜辞的'祠自郊'，彼此均相一致。"③

按，李学勤写作《释郊》一文并未参考唐兰的意见，他所举的甲骨文、金文等出土文献材料很全面，但所引传世文献证据略显不足，如果再加上唐兰补充的文献上的证据，这一考释就更精彩了。

---

① 唐兰：《西周青铜器铭文分代史征》，中华书局，1986，第71页。
② 李学勤：《释郊》，载《文史》（第36辑），中华书局，1992。
③ 李学勤：《释郊》，载《文史》（第36辑），中华书局，1992。

10. 释"傅"字

王命傅龙节，其正面有"王命＝逦赁"四字（命字下有重文符号），前人考释多有错误，尤其是第三字"逦"字一直未得确释。1941 年唐兰发表《王命傅考》一文，文中考释"逦"字说：

　　逦字旧皆以为从行从止，从叀故释为惠及蒦。江释为道，盖据李阳冰书谦卦道作蒦，是亦以为从行从止也。罗福颐释作逦，则以为从辵从刀，实则右旁从人，寿州所出一器最为明晰，可证其非刀。又以本器赁字偏旁人刀作证之，亦可决其不从刀也。今按字当释为遄。容庚《金文编》重订本以为傅字从辵，甚确。遄儿铎及遄儿尊遄字作遄，容乃置于附录而未释。阮书汇敦之汇，本作遄，徐同柏释遄，吴云释惠，刘心源释蒦，今按当释为遍，容亦以入于附录，其实皆可与此器遄字互证也。①

唐兰将遄读为傅，认为"此器之用，即以王命掌管传遄车马，供饮食者"。

按，"傅"字的考释已得到公认。② 此字亦见于齐侯壶（《集成》09730），字形写作遄，与王命傅龙节傅字相比，辵旁写成止旁，古文字中辵、止两偏旁常可通用，所以这两个字应为一字，李学勤先生所作齐侯壶释文直接将此字释为"傅"。③ 2009 年公布的清华简《保训》亦有此字，简 3 "昔前□遄保"中"遄"字写作遄，发表者注释说："'遄'，即'传'字。"④ 这些新材料或新的研究成果都证明唐兰的考

① 唐兰：《王命传考》，载《唐兰全集》，上海古籍出版社，2015，第 627 页。
② 李家浩：《传赁龙节铭文考释——战国符节铭文研究之三》，《考古学报》1998 年第 1 期。
③ 李学勤：《齐侯壶的年代与史事》，《中华文史论丛》2006 年第 2 辑。
④ 清华大学出土文献研究与保护中心：《清华大学藏战国竹简〈保训〉释文》，《文物》2009 年第 6 期。

释是正确的。

11. 释"虞"字

1954 年 10 月，江苏丹徒发现宜侯夨簋，簋铭中"王令（命）虞侯夨曰"中的"虞"字最初并未被学者注意。较早做出考释的陈梦家将此字隶定为"虞"，但未做考释。① 陈邦福、郭沫若亦将此字隶定为"虞"而无说。② 争论始自唐兰的《宜侯夨簋考释》，唐兰考释虞字说："第四行'虞'字，各家都释与'虞'，如果是虞，下半应该从文。这个字上从虍，下从矢，矢字头向左倾，头部中间为锈隔断，但笔画很清楚。从矢虍声，应该是虞字的早期写法。"③

此字若释虞则"虞侯"可与文献记载中的虞国相联系，若释虞则"虞侯"并不见于文献记载，不同的考释直接影响到宜侯夨簋的历史价值，这也是此字引起广泛争论的原因。

同意唐说的还有刘启益，他在《西周夨国铜器的新发现与有关的历史地理问题》一文中说：

西周金文中，"用乍某公障彝"的例子很多，"公"字前面一个字，或为氏名，或为采邑名，或为国名（古时氏名、采邑名、国名常常是不分的）。在宜侯夨簋铭文中，"虞公"的后面还有"父丁"二字，相同的语例还见于以下诸器：

耳尊：肇乍京公宝障彝

耳卣：用乍父乙宝障彝

富鼎：用乍召白父辛宝障彝

---

① 陈梦家：《宜侯夨簋和它的意义》，《文物参考资料》1955 年第 5 期。
② 陈邦福：《夨簋考释》，《文物参考资料》1955 年第 5 期；郭沫若：《夨簋铭考释》，《考古学报》1956 年第 1 期。
③ 唐兰：《宜侯夨簋考释》，《考古学报》1956 年第 2 期。

伯富盉：白富乍召白父辛宝障彝

穌爵：穌乍召白父辛宝障彝

上述例子中，京、召是氏名，父乙、父辛是庙号，因此，宜侯矢簋中的"父丁"是庙号，"虞"是氏名。我们知道，不论在甲骨文中，在金文中，或者在古代文献中，还没有出现过"虔"这个氏名，而作为氏名的"吴"和"虞"在金文和古代文献中却不只一次出现过，从这里也可以说明，释为"虞"字是对的，释为"虔"字是不对的。①

黄盛璋在《铜器铭文宜、虞、矢的地望及其与吴国的关系》一文中亦采唐兰之说②，不过未对字形做考释。李学勤在《宜侯矢簋与吴国》中考释字形说："'虞'字从'虍'从'矢'，可理解为从'吴'省声，是'虞'字的异构，唐兰先生所释是精确的。"③ 董楚平则解释字形说"本铭虞字可看作虞字省口，是现有金文中最早的虞字，难免尚未规范化"④。这与李学勤的看法是一致的。

唐兰释"虞"的意见已经被学者普遍接受，但仍有部分学者提出了异议，曹锦炎、张亚初两人释此字为虎。⑤

释"虔"为"虞"的观点虽然已被多数学者接受，但在字形的解释方面还需要进一步完善，李学勤早期提出的"虞"从"吴"省声之说同样缺乏说服力。2000 年末 2001 年初，山西曲沃天马曲村晋侯墓地出土一件叔矢方鼎，器腹饰云雷纹衬底的兽面纹，有扉棱，耳之外

---

① 刘启益：《西周矢国铜器的新发现与有关的历史地理问题》，《考古与文物》1982 年第 2 期。
② 黄盛璋：《铜器铭文宜、虞、矢的地望及其与吴国的关系》，《考古与文物》1983 年第 3 期。
③ 李学勤：《宜侯矢簋与吴国》，《文物》1985 年第 7 期。
④ 董楚平：《吴越徐舒金文集释》，浙江古籍出版社，1992，第 11 页。
⑤ 曹锦炎：《关于〈宜侯矢簋〉铭文的几点看法》，《东南文化》1990 年第 5 期；张亚初：《殷周金文集成引得》，中华书局，2001，第 87 页。

侧饰两道平行倒 U 形凹纹，四柱足饰云纹和蕉叶纹，李伯谦认为此器形制、纹饰与德方鼎类似，时代可早到西周成王时期，因此认为器铭中的叔夨就是晋国始封君唐叔虞，如此一来"虞"字的字形分析又成为摆在我们面前的一个难题，李伯谦考释"虞"字说：

> 按古文字结构通例，"夨"应即"虞"（虞）之声旁，则"夨"在上古应有与"吴"（虞）相似之音。《说文》"吴"字，其古文作𢽼形，段注"从口大"，则吴字下之所从既可写作夨亦可写作大。春秋吴王铜器和蔡侯申盘"吴"字皆从大，战国中山王鼎亦同，可为佐证。吴字也有省口之例，传世"大（吴）王光趄戈"，吴字即缺口成一大字，容庚云"大王疑省口为吴王"。"大"、"夫"古本一字，如吴王夫差之名即可作"大差"，"夫"和"吴"上古音都属鱼部，音正相近。①

受李伯谦读"夨"为"吴"的启发，李学勤进一步认为金文中的"夨"是"虞"的本字，虽然与《说文》中的"夨"同形，但却不是一个字。商周时期职部的"夨"字像侧体，而不是倾头，与倾头的"夨"不同。"吴"字本不从古音职部的"夨"。② 陈斯鹏经过研究释读叔夨方鼎中的"𤔲"为"觞"的象形初文，在叔夨方鼎中读为"唐"，如此一来"𤔲叔夨"必读为"唐叔虞"，"夨"读为"虞"也是确凿无疑的。③

从宜侯夨簋到叔夨方鼎，"虞"字的考释一直在困扰着我们，李

---

① 李伯谦：《叔夨方鼎铭文考释》，《文物》2001 年第 8 期。
② 李学勤：《叔虞方鼎试证》，载《中国古代文明研究》，华东师范大学出版社，2009，第 118 页。
③ 陈斯鹏：《唐叔虞方鼎铭文新释》，载张光裕、黄德宽主编《古文字学论稿》，安徽大学出版社，2008，第 180~191 页。

伯谦、李学勤认定叔夨就是唐叔虞，因此将夨读为虞，两位李先生的考证都非常精彩。但学者仍有不同意见，如吴振武先生认为将"夨"等同于"吴（虞）"仍无坚实的证据。[①]

　　我们需要考虑的是夨和虞的构形问题。唐兰释虞从虎声，陈絜、马金霞认为："上古音中，'虎'为晓纽、鱼部，它与'吴''虞'二字韵部相同，而疑、晓同属牙音，声为一系。由此看来，'虞'字肯定是从'吴'、'虎'声，属于后造的用来标识'吴'字音读的形声字。""'虞'字其实是一个双声字，是在初文'夨'字之上添加声符'虎'而成的，'夨'的读音，肯定和'虞'字相同。非要依据传统六书的分析术语来解释的话，就是从'夨'、'虎'省声。""我们颇怀疑，'夨'或为'娱乐'之'娱'的初文，它描述的是人在娱乐时的一种体态。"[②] 目前来看，陈絜、马金霞将夨看作娱字初文的观点比较可信，夨与虞是古今字的关系。需要注意的是倾头形的夨与侧体的夨本不是一个字，李学勤将这两个形体区分开来是十分必要的。

　　目前虞释读为"虞"已被多数学者接受，从叔夨方鼎的器形及出土地点等因素来看，"叔夨"为"唐叔虞"的可能性大。

　　12. 释"遷"字

　　1963 年陕西省宝鸡市出土何尊，后来发现尊底有铭文，器铭第一行为"隹（唯）王初𨕙宅于成周，复禀"，其中第四字唐兰在《𫵷尊铭文解释》一文中读为"遷"，"遷宅"意即遷都，但并未对字形做考释。唐先生晚年在《西周青铜器铭文分代史征》中详细考释此字说：

---

① 饶宗颐等：《曲沃北赵晋侯墓地 M114 出土叔夨方鼎及相关问题研究笔谈》，《文物》2002 年第 5 期。

② 陈絜、马金霞：《叔夨鼎的定名与西周历史上的夨国》，载南开大学历史学院编《仰止集——王玉哲先生纪念文集》，天津人民出版社，2007，第 357、360~361 页。

罨字通遷，罨作𨙸，从邑𨙸声。邑字从两个○形，古代从○与从𠀉，可以任意，雒字或从○，或从𠀉，可证。𨙸字见宋代所出铜器𨙸簋，旧释邘是错的，今本《竹书纪年》共王九年有锡毛伯遷命一条，即误读《考古图》，把毛伯和祝𨙸为一人而伪造的，但释𨙸为遷则不误。《说文》作𨙸，或作𨠌（罨），则又不从邑而只从𠃉。①

𨙸是严格隶定，𨙸字则见于《说文解字》，唐兰将𨙸释为𨙸，在何尊中𨙸读为"遷"，是遷徙的意思。何尊铭文内容与成王遷都有关。但唐兰的意见并未引起当时学者的注意。反对唐说的有马承源，马氏考释说：

> 𨙸字从𨙸从邑，《说文》"𨙸，升高也，从𢌿囪声，𨠌或从卩"，也隶写作𨠌。这个字和《说文》鄣字所从的𨠌字完全相同，𨙸就是鄣字。许慎将鄣字解释为地名，但铭文中这个字是动词，并非地名，因此只能从𨙸、罨的本义来解释。𨙸的本义是升高，朱骏声在《说文通训定声》中认为𨙸字就是"《左传》'堙之环城，傅于堞''乘堙而窥宋城'之堙，此其本字也"。这是正确的。上引的《左传》是襄公六年，对于这句话，杜预的注解是"堙，土山也"，孔颖达疏引正义曰："兵书有为堙之法。宣十五《公羊传》曰，子反乘堙而窥宋城，是堙土为山使高与城等而攻之也"。这里说的是把土垫得和城一样高，是人工堆土为山。这种办法可以使用于战争。𨙸既是"堙之环城"之堙的本字，则以上的注解，是对𨙸字本义为升高的具体说明。铭文中的𨙸（鄣）指的是堆土

① 唐兰：《西周青铜器铭文分代史征》，中华书局，1986，第74~75页。

造城。①

张政烺亦反对唐兰的意见，但又不同于马说，张氏将"遷宅"释为"相宅"，张氏考释说：

何尊铭文第一行第四字，隶古定当作皕，左圉，右吕，古今字典中皆不见。吕字在甲骨文、金文中出现，有两种方式：一是专名词，作人名、氏族名、国名、地名，大约音铝，无本义可寻：一是作为宫、離等字的声符，不独立存在，大约音邑，其义也不详。圉见《说文》异部，形体相合，铭文把巳写在右旁罢了。圉的字形比较复杂，不是部首，也不会从它会意，故按六书条例定皕为从吕，圉声。顺着声音的线索追求，"皕宅"当即《尚书》中《召诰》、《洛诰》的"相宅"。古书中当省视讲的相字，甲骨文、金文皆写作省。圉的读音，段玉裁、朱骏声说和信、西等字相近。省和圉声音既近，可以通假。②

反对释"遷"的学者还有杨宽，杨氏说：

"郢"字在《说文》为地名，何尊铭文当作"圉"字用，也可以读作"遷"，其原义为升登。"圉"在《说文》是"陞"的异文。《说文》说："陞，升高也，从舁囟声。圉，陞或从卩"。段注："升之言登也，此与辵部遷、抐者义同。""卩谓所登之阶级也。"'"陞"、"圉"、"遷"三字，原来确实音义全同。《说文》

---

① 马承源：《何尊铭文初释》，《文物》1976 年第 1 期。
② 张政烺：《何尊铭文解释补遗》，《文物》1976 年第 1 期。

说:"遷,登也,从辵罨声。古文遷从手西。""罨"字本义确为升登,它所从的"卪",即是所升登的阶级。"惟王初鄻",应该是说成王初次升登阼阶,也即初登王位之意。①

李学勤早期亦反对唐说,因德方鼎有"惟三月,王在成周"语,所以李氏在《何尊新释》一文中说:

综合上引器铭,不难看出把尊铭首行第四字读为"迁",理解为周王四月"初迁"成周,是有困难的。因为第一,周王在三月份已经居住在成周,并不是四月才到成周;第二,周王两次接受镐京致送的福胙,可见重要的祭祀仍在镐京举行,没有移到成周。这证明西方的镐京当时仍是主要的都邑。这个从"罨"声的字可能读为祭名"禋"而不好读作"迁"。②

赞成唐兰观点的有严一萍,严氏考释说:

许慎编说文解字,这字已经分歧为三,分别编入三个部中。一是舁部,"鼺,升高也。鼝,卑或从卪。鼺,古文卑"。一是辵部:"齹,登也。鯾古文遷从手西"。一是邑部:"齾,地名,从邑罨声"。清席世昌:读说文记说:"遷,登也。"律历志:"周人鼝其行序。"邓展曰:"鼝,去也。以其非次故去之。鼝,古遷字。"地理志:春秋经云:"卫鼝于帝邱。"案汉书郊祀志:"汤伐桀,欲鼝夏社不可。"韦贤传:"罨于彭城。"颜师古并注曰:"罨,古遷字。"朱骏声说文通训定声说:"汉书郊祀志常山王有罪鼝,以卑为之"。是

① 杨宽:《释何尊铭文兼论周开国年代》,《文物》1983年第6期。
② 李学勤:《何尊新释》,《中原文物》1981年第1期。

畀、罂、遷、嚣均自羆之一字演化而来。至六国时所谓古文书者，一加繁作罂，一省简作罽。清惠定宇读说文记说："古遷作栖，西有遷音。"清宋保谐声补逸也说："西声古读如鲜，与遷音近。"其实以⊗隶定作西，而省四为一手也。由此言之，羆当释遷字。尔雅释诂"遷，徙也"。广雅释言"遷，移也"。周礼小司寇"询国遷"。郑注："徙都改邑也。"以遷移若徙都改邑释遷，与当时情形，确相吻合。①

由于在此后的去锈过程中发现遷字右下角还有笔画，马承源先生又重做了考释，此字被隶定作罽，马氏认为右边所从即雍字，"罽宅或雍宅就是营宅"②。

张政烺和马承源的意见都有一定影响，如马承源主编的《商周青铜器铭文选》便采用了其释罽的意见。朱凤瀚先生对这两种考释意见的缺点做了详细的分析，对张说的不足，朱凤瀚评价说：

> 但"言王初遷（省）宅于成周"是在成王五祀，与《洛诰》所言成王始亲临洛邑"相宅"是在周公摄政之第七年，无论从何年计算成王元年均难以相合。如从武王去世后次年计算成王五祀，则此年亦应是周公摄政第五年，而此时比《召诰》所记召公"先周公相宅"于洛邑还早两年，成王不可能早于召公、周公先来洛邑相宅。在读"遷宅"为"省宅"（即"相宅"）的前提下，即使以五祀为周公致政成王（时在周公摄政七年，时为成王

---

① 严一萍：《何尊与周初的年代》，载《董作宾先生逝世十四周年纪念刊》编辑委员会编《董作宾先生逝世十四周年纪念刊》，（台北）艺文印书馆，1978，第3~4页。

② 马承源：《何尊铭文和周初史实》，载吴泽主编《王国维学术研究论集》（一），华东师范大学出版社，1983，第46页。

元祀）后成王亲政第五年，也是不对的，因为成王亲政之元祀即已相宅于洛邑（见《洛诰》），至第五祀，不能再言"初省宅于成周"。张先生解释"惟王五祀"与《洛诰》"惟七年"不合之由，是因为尊铭"五祀或是摄王五年"。但尊铭既言"王（成王）初迁宅于成周"又称摄王为"王"，似难讲清楚。

对于马说，朱凤瀚评价说：

> 此外马承源先生读"迁"为"墠"，即堆土造城，是另一种解释，则初"墠宅"亦即刚开始作邑。但在这里"宅"的意思，似还是应该与《召诰》、《洛诰》中之"相宅"、"卜宅"相近同，是指成王居住之宫室。而且，初修（以及刚修成而成王未迁都于此时）是否可叫"成周"，也是值得斟酌的事情，下文还要论及此。所以即使是读初"墠宅"也不宜理解为始作洛邑。而即使将"墠宅"理解为修王宫，对铭末署明为成王五祀仍不好解释，因为周公、召公在洛邑初建王宫之时应是周公摄政七年，同样不能与成王"五祀"相合。所以，本铭"迁宅"之"迁"亦不宜读成与建筑有关的"墠"字。

朱凤瀚赞成唐兰释"迁"的观点，在评价马承源的考释之后，朱凤瀚接着说：

> 实际上，这里仍将本铭"迁"解释成迁移是完全可以讲通的。"宅"的内涵，在上文已经讨论过，王之"宅"，不仅包括王居住的宫室，也包括与王朝政治有关的王室宗庙与王理朝政之殿堂。所以何尊铭文言成王"迁宅"于洛邑，实际上即可以理解为

是成王将常住于成周以理朝政，亦即是当时西周王朝政治中心的迁转。在本铭成王诰宗小子话语中即特别引用武王廷告于天之语曰："余其宅兹中国，自兹乂（乂）民"（这里的"宅"是动词，即居住），所以成王迁宅于成周，是秉承武王遗志，乃成王亲政后必须做的事。[1]

按，"遷"字除见于何尊外，还见于宜侯矢簋和大盂鼎，李学勤在《宜侯矢簋与吴国》一文中考释说：

> 第四行"曰"字下面的字十分重要，前人所释，如"繇"、"黔"，都不准确，详察照片，字右从"邑"相当明显，左侧上方虽有断笔，尚能看出从"𠃎"。我们认为这是"鄋"字，可对照大盂鼎"鄋自厥土"，均读为"遷"。铭文这一句是"王命虞侯矢曰：遷侯于宜。"[2]

后来李学勤在《释郊》一文中也将何尊中的鄋字释为"遷"。[3] 裘锡圭在《说"仆庸"》一文中亦释出大盂鼎铭文"遷自厥土"的"遷"字，并在注16中说："此字写法与歌尊第四字相同，后者唐兰先生释'遷'（《㽙尊铭文解释》，《文物》1976年1期60页），今从之。"[4]

严一萍对鄋字形体的分析十分可信，是对唐兰考释的有力补充。剔锈后，鄋右下角的形体只是附加的义符，这一新发现的义符并不影

---

① 朱凤瀚：《〈召诰〉、〈洛诰〉、何尊与成周》，《历史研究》2006年第1期。
② 李学勤：《宜侯矢簋与吴国》，《文物》1985年第7期。
③ 李学勤：《释郊》，载《文史》（第36辑），中华书局，1992。
④ 裘锡圭：《古代文史研究新探》，江苏古籍出版社，1992，第385~386页。

响釁字的释读。何尊中的釁与宜侯矢簋、大盂鼎中的鄪是一字的异写，将其释读为遷，三器相关文句皆可得到合理的训读，由此可见，唐兰释读何尊中的"遷"字的意见是正确的。

13. 释"堂"字

1975 年 3 月陕西扶风县出土一批西周青铜器，其中一件𢦏方鼎（《集成》02789）铭第二行有🔲字，整理者将其隶定为墓，括注通为堂，但没有做考释。[①] 唐兰考释说"堂原作墓，上半从直，下半从㞷即堂字。《说文》堂字籀文作墓，堂堂通，堂师地未详"[②]。研究𢦏方鼎的文章多从唐释。[③]《金文编》《金文常用字典》等工具书亦将𢦏方鼎中的🔲字归入堂字下。对此提出异议的是刘钊先生，刘先生说：

> 按堂字从土，此字从京省从堂省，应隶定作墓（或堂），释为"堂"。《说文》堂字籀文从高省作"🔲"，小徐本谓"从尚京省声"，堂字作"🔲"应是在堂字上累加"京"为声符。从古文字来看，京、高乃一字之分化，故大、小徐谓从高省、从京省都是一样的。既然从尚声可累加京声，则从尚声的堂自然也可累加"京"为声符。京字省作"🔲"形，还见于小臣俞尊，字作"🔲"。"🔲"即"京"，所以金文"🔲""🔲"为"堂"字累加"京"声者，释为"堂"是没有疑问的。[④]

按，《说文解字》堂字的籀文从京从堂，唐兰释🔲下部㞷为堂，🔲则可分析为从京从堂，因堂与堂可以通用，所以唐兰以为墓与堂是一

---

① 罗西章、吴镇烽、雒忠如：《陕西扶风出土西周伯𢦏诸器》，《文物》1976 年第 6 期。
② 唐兰：《用青铜器铭文来研究西周史》，《文物》1976 年第 6 期。
③ 黄盛璋：《录伯𢦏铜器及其相关问题》，《考古与文物》1983 年第 3 期；汪中文：《"伯𢦏"与"录"、"录伯𢦏"诸器间系联问题之检讨》，（台北）《大陆杂志》1989 年第 79 卷第 3 期。
④ 刘钊：《古文字构形学》，福建人民出版社，2006，第 308 页。

字异体。唐兰这一考释的依据是其总结的字形通转规律。刘钊强调叕与堂形体有别，从京从堂之字是堂的异构，那么从京从叕的▨字就是叕字异构。唐兰与刘钊二人的观点都有其合理性，但▨下部述释为叕则是二人共同的认识。

14. 释"厷"字

金文中有一▨字，常用在族徽铭文中，放在亚字框内，唐兰考释说："今按从彡，从乚，是'厷'字。"①

殷墟甲骨文中亦有字，与金文同形。于省吾考释说：

今以甲骨文验之，则厷字作彡或彡，既非从又也不从彡。其从彡，尾画上弯，象曲肱形，与又作彡迥别。其从乚，后来伪变作彡。商器鼎文和父乙器亚中均有彡字，与甲骨文厷字形同。②

按，厷是"肱"的初文，意思是手臂。"彡象整个上肢。加在象臂的部分的'○'既可以认为是起指示作用的，也可以认为是象手臂的横断面的。"③ 不过很长一段时间里学者只识出商代的亚厷鼎，亚厷父乙卣中的"厷"字。西周金文中普遍存在的"厷"字是由陈剑先生考释出来的。陈剑将毛公鼎、番生簋、多友鼎中旧释右的彡释为厷，陈剑考释说："甲骨文、族氏金文中的'彡'，'○'与手形（'又'字）分离，既成为彡形；以后'○'以上下两弧笔合成，即成为战国楚系文字的'彡'。毛公鼎等器的厷字，正处在字形演进序列中承上启下的过渡阶段。"④ 至此商周古文字中的"厷"字便都认出来了。

---

① 唐兰：《古文字学导论》（增订本），齐鲁书社，1981，第209页。
② 于省吾：《甲骨文字释林》，中华书局，1979，第390页。
③ 裘锡圭：《文字学概要》，商务印书馆，1988，第121页。
④ 陈剑：《甲骨金文考释论集》，线装书局，2007，第238页。

15. 释"造"字

西周金文中常见一个写作"🀄""🀄"形的字，见于令方尊、令方彝、士上盉等器，从字形和辞例看，这两个字应该是一个字的异体，前一字常被隶定作𢓊，有关的考释众多，有释𢓊、延和释造三种说法。① 唐兰在《作册令尊及作册令彝铭考释》一文中考释说：

> 𢓊疑𢓊字，罗释𢓊，非也。卜辞告作𡴋，出作𠳁或𠮷，颇有殊。上文告作𡴋，此与之异者，古器铭每同字异构也。𢓊读如造。《孟子》云："造攻自牧宫。"《尔雅·释诂》："造，始也。"公命矢始为同僚以佐己也。《诗·板》："及尔同僚。"②

郭沫若在《两周金文辞大系图录考释》中将令方彝的"🀄"隶定为"𢓊"读为"出"，陈梦家在《令彝新释》中将🀄释为人名，此后在《西周铜器断代》中将令方彝中的🀄释作"造"而未对字形做考释。陈氏在龘簋的考释下说："第二行第一字亦见于上文令方彝、士上盉两器。今释为造，《广雅·释言》'造，诣也'，《说文》'造，就也'。造公犹诣公。此器造从𢓊从止，上文令方彝、士上盉等器之𢓊均应释为造，'造居'、'造同卿事寮'、'造令'则假造为就。"③

杨树达未考释字形，但解释词义说："按𢓊字不知为何字，审铭文词义，用于两事之间，与经传遂字相近。"④

对🀄形体做详细分析的是马承源，他在《释𢓊》一文中分析字形说：

---

① 周法高：《金文诂林》，香港中文大学出版社，1974，第 1041~1046 页。
② 唐兰：《作册令尊及作册令彝铭考释》，《国立北京大学国学季刊》第 4 卷第 1 期，1934 年。
③ 陈梦家：《西周铜器断代》（上），中华书局，2004，第 79 页。
④ 杨树达：《积微居金文说》（增订本），中华书局，1997，第 94 页。

    凷是茁的本字，也就是《说文》的出，而不是屮入之屮。徣从彳，表明用于动辞，周人习惯，出入之出用屮，而其它行为的出义用徣，后世改变了这个习惯，统一用为出字了，实际是屮字废而假出字为之。古籍中出有去、往义，徣在金文中也多用为去、往义。令方彝"公令徣同卿旗寮"，意即明公往与卿士们相会。士上盉"徣餥京年"、班簋"徣戜卫父身"、曩簋"曩徣公"等徣字，其义亦同去，往。又令方彝"徣令"，应可读作出令，为布告命令的意思。而鄘伯毁簋"徣伐淖黑"之徣是贬义字，或可读作黜伐或绌伐。至于班簋另条"民亡徣才"，仍当如郭老读为民泯拙哉。再，叔趯父卣"见余，唯用諆徣女"之徣，当读为歔，意即用此有歔于汝。茁、歔同部声转字。①

    陈剑的最新研究成果认为图从图得声，是造字的异体，后来与"造"字分化并被淘汰；西周金文中的一部分可能释读为"肇"，表示对其所接动词的肯定和强调；一部分"用于两事之间"，所表示的词尚待进一步研究。② 从陈剑的研究成果看，唐兰释图为造是没有问题的，不过在铭文中的用法还需要进一步研究。

16. 释屬羌钟"再"字

    屬羌钟铭文"唯廿又（有）再祀"的"再"字写作"**畐**"，徐中舒将其隶定为畐，考释说：

    畐从再从二，当即二字繁文。齐侯镈钟云："敢再拜顗首应受君公之易（锡）光"，其上文云："敢用拜顗首弗敢不对扬朕辟皇君之易休命"，上文云敢用拜，故此文云敢再拜。再作**畐**，从口为

---

① 马承源:《释徣》，载《古文字研究》（第15辑），中华书局，1986。

② 陈剑:《释造》，载《甲骨金文考释论集》，线装书局，2007，第176页。

繁文（铜器中从口之字与不从口之字多无别），故此所从之再，正与齐镈字形相同。《说文》古文弍弐参仍从一二三，召白虎敦贰作🔲，仍从二，此为纪年之词，从再从二，其为二之繁文，可无疑也。[①]

吴其昌考释说：

"商"者"商"之变文，诸君之考皆是也。"唯廿又商祀"者，"唯廿又三祀"也。所以知者，以义言之："商"即"参"也。"参""商"为古典籍上习见之名辞，其义皆星名也。其星数皆三，故"参"与"商"之义皆三也。[②]

唐兰考释说：

🔲字最奇古难仞。兰按：当是从二从🔲，再之变体也。殷虚卜辞有🔲字，罗氏误释为冓，又有🔲字，商氏入之《待问编》，实皆再字。再象覆畚之形，畚再声之转，《说文》以为冓省，非是。冓象两畚背叠之形，再象以手举覆畚之形，卜辞再字作🔲、🔲、🔲等诸体。冓作🔲、🔲、🔲等体，金文叔多父盘冓作🔲，又召白簋有🔲字，郾侯簋有🔲字，余均考定为冓字。详近著《名始》。据此诸字，推校其形，知🔲即再字之变，其上叠为重画者，古文字之例致多矣。再又从二者，或以再有二义，或为繁饰，未之能详。然其字要当读再无疑也。《薛氏款识》载齐侯镈云："弓用或敢🔲捧頜"，旧释🔲为商，字形颇相混，然商捧无义，且商字上当

---

① 徐中舒：《鬲氏编钟考释》，载《徐中舒历史论文选辑》，中华书局，1998，第211~212页。
② 吴其昌：《鬲羌钟补考》，《国立北平图书馆馆刊》第6卷第1期，1932年。

从辛若立，与此实非一字，今谓当亦再字。①

受到唐兰释"再"的启发，郭沫若对"再"字的形体重做了分析，郭氏在《鬲攸钟铭考释》的追记中说：

> 余谓算乃算之初文，象竹算之形，上体为算，下体为座脚，今俗所谓"高脚笼"也。下体之形正是再字，《说文》说再从算省，不误。座再一声之转，盖算笼之座古谓之再。引申之义为二，盖算形上体与下体相同，上为一，下为二也。②

按，唐兰释鬲攸钟的两为"再"字的变体是非常正确的，不过郭沫若释召伯簋"算"为祇，要比唐兰释"算"合理，目前对"算"字的构形还有多种说法，除唐兰、郭沫若外，李孝定认为此字像两鱼相遇之形，为遭遇之本字。③

17. 释"鞭"字

九祀卫鼎（《集成》02831）铭文中有字，唐兰考释说："原作字，在《说文》里是鞭字的古文。"倗匜（《集成》10285）铭文中有字，唐兰考释说："原作'便'字，从人从夊，象用手持鞭鞭人的背，当是鞭的原始字。鞭字从革，是皮鞭，是后起的形声字。"④ 这一考释是非常正确的，《金文编》《说文解字考正》亦引唐说。

18. 对"夋"字的校释

史墙盘（《集成》16·10175）有字，各家释为"夋"而对字形

---

① 唐兰：《鬲攸钟考释》，《国立北平图书馆馆刊》第 6 卷第 1 期，1932 年。
② 郭沫若：《郭沫若全集》（考古编 05），科学出版社，2002，第 754 页。
③ 李孝定：《甲骨文字集释》，（台北）"中研院"历史语言研究所，1982，第 1401 页。
④ 唐兰：《陕西省岐山县董家村新出西周重要铜器铭辞的译文和注释》，《文物》1976 年第 5 期。

无说，如李学勤："龚事厥辟，意即堪事其君。"① 裘锡圭："'龚'即今'龚'字，当读为'堪'，这句话也见于眉寿钟（《三代》1·4），意思是在服事君王方面能胜任。"② 李、裘二家并未对将龚写成龚做解释。唐兰解释说："龚从龙今声。《说文》误作合声，唐本不误。年无疆编钟说'龚事厥辟君王。'读如钦，钦从金声，金今音同。《尔雅·释诂》：'钦，敬也。'"③

将"龚"分析为"从龙今声"是正确的，"清人据《玉篇》、《九经字样》及戴侗《六书故》引唐本《说文》改为'今'声"。段玉裁、朱骏声直接将篆文改为从'今'"。刘钊考释此字说"合声与龚声不谐"④，但这一成果并未被季旭昇、董莲池两位接受，两人的著作均未对"龚"字做校释。按，金文中"龚"共出现三次，眉寿钟（《集成》01·040）"龚事厥辟君王"、梁其钟（《集成》01·190）"龚臣皇王"、史墙盘"龚事厥辟"，在这三处中读"龚"为"钦"，训为"敬"亦通。

第二节　词义的诠释

有些金文虽然字形易识，但其本义或在铭文中的词义却需要深入研究，郭沫若、唐兰等学者都做过这样的工作。唐兰很少发表专门的金文字形考释文章，而专门考释词义的文章却有《论彝铭中的"休"字》《毛公鼎"朱靫、葱衡、玉环、玉璜"新解——驳汉人"葱衡佩

---

① 李学勤：《论史墙盘及其意义》，《考古学报》1978年第2期。
② 裘锡圭：《史墙盘铭解释》，《文物》1978年第3期。
③ 唐兰：《略论西周微史家族窖藏铜器群的重要意义》，《文物》1978年第3期。
④ 刘钊：《谈考古资料在〈说文〉研究中的重要性》，载《古文字考释丛稿》，岳麓出版社，2005，第396页。

玉"说》《"鞞刻"新释》《"蔑历"新诂》等多篇，《西周铜器断代中
的"康宫"问题》也可看作此类文章。根据这些文章可以看出唐兰非
常重视词义考释，这与他利用金文来研究西周史的思想是分不开的，
只有深刻理解铭文内容才能将其作为史料来研究西周史。本节选取比
较重要的成果加以分析。

1. 对金文中"休"字词义的补充

金文中"休"字习见，最常用在"对扬王休"一语中。"对扬王
休"一语又见于《诗·大雅·江汉》："虎拜稽首，对扬王休，作召公
考，天子万寿。"郑笺云："休，美也。"在很长一段时间内学者皆依
郑注，直到杨树达 1947 年对此提出异议。1947 年，杨氏在《大公
报·文史周刊》发表《诗对扬王休解》一文：

> 愚疑休当为赐与之义。诗文五章言厘尔圭瓒，秬鬯一卣，又
> 云锡山土田，此记天子赏赐召虎之事也。六章云："虎拜稽首，
> 对扬王休"，此记虎答扬王赐之事也。文字上下相承，至为警策，
> 若训休为美，则文字松懈，全失诗文上下相承之理矣。然则休何
> 以有赐予之义？窃谓古音休与好同，（同幽部晓母字）休当读为
> 好也。《左传·昭公七年》云："楚子享公于新台，好以大屈。"
> 好以大屈者，赂以大屈也。《周礼·天官·内饔》云："凡王之好
> 赐肉脩，则饔人共之。"好赐连言，好亦赐也。郑注释为王所善
> 而赐，误矣。《说文·一篇下·蓐部》薅字从好省声，或体作茠，
> 从休声，此好休二字通作之证也。[①]

杨氏又举小臣𫖮、效卣等记王赏赐的铭文以证己说。杨树达训

---

① 杨树达：《积微居小学述林》，中华书局，1983，第 226 页。

"休"为"赐与"并不错，但杨氏只考察了赏赐铭文中"休"字的含义，这种训释是否适用于所有青铜器铭文中的"休"则需要重新考虑。

唐兰早就对"休"字做过研究，这一点可以从郭沫若《两周金文辞大系图录考释》中引用唐兰的观点看出来。1948年唐兰作《论彝铭中的"休"字》对杨树达的文章做了补充，唐氏说："古代休字的读法，和好字差不多，它们是同一语源，杨先生读休为好，本没有什么问题。问题是休字不应该只限于赐予的意义。因为由我们看来，休之训为美，和好之训为美是一样的。"唐氏承认"休"有"赐予"义，但又明确指出："从训诂说，休字除了息止的意义，《尔雅·释诂》：'美也'，释文'庆也'，《广雅·释诂》'喜也'，从来就只解释做美好和喜庆。就是从金文说，休字也不只用做赐予，有好些地方还要训做美，对扬王休也是如此。"①

唐兰认为"休"有"美善"义的坚实基础是金文中出现的"休王"一语。效父簋（《集成》07·3822）铭云"休王赐效父吕三，用作厥宝尊彝"，召卣（《集成》10360）铭云"召肇进事，旋走事皇辟君，休王自毅事（使）赏毕土方五十里"，尹姞鬲（《集成》03·0754，唐兰称为穆公鼎）铭云"休天君弗望穆公圣粦明䢔事先王"。郭沫若释召卣中的"休王"为"孝王"，郭氏说：

"皇辟君休王"犹作册大鼎言"皇天尹大保"，休王即懿王之弟孝王也。休孝古本同音字，孝王本称休，后世于传说间转变为"孝"耳。效父彝亦见"休王"，唐兰云"休是动词，《召诰》曰'今休王不敢后，用顾畏于民碞'可证。古人多有此例，如云

---

① 唐兰：《论彝铭中的"休"字》，《申报·文史副刊》1948年2月14日。

'鲁天子之命'，鲁亦动词也。扬天子或王之鲁休，而称'休王'或'鲁天子'，其义一也。楷改彝云'楷改每孖白犀父休，曰：休白奘猛卿楷白室'，休白亦犹休王也。"今案如仅就彼二器而言，唐说亦可通。余初亦颇疑休是形容词，故于《谥法之起原》一文中，凡言"休王"之器均未征及。今得此器之读，则动词形容词之说均不能适用也。如读为"嚣启进事，返徙事皇辟君，休"，似亦可通，然方言启进即已有成，文理殊难条贯，故此读亦不能适用。《召诰》语，余意仍从旧读，以"今休"断句，下文有"王厥有成命治民，今休，王先服殷御事，比迹于我有周御事"亦然，"今休"谓今得天之休命也。楷改簋之"休白"，余意亦伯犀父之号，盖休王号休，伯犀父亦号休也。①

郭沫若未采纳唐兰的意见，所以唐兰在《论彝铭中的"休"字》一文中又据当时新发现的尹姑鬲重申了自己的观点，唐氏考释"休王"说：

"休天君弗望穆公"是称美天君的没有忘了穆公，休字是动词。我的说法，在这里完全被证明了。对扬王休可以变成"休王"，召扬伯休，可以变成"休伯"，对扬天君休，可以变为"休天君"，那末，休王决不会是人名，更决不会是孝王了。

我们从这个问题里，知道"休王"是由对扬王休的句法转换过来的，那末，休字的意义就不应该限于赐与。因为对扬王赐还可以勉强讲通，假如把"休王锡"解释为赐王赐，就不成文理了。召卣说："召弗敢誙望王休异"，故休异连文，是王的美德和异

---

① 郭沫若：《两周金文辞大系图录考释》（二），科学出版社，2002，第204~206页。

数，解休为赐与，在这里也是不通的。

休字本训美，没有赐予的意义。不过，赐予总是一番好意，所以"休"字就用作好意的赐予，久之也就单用做赐予的解释了。命字本也没有赐予的意义，在古书古器里却常有这种用法，便是一个绝好的榜样。①

郭沫若后来放弃了自己释"休王"为"孝王"的说法。② 唐兰在《西周铜器断代中的"康宫"问题》一文中又重申了自己的观点，这一考释已经得到越来越多学者的认可，并被用来解决古籍中的训释问题，如《尚书·洛诰》："王拜稽首曰：公不敢不敬天之休，来相宅，其作周匹休。公既定宅，伻来，来视予卜休恒吉，我二人共贞。"这段话里的"其作周匹休"在很长时间内没有合理的解释，尤其是"休"字不得其解，后来裘锡圭先生考释说：

> 我们认为这个"休"字应该属下为句，看作动词。"休"字古训"美"。成王敬重周公，对周公选择邑址并遣使告卜之事表示赞美，所以在"公既定宅……"句之首加上一个"休"字。这种句法在西周金文里是常见的。唐兰先生在《西周铜器断代中的"康宫"问题》一文中，曾对这种句子作过全面的考察。③

裘先生对"其作周匹休"的新解是基于唐兰对休的训释。

随着新材料的出土，又有学者对"休"字的用法做出了新的解

---

① 唐兰：《论彝铭中的"休"字》，《申报·文史副刊》1948年2月14日。
② 郭沫若：《两周金文辞大系图录考释》（二），科学出版社，2002，第204页。眉批"本铭（引者按，即召卣）句读有误，以'休王'为孝王尤不确"。
③ 裘锡圭：《〈洛诰〉"其作周匹休"新解》，《文史》（第12辑），中华书局，1981。

释。1975 年北京房山县琉璃河黄土坡 253 号西周墓出土圉方鼎（《集成》02505），鼎铭："休朕公君匽侯易（锡）圉贝，用乍（作）宝隣（尊）彝。"陈邦怀考释说："'休'在句首当感叹词用，与小臣謎簋铭'叔，东夷大反'中的'叔'（杨树达教授说'叔'即经典中之'嗟'，甚是）作感叹词用的情况相同。"[1] 陈初生所纂《金文常用字典》便吸收了陈邦怀的观点。[2]

按，圉方鼎铭"休朕公君匽侯易（锡）圉贝"与尹姞鬲的"休天君弗望穆公圣粦明皺事先王"语法是相同的，具有同样用法的还有翏父方鼎"休王易（锡）翏父贝，用乍乓（作厥）宝隣（尊）彝。"这些"休"皆训为动词，意为赞美。唐兰在《西周铜器断代中的"康宫"问题》一文中专门讨论过这种加在句首的"休"字，不能因为"休"字在句首就认为它是感叹词，与裘锡圭先生解释《尚书·洛诰》中的"休"字一样，这些"休"字都应属下读，而不应作为感叹词。

经过杨树达、唐兰、陈邦怀及裘锡圭等诸位学者的研究，金文中"休"字的含义和用法得到了全面的阐释，唐兰的观点得到了肯定，尤其是其对"休王"的考释，这一成果纠正了许多人将"休王"当作人名的错误观点[3]，这是值得肯定的。

2."蔑曆"新诂

金文中"蔑曆"一语习见，或"蔑曆"连言，或言"蔑某曆"，对此做过研究的学者有十几位。[4] 比较有代表性的如阮元：

---

① 陈邦怀：《周金文句读举隅》，《中国语文》1979 年第 1 期。
② 陈初生编撰《金文常用字典》，陕西人民出版社，2004，第 623 页。
③ 除郭沫若外，吴其昌亦认为"休王"即"孝王"，见其《金文疑年表》，白川静则认为"休王"为康王生号，见周法高编撰《金文诂林补》，（台北）"中研院"历史语言研究所，1982，第 1931 页。
④ 参见周法高《金文诂林》，香港中文大学出版社，1974，第 2338～2402 页。

古器铭每言蔑歷。按其文皆勉力之义。是蔑歷即《尔雅》所谓亹没。后转为密勿。又转为黾勉。《小雅·十月之交》云"黾勉从事"。《汉书·刘向传》作"密勿从事"是也。①

孙诒让反对阮说：

金刻蔑歷两字连文者固多。然间有作蔑某歷者。如敌敦云："王蔑敌歷"，毕中孙子敦云："王蔑段歷。"（见吴释）并以作器者之名著于蔑歷两字间。若释为黾勉，则敌敦乃云："王黾敌勉"，毕中孙子敦亦云："王黾段勉。"其不辞甚矣。窃谓此二字当各有本义。不必以连语释之。蔑，劳也。（《说文·首部》"蔑，目劳无精也。从首。人劳则蔑然，从戍"）歷即歷之藉字。（薛阮吴并读为歷是也）歷，行也。（《广雅·释诂》）凡云某蔑某歷者。犹言某劳于行也。云王蔑某歷者，犹言王劳某之行也。各如其字释之，则古金所谓蔑歷蔑某歷者，不至鉏铻而不合矣。②

再如陈小松读"蔑"为"伐"：

伐可施之于称人，亦可施之于叙己。歷即歷字，亦即厤字。《说文》"厤，治也"。《东京赋》"歷世弥光"，注"经也"，即刘师培说所谓"即所行之事"，可训为经歷，亦可训为治绩，蔑歷连用，施之于称人，则为叙功，施之于叙己，则为叙绩，其间字用者，则为叙某之功绩，若美某之功歷也。③

---

① 周法高：《金文诂林》，香港中文大学出版社，1974，第 2338 页。
② 周法高：《金文诂林》，香港中文大学出版社，1974，第 2342~2343 页。
③ 周法高：《金文诂林》，香港中文大学出版社，1974，第 2362 页。

唐兰《"蔑曆"新诂》从六个方面对"蔑曆"进行考释，通过对"×蔑×曆"和"×蔑曆"两种用法的分析否定了阮元的看法，唐兰认同孙诒让的"蔑曆"二字各有本义的观点，对蔑曆二字都做了新的考释。[①]

唐兰首先从形、音、义三个方面考释了"蔑"字，唐氏指出："蔑字在甲骨文里作🔲又作🔲，从萝。又作🔲或🔲，不从戈而从矛。不管从戈或从矛，都象斫人之胫。""甲骨文的蔑字，字形还没有固定，是用图画方式来表达的象意文字，而不是后起的形声文字是无疑的。但象意字在当时往往只读其主要部分的音，我们对这种现象，称为象意字的声化。那末，蔑音和苜音应该相近。""蔑和伐的意义究竟是相近的。《国语·周语》说'而蔑杀其民人'，蔑杀连用，和《孟子·滕文公》引《泰誓》的'杀伐用张'，杀伐连用，显然是同一词例。""在字音上，蔑古读为末，和伐都是祭部入声，又都是唇音。所以蔑与从蔑声的字和末与从末声的字常常相通。《说文》鬻的或体作粖。《论语·子罕》'虽欲从之，末由也已'。《史记·孔子世家》末作蔑。""在字义上，蔑和伐在周代古书里常通用。《尚书·君奭》'文王蔑德'，蔑是形容词。郑玄注'蔑小也'是错的。周公要用文王之德来为教，怎么用小德呢？伪孔安国传说是'精微之德'，也很牵强。孙星衍《尚书今古文注疏》把蔑读为敝，敝与媺通，亦美也。转了许多弯而解为文王美德，不知道这里的蔑，应读作伐。《小尔雅·广诂》'伐，美也'。本是很容易解释的。《逸周书·祭公解》'追学于文武之蔑'，蔑是名词。孔晁注把蔑解为微德，是所谓'增字释经'，蔑可以训微，怎么能是微德呢？在这里，把蔑训为灭、末、无、轻等义都

是讲不通的。只有读作文武之伐，才讲得通。《左传·庄公二十八年》和《国语·晋语一》都说'且旌君伐'，注'功也'，也是名词，文例正相同。"①

唐氏在考释"曆"字时说："曆字，从阮元以来，都读为历，是对的。《说文》甘部有曆字，'和也。从甘，从麻，麻，调也。甘亦声。读若函'。徐铉、徐锴各本篆文并从麻。只因徐锴《说文系传》说：'麻，音历，稀疏匀调也。'段玉裁等纷纷改为从秝。研究金文的人也跟着上了当，以为就是金文的曆字，有些人把蔑曆解释为调和美和等等，有些人则议论从甘声和读若函为误。其实《说文》篆文作曆，从丝麻之麻，并不误。从麻甘声，与汉以后的曆字正相类，从甘和从香差不多。从甘可以作调和的意义，甘声当然可以读若函。这和从秝治之秝的曆，显然是两个字，只由隶书形近而有此误会。那末，金文的曆是《说文》所无的。""金文有秝字，又有历字，见禹鼎。而甲骨文只作秝。金文有曆字，而甲骨文只作替。金文常见的曆，友簋只作替；这说明在较早的时代里，这些字都还只从秝。《说文》：'秝，稀疏适也。从二禾，读若历'。在图画文字里，画两个禾是代表很多禾的意思。歷字在秝下画止，止是足趾，就是人的脚经过很多禾，所以秝（历）训经过。替代表许多禾在田中，所以卜辞又作替……""《说文》'稀疏适'的解释，用在替字才是合适的。因为它没有收替字，所以在秝下说'读若历'。种禾要稀疏调适，也就是很均匀。禾在田中历历可数，古诗说'众星何历历'，就是疏而均匀的意思。替或替则象许多禾在器中的意思。《尔雅·释诂》'历、秭、算，数也'。禾在器中，可以计算，那末，替应该是历数之历的本字。""曆字读为历，是经历的意思，清代学者大都举《尚书·盘庚》的今文'优贤扬

---

① 唐兰：《"蔑曆"新诂》，《文物》1979 年第 5 期。

历'为证，训为厤行、厤试和功绩，大体上是对的。"①

在对"蔑""曆"二字的本意做了考释之后，唐兰对"蔑曆"做了如下解释："蔑读为伐，曆读为历，蔑曆是伐其经历，蔑×曆，是伐×的经历，用以解释所有铜器铭文中这一惯语，文从字顺。""总起来说，蔑曆一语的曆是家庭出身和本身经历，当然包括功绩在内的。就是伐是美的意思，上面以下面的历来称美，本人则以此来夸美。曆有些像现在的履历。"②

按，唐兰对"蔑曆"的解释是目前为止最合理的，这一解释得到了多数学者的认同，如张光裕先生作《新见曶簋铭文对金文研究的意义》一文，认为新发现的曶簋铭"加曶曆"对研究金文中的"蔑曆"有重要启发，张氏说："'加'、'蔑'二字形构虽异，但是从句式及内容比对，两者用意应无大别。《说文》云：'加，语相增加也。'因此，'加曶曆'可以理解为时王褒奖和增添'曶'的功绩。'加'亦与'嘉'相通，如虢季子白盘：'王孔加（嘉）子白义。''嘉'又可引申为美善，如沇儿钟：'孔嘉元成，用盘饮酒。'《诗·国风·东山》云：'新结其缡，九十其仪，其新孔嘉，其旧如之何？'又《小雅·鹿鸣》云：'我有嘉宾，鼓瑟吹笙。''嘉'亦有表彰、嘉许、赞美之意。如《小雅·节南山》云：'民言无嘉，憯莫惩嗟。'《尚书·大禹谟》云：'予懋乃德，嘉乃丕绩。'《左传》庄公十七年有：'秋，蔡季自陈归于蔡，蔡人嘉之也。'均可说明'加曶曆'，可以读为'嘉曶曆'，故时王因而赏赐曶'赤金一匀'。这种读法亦可应用于其他有关'蔑曆'的铭文上。至于不用'蔑曆'而单用'穆'的例子也曾出现过。例如免盘：'免穆静女王休。'倘若直接读作'免嘉静女王休'，

---

① 唐兰：《"蔑曆"新诂》，《文物》1979 年第 5 期。
② 唐兰：《"蔑曆"新诂》，《文物》1979 年第 5 期。

解释为免向静女嘉美时王赏赐的厚意，也没有任何不妥之处。至于唐兰先生读'蔑'为'伐'，并引《小尔雅·广诂》'伐，美也'说解，意义上也与'嘉美'近同。"① 晁福林也认为"蔑曆"实际上"是上级对下级的勉励和下级的自勉"②。

虽然唐兰对"蔑曆"的释义是正确的，但在字形的分析上还存在问题，如认为"蔑字象用戈斫盲瞽者的胫，字或从婪，是由于瞽者是男女都有的，戈或变作亏，也是一种兵器。伐和蔑的不同，正由于伐是斩首，在战功杀敌是很重要，所以伐有夸大功劳的意思。而蔑只是对眼失明的人伤断其足胫，在战功中，是微不足道，为人轻蔑的"。盲者怎么会上战场被人伤其足胫呢？伍仕谦已指出这一点不可信。③唐兰认为金文"曆"字与《说文》"磨"字并非一字的看法值得我们继续研究。

3. 释"服"字的词义

1974年陕西武功县出土的驹父盨盖（《集成》04464）铭文有"厥取厥服"一语，唐兰考释"服"字说：

> 服，贡赋。《国语·周语上》："夷蛮要服"，"要服者贡"，又说："岁贡"。淮夷是夷，属于要服，要通约，即订立盟约要每年纳贡的属国。《书·禹贡》在甸服下说："百里纳赋。总，二百里纳铚，三百里纳秸服。"秸是刚割下的带秆的稻子，可称服，那末，其它贡赋，也都可称服。④

---

① 张光裕：《新见詹簋铭文对金文研究的意义》，《文物》2000年第6期。
② 晁福林：《金文"蔑曆"与西周勉励制度》，《历史研究》2008年第1期。
③ 伍仕谦：《甲骨文考释六例》，《四川大学学报丛刊》（第10辑），四川人民出版社，1982。
④ 唐兰：《用青铜器铭文来研究西周史》，《文物》1976年第6期。

作册魃卣（《集成》05432）铭文有"见服于宗周年"一语，唐兰考释说：

　　《尔雅·释诂》："服，事也。"周代把政事称为服。《诗·荡》："曾是在位，曾是在服。"毛传："服，服政事也。"《尚书·酒诰》："越在外服：侯、甸、男、卫、邦伯；越在内服，百僚、庶尹、惟亚、惟服、宗工、越百姓、里君。"都各有各的服。《礼记·祭统》载孔悝鼎铭说："纂乃祖服"，可见服兼有职位的意义。此铭下文说："公太史咸见服于辟王"，是公太史从他的职位以政事见王的意思。这是一件大事，所以用以纪年。①

唐兰在其后的著作中又对作册魃卣中的"服"字做补充说：

　　服是政事，也包括贡赋。《尔雅·释诂》："服，事也。"《诗·荡》："曾是在位，曾是在服。"毛苌传："服，服政事也。"《尚书·酒诰》："越在外服：侯、甸、男、卫、邦伯；越在内服：百僚、庶尹、惟亚、惟服、宗工、越百姓、里君。"外服是诸侯，内服是臣工，都是有职位的，也都应纳赋。关于各服的贡赋，见《书·禹贡》。近出驹父盨记取服于淮夷事。详驹父盨考释。②

经过二次补充，唐兰对"服"字的考释才算是完善了。黄盛璋、李学勤认为驹父盨中的"服"是布帛之类。③ 不过黄、李二人对服字

---

① 唐兰：《论周昭王时代的青铜器铭刻》，载《古文字研究》（第2辑），中华书局，1981。
② 唐兰：《西周青铜器铭文分代史征》，中华书局，1986，第327~328页。
③ 黄盛璋：《驹父盨盖铭文研究》，《考古与文物》1983年第4期；李学勤：《兮甲盘与驹父盨——论西周末年周朝与淮夷的关系》，载《新出青铜器研究》，文物出版社，1990，第138页。

词义的解释太过狭窄，如果从整个西周青铜器铭文来考察，自然是唐兰的考释更合理，金文中常见的"王命某更某服"的"服"便是"政事、职位"的意思，而驹父盨中的"服"可以理解为纳贡，董珊便利用唐兰这一考释成果对新出土的士山盘做了新的研究。①

4. 释"黄"字的本义

《说文解字》："黄，地之色也。从田从茨，茨亦声。"甲骨文黄字写作🜛，与小篆写法迥异。黄的本义长期不得其解，唐兰考释说：

> 其实"黄"字古文像人仰面向天，腹部膨大，是《礼记·檀弓》"吾欲暴尪而奚若"的"尪"字的本字，跟佩玉之形，全无关涉。"市黄"的"黄"，金文或作"亢"，都应该读为"横"。古代字少，借同音字来代用的方法，是极常见的。《卜辞》"黄尹"就是《诗经》的"阿衡"，《尚书》的"保衡"。古书中"纵横"就是"从衡"，"连横"就是"连衡"。《说文》："横，阑木也。"《诗经》说"衡门之下。"可见"黄"或"横"可以用"衡"来替代。"衡"和"珩"都从行声，"衡"字可作"珩"，也可作"桁"（《仪礼·既夕》"皆木桁"，《礼记·杂记》作"衡"），也是同音通借。属于"鞁"的"衡"，汉人以为是"横"的意思，是很对的，只是解释为佩玉就错了。其实，《贾子新书·容经》等书所说的"上有葱衡，下有双璜"等语，是战国时流传下来的旧说。"葱衡"本身不是佩玉而是系佩玉的带，"鞁"和"佩"都是系在"葱衡"上的。西周金文以"市、黄"对称，《仪礼》"缁带素韠""缁带爵韠""缁带缁韠"都把"带"和"韠"对称。"韠"既然就是"鞁"，"带"当然就是"衡"了。"上有葱

---

① 董珊：《谈士山盘铭文的"服"字义》，《故宫博物院院刊》2004 年第 1 期。

衡，下有双璜"，是指系在葱色的"衡"（带）上的玉珮，主要是"双璜"。"璜"其实就是"珩"，"璜"是古字，"珩"是春秋以后的新字。所以《国语·晋语》说"白玉之珩六变"，"珩"以"变"计，可见就是"璜"。战国时代的白玉的璜是我们现在常能看到的，故宫博物院就藏有极精美的双璜。自从《诗经·采芑篇》把"葱衡"写成"葱珩"，训诂家误认为佩，才出现了"葱衡"是玉珮上面一块横的佩玉的说法。而由于《晋语》说"白玉之珩六变"，又有要人把"葱珩"改成"双珩"，于是变成了"上有双珩，下有双璜"。"珩"与"璜"究竟应该如何分别，言人人殊，就越搞越糊涂了。①

唐兰的这一段考释解决了两个问题，一是黄字的本义，释"黄"为"尪"的本字是非常正确的，可惜的是唐兰未对"黄"字的字形演变做说明，后来裘锡圭归纳"黄"字形体演变过程如下：

裘锡圭认为唐兰对黄字本义的考释是很精辟的，同时又对考释做了补充：

"黄""尪"音近。《吕氏春秋·明理》高诱注："尪，短仰者也。"同书《尽数》注："尪，突胸卬（仰）向疾也。"尪人突胸凸肚，身子显得特别粗短，𡗓字表示的正是这种残废人的形象。②

---

① 唐兰：《毛公鼎"朱韍、葱衡、玉环、玉瑹"新解——驳汉人"葱衡佩玉"说》，载《唐兰全集》，上海古籍出版社，2015，第 1183 页。
② 裘锡圭：《说卜辞的焚巫尪与作土龙》，载《古文字论集》，中华书局，1992，第 219 页。

　　唐兰此条考释的第二点就是指出金文中所赐的"黄"就是系佩玉的带，这与郭沫若认为"黄字实古玉佩之象形也"① 是完全不同的，唐兰的考释现在已经被证明是确定无疑的。卫鼎铭文有"赤市朱横"，由此可知黄是市的组成部分，横从市，显示了字之性质。马承源说："现在卫鼎出现了横字，证明唐兰先生解释黄是市的横束带，乃是一个卓越的见解。"②

　　5. 释"眞"字的本义

　　《释眞》可算是唐兰少有的专门考释金文字形字义的文章，唐兰考释"眞"字说：

　　　　余谓眞字本作，当是从贝匕声，匕非变匕之匕，实殄字古文之ㄅ也。眞在眞部，殄在谆部，眞殄音相近。《诗·小宛》"哀我填寡，"毛传："填，尽也。"陈奂、胡承珙等均谓填读为殄，是其例也。变匕之匕，古殆无此字。倒人为ㄅ，与倒大为ㄅ同。ㄅ与ㄅ左右相反，实一字也。③

　　《说文解字》："眞，仙人变形而登天也。从匕从目从乚。"唐兰分析了眞字的构形，批评了《说文解字》的错误，但却未能考释眞的本义。此后朱芳圃补充说：

　　　　眞即珍之初文。《说文·玉部》："珍，宝也。从玉㐱声。"考

---

① 郭沫若：《释黄》，载《郭沫若全集》（考古编 05），科学出版社，2002，第 358 页。
② 马承源：《何尊铭文和周初史实》，载吴泽主编《王国维学术研究论集》（一），华东师范大学出版社，1983，第 47 页。
③ 唐兰：《释眞》，载《考古学社社刊》（第 5 卷），1936。

从真从参得声之字，例相通用，《诗·大雅·云汉》："胡宁瘨我以旱"，《释文》："瘨，《韩诗》作疹。"《周礼·春官·典瑞》："珍圭"，郑注："杜子春云，珍当为镇，书亦或为镇。"《说文·彡部》："参，稠髪也。从彡，人声。诗曰'参髪如云。'鬒，参或从髟，真声。"是其证也。又贝与玉同为宝物，故字之从玉作者一从贝作，如《说文·玉部》玩或体作贩。是真从贝，匕声，与珍从玉，参声，音义悉同。①

何林仪亦认为"真"字是"从鼎，匕声，珍之初文（鼎为珍宝之器）"②。裘锡圭认为"真"字所从的匕是"颠陨"之"颠"的表意初文。③ 季旭昇则认为"真"字的本义是表示鼎中有食物，以匕叉取。④其实"真"字下部所从为"贝"字，裘锡圭、李家浩两位先生已经指出"'贝''鼎'二字形近，在古文字中作为偏旁时往往混用，故金文'真'字或写作从'鼎'"⑤。

朱芳圃同意唐兰释真为"从贝匕声"，并释真的本义为"珍宝"，这一意见是十分正确的。

6. 训墙盘（《集成》10175）中"襄"为"怀"

史墙盘铭文有"受（授）墙尔麴福，襄猪淶、黄耇、弥生"语，唐兰断句为"福襄猪淶、黄耇、弥生"，考释襄字说："襄通怀。《尔雅·释言》：'怀，来也。'《诗·大明》：'聿怀多福。'"⑥ 裘锡圭在

---

① 朱芳圃：《殷周文字释丛》，中华书局，1962，第 190 页。

② 何林仪：《战国古文字典》，中华书局，1998，第 1115 页。

③ 陈剑：《释展》，载《李学勤先生学术活动五十年纪念文集》编委会主编《追寻中华古代文明的踪迹——李学勤先生学术活动五十年纪念文集》，复旦大学出版社，2002，第 49 页。

④ 季旭昇：《说文新证》（下），（台北）艺文印书馆，2002，第 12 页。

⑤ 裘锡圭、李家浩：《曾侯乙墓竹简释文与考释》，载湖北省博物馆编《曾侯乙墓》（上），文物出版社，1989，第 512 页。

⑥ 唐兰：《略论西周微史家族窖藏铜器群的重要意义》，《文物》1978 年第 3 期。

《史墙盘铭解释》中断句为"襄𧽯录"并考释说:"'襄'当读为
'懷'。《诗·桧风·匪风》:'懷之好音',毛传:'懷,归也',就是
给予的意思。"① 伍仕谦将"襄"字属上读,断句作"受(授)墙尔
黸福襄",但未对"襄"字做考释。② 李学勤、徐中舒、于省吾等虽都
将"襄"读为"懷",但却有训"安"、训"怀抱"等不同意见。③

与裘锡圭的考释相比,唐兰的断句不够准确,但将"襄"读为
"懷",训为来的意见是可取的,来有到来、降临之义,进一步可引申
出赐予义,这与裘先生释懷为给予的意见是一样的。

7. 训"亚"为爵称

族氏铭文上常常连缀有"亚"字,据何景成分析,"亚"与族氏
铭文的位置主要有两种:一是上下结构,二是内外结构。④

唐兰考释"亚"字说:

亚为爵称,卢江刘氏藏黸簋曰"诸侯大亚",《集古遗文》
(卷四)辛巳彝曰"辛巳王舍多亚",《铁云藏龟》(第五十一叶)
亦有多亚之称,大亚多亚与诸侯之称并相似也。《书·牧誓》曰:
"嗟我友邦冢君、御事、司徒、司马、司空、亚旅、师氏、千夫
长、百夫长。"《酒诰》曰:"越在、内服、百僚、庶尹、惟亚、
惟服、宗工、越百姓、里居。"《立政》曰:"立政、任人、准夫、
牧,作三事。虎贲、缀衣、趣马、小尹、左右携仆、百司、庶府、
大都小伯、艺人、表臣、百司、太史、尹伯、庶常吉士、司徒、司
马、司空、亚旅。"《诗·载芟》曰:"侯主侯伯,侯亚侯旅,侯

① 裘锡圭:《史墙盘铭解释》,《文物》1978 年第 3 期。
② 伍仕谦:《微氏家族铜器群年代初探》,载《古文字研究》(第 5 辑),中华书局,1981。
③ 参见尹盛平主编《西周微氏家族青铜器群研究》,文物出版社,1992。
④ 何景成:《族氏铭文中"亚"的含义》,载南开大学历史学院编《仰止集——王玉哲先生纪
念文集》,天津人民出版社,2007,第 369 页。

彊侯以。"凡此亚旅之文，前人多不得其解，得甲骨金文互证，始可定亚为爵称矣。传世古铜器每于器铭之外着一亚形，昔人亦多歧说，余以作册氏之器于器铭之外多著▥▥形证之，知亦作器者自著其爵称也。[①]

与唐兰观点相似的有斯维至、陈梦家、曹定云等，持不同意见的吴荣光、徐同柏、林义光等则主张"亚"字像宗庙形，刘节、李零等认为"亚"字表示一种宗族关系，此外还有认为"亚"是异姓方国的标志等观点。[②] 何景成在分析诸家说法的基础上引用卜辞材料得出结论说：

> 比照辞1和辞3，可以看出"亚奠"即是"侯奠"。卜辞"眔侯"，可与族氏铭文"亚眔"相对应，"启侯"可以和"亚启"相对应，"犬侯"可以和"亚犬"相对应。虽卜辞的年代和族氏铭文的年代有所差别，但古代职官往往世袭，以上的这种对应关系也反映了"亚"和"侯"是性质相似的一种称呼。卜辞有"多田、亚、任"（《合》32992），将"亚"和"田"、"任"并列，研究者认为"田"和"任"即后世的诸侯称谓"甸"和"男"，从这里也可以反映出，"亚"是诸侯一类的称谓。[③]

何景成又利用墓葬资料对"亚"的地位做了深入的研究，认为"族氏铭文中的'亚'应该是一种职官性的称谓，其地位颇高，应该

---

① 容庚：《武英殿彝器图录》，燕京大学哈佛燕京学社，1934，第2~3页。
② 参见何景成《族氏铭文中"亚"的含义》，载南开大学历史学院编《仰止集——王玉哲先生纪念文集》，天津人民出版社，2007，第369~372页。
③ 何景成：《族氏铭文中"亚"的含义》，载南开大学历史学院编《仰止集——王玉哲先生纪念文集》，天津人民出版社，2007，第375页。

属于高级贵族墓，可能相当于诸侯一级"。何先生利用最新材料来研究"亚"字的结论是可信的，从目前掌握的资料来看，唐兰是最早提出"亚为爵称"的观点的。

8. 对"林钟"的考释

在青铜钟铭中，其自名前往往加一些修饰语，最常见的是加"醬"字，如叔钟的"龢醬钟"，等等，唐兰考释说：

> 其实从向声的字，有积聚的意思，仓廪就是积聚米谷的地方，所以《素问·皮部论》"廪于肠胃"，注："廪，积也聚也。"从林声的字，有众的意思，也有积聚的意思。《广雅·释诂三》载："林……聚也"，"林……众也"。王念孙疏证说："凡聚与众义相近，故众谓之宗，亦谓之林，聚谓之林，亦谓之宗。"《说文》云："霖，积柴水中以聚鱼也。"就是积聚的意思。那末，大醬即大林，是许多钟，也就是一群或一组钟的意思，等于《周礼·春官·磬师》所说的编钟。不过一般对于编钟的概念，限于小钟，而大林或林钟是比较大的。现在所见自称为大醬或醬钟的，虢叔旅钟有六个，其中四个铭有全文，两个都只有片段，自相衔接，但上缺头，下缺尾，说明至少遗失两钟。兮中钟也是六个其中两个缺下半的铭文。它们也至少有八个。①

唐兰释"林钟"为编钟已成定论，如朱凤瀚《古代中国青铜器》、马承源《中国青铜器》都采纳了这一意见。②

---

① 唐兰：《关于大克鼎》，载文化部文物局古文献研究室编《出土文献研究》，文物出版社，1985，第122页。

② 朱凤瀚：《古代中国青铜器》，南开大学出版社，1995，第237页；马承源主编《中国青铜器》（修订本），上海古籍出版社，2003，第277页。

9. 对"钟旋"的考定

唐兰考释青铜器钟上的"旋"说：

> 据记文三分甬长以设旋，则知旋必着于甬；旋义为环，今目
> 验古钟甬中间均突起似带，周环甬围，其位置正与《考工记》
> 合，是所谓旋也。①

《周礼》郑玄注："旋属钟柄，所以县之也。"唐兰的这一考释订
正了郑说的错误，可与青铜钟实物相印证，这一考释亦已成为定论，
朱凤瀚、马承源等学者都接受了唐说。

10. 对青铜簋名称的考定

唐兰在《略论西周微史家族窖藏铜器群的重要意义》一文中考释
青铜器簋字说：

> 庾簋似豆而大，浅盘平底，圈足镂空，铭作簠，是簋的本字。
> 宋代曾有刘公铺，1932 年出土的厚氏元匦，过去都归入豆类，是
> 错了。《说文》："簋，黍稷圆器也"，就是这类器，本多竹制，在
> 铜器中发展较晚。宋以来金石学家都把方形的筐当作簋，铭文自
> 称为匚。也称为臣，或作匪，则是瑚的本字。学者们纷纷说许慎
> 错了。今见此器，可以纠正宋以来的错误，也可以证明这类的簋
> 在西周中期已经有了。②

本段考释解决了两个问题，一是簋的形制问题，宋以来的学者都

---

① 唐兰：《古乐器小记》，《燕京学报》1933 年第 14 期。
② 唐兰：《略论西周微史家族窖藏铜器群的重要意义》，《文物》1978 年第 3 期。

认为簋是方形器，高亨认为铺即笾[①]，陈梦家认同高说。[②] 唐兰利用新出土的虖簋来纠正宋人的错误，释铺为笾的说法也是不足信的。二是唐兰认为金文中的匤和匥是瑚的本字，这一观点早在《周王䵼钟考》一文中就已提出。高明指出"自宋至今，各地出土而见于著录的铜匤，约有一百二十余器，铭中自名犹如第二表所列诸形，皆为胡之同音字，而从未发现过一件自名为簋的；反之，凡铭中自名为甫、簠、匤、铺的礼器皆作圆形，也从未发现过一件与铜匤相似的方器"。高氏又利用出土的伯公父簠（《集成》04628）簠字写作"鎝"证明匤、匥和瑚就是《说文》中的"瑚"字。[③]

高明对"瑚琏"的考释还有可商之处，1964 年洛阳庞家沟西周墓地出土考母簋（《集成》03346）、考母壶（《集成》09527）、考母罍（《集成》09801）等有铭青铜器，铭文中有"🔲"字[④]，何琳仪、黄锡全两位先生认为此字是"医联"的合文，并认为"医和联原来分别为两种器物的名称，由于词义外延的扩大，遂演变为器物的泛称。这与'尊彝'颇相类似"[⑤]，这一分析是非常正确的。

刘翔从叔邦父簠（《集成》04580）的🔲出发，认为此字便是《说文》簠字的古文，从古得声的"匤"都是"簠"字的假借字，最后得出结论说"簠"是方形器。[⑥]

按，从铜器自名与器形的关系来看，高明认为自名为"胡"之同音字的器物皆为方形器，自名从"甫"声的皆为圆形器是非常正确的，我们再补充一些近年来发现的新材料，这些材料皆有器形可据，

---

① 高亨：《说铺》，《河南博物馆馆刊》1936 年第 5 期。
② 陈梦家：《寿县蔡侯墓铜器》，《考古学报》1956 年第 2 期。
③ 高明：《瑚、簠考辨》，《文物》1982 年第 6 期。
④ 洛阳博物馆：《洛阳庞家沟五座西周墓的清理》，《文物》1972 年第 10 期。
⑤ 何琳仪、黄锡全：《"瑚琏"探源》，《史学集刊》1983 年第 1 期。
⑥ 刘翔：《簠器略说》，载《古文字研究》（第 13 辑），中华书局，1986。

更有说服力：如 1990 年河南析川县出土的鄾子孟青姬簠，其自名作▨，1994 年湖北随州出土的可簠、黄仲酉簠，其自名皆为▨，1996 年河南罗山县出土的曾子季类臣簠，其自名为▨，2002 年山东枣庄出土的邾公子害簠，其自名为▨，这些都是方形器，而 1976 年 12 月陕西扶风县庄白出土的微伯瘨铺，其自名作▨，1990 年河南三门峡虢国墓地出土的虢季铺，其自名为▨，1992 年山西曲沃县北赵村晋侯墓地出土的晋侯对铺，其自名作▨，这些都是似豆的圆形器①，这些新出土的实物都可以证明高明将"匦"读为"醢"是可信的，四版《金文编》将"簠"与"匦"分列两个字头也是合理的，这些新发现、新观点都是对唐兰观点的补充，可惜目前的一些青铜器研究著作仍分不清簠与匦。

11. 释"司""后"古本一字

在《安阳殷墟五号墓座谈纪要》中，唐兰考释妇好墓中出现的"司粤母""司母辛"说："司、后本一字，《说文》把左向的读为司，右向的读为后，古文字没有左右向的区别，或读为后，或读为司，我怀疑只是方言问题。"②

唐兰认为"司、后本一字"的观点影响较大，但也受到许多学者的质疑，如张亚初《对妇好之好与称谓之司的剖析》便反对唐说，其理由有二：

　　其一，在商代的甲骨文和西周的铭文中，君后之后很常见，都是以毓为之。西周穆王时期的班簋还称"毓文王"（即君后文王），还是假毓为君后之后。在这许多材料中，没有一条材料是以司为君后之后的。君后之后写作后，到较晚的春秋末期的吴王光鉴上才出现，但是它也不作司形；其二，不但王之妻子可称姛、

① 吴镇烽：《商周金文资料通鉴》（光盘版），陕西省考古研究所，2008。
② 王宇信、唐兰等：《安阳殷墟五号墓座谈纪要》，《考古》1977 年第 5 期。

王姮，诸侯之妇也都可称姮，例如，龚伯之妻称龚姮、雍伯之妻称雍姮、卫伯之妻称卫姮、䲹伯之妻称䲹姮，等等。这些地方诸侯的妻室都可以称姮，可见把姮称为后，是不恰当的。①

张氏认为"司、姮应读为妃，训为匹配、嘉偶"，李学勤认为妇好墓中的"司"为"后"，李氏说：

"后"是身份。商代文字每作反书，"后"字和"司"字很难分别，只从文义可以辨出有的是"司"，如卜辞"王其令山司我工"（《拾掇》1，431）；有的是"后"，如卜辞"二后"、"三后"，以及《劫掠》74方鼎"龚姮商赐贝于后"等。后，即王后，《礼记·曲礼》："天子之妃曰后。"②

张桂光认为只有读"司"为"后"，才能合理解释"司辛""司戊""司癸"与武丁法定配偶"妣辛""妣戊""妣癸"庙号契合的问题，这一观点是正确的。③ 不过他将"后母戊"读为"母后戊"的意见却不符合金文的书写及释读顺序。

有利于唐说的证据是后来发现的墙盘，其铭"上帝司稷"，裘锡圭先生将其读为"上帝后稷"，这一考释是非常正确的，裘先生在文章的注释中说："古文字正反往往无别，唐兰先生认为'司'、'后'二字古本同用一形，可从。"不过裘先生亦指出"史墙盘和叔夷镈的'司'字确实应读为'后'，但甲骨文以及商代和周初金文里称呼王配

---

① 张亚初：《对妇好之好与称谓之司的剖析》，《考古》1985年第12期。
② 李学勤：《论"妇好"墓的年代及有关问题》，《文物》1977年第11期。
③ 张桂光：《"母后戊"方鼎及其它》，《华南师范大学学报》（哲学社会科学版）1985年第3期。

的‘司’字是否应读为‘后’，仍是一个有待讨论的问题。"①

按，唐兰认为"司""后"古本一字是非常正确的，这不仅可以解决妇好墓中"后母辛""后辛"及墙盘、叔夷镈中的问题，亦可以解决部分金文中"司"读为"嗣"的问题。

12. 释"叙"的词义

彧簋中有"叙"字，唐兰读为"款"，铭文中"俘戎兵盾、矛、戈、弓、箙、矢、裨胄，凡百又卅又五叙"即一百三十五件之意。②唐兰释叙为量词的意见是正确的，此字又见于季姬方尊，作为牛、羊的量词，李家浩将其读为"挈"③，董珊将其读为"介"，或"个"。④

按，师同鼎（05·2779）铭"羊百刌"之"刌"系羊的量词，李家浩和董珊据此认为"叙""刌"两字的读音相同或相近，这是没有问题的，只是董文更进一步证明"叙"可读为"介"并举例说明文献中的量词"介"既可以指人又可以指物。李、董二人的结论很接近，董文更胜一筹，经过李、董二人的研究"叙"字的释读问题彻底解决了。

13. 释"鞞刻"

静簋记载周王的赏赐品有"鞞刻"一项，番生簋写作"鞞鞍"，吴大澂仅见过静簋，他在《说文古籀补》中考释说："鞞，刀室也，刻，射鞲也，二物为同类。"⑤ 郭沫若作《释鞞鞍》一文，认为"鞞为琕，鞍为璏"，"璏为剑鼻，古无异辞，然则所谓剑鼻者即此饰于剑鞘之'昭文带'也。剑鼻当是俗名，盖以璏着于鞘有类于鼻，孔复贯緌

---

① 裘锡圭：《史墙盘铭解释》，《文物》1978 年第 3 期。
② 唐兰：《用青铜器铭文来研究西周史》，《文物》1976 年第 6 期。
③ 李家浩：《季姬方尊铭文补释》，载《安徽大学汉语言文字研究丛书·李家浩卷》，安徽大学出版社，2013，第 11 页。
④ 董珊：《季姬方尊补释》，宝鸡周秦文明学术研讨会（2003 年 10 月 26 日）论文。
⑤ 吴大澂：《说文古籀补》，载《说文古籀补三种》，中华书局，2011，第 19 页。

亦似穿牛鼻然，故谓之鼻也。""珌则镡之用玉者耳。"① 郭沫若批评吴大澂说："锡射鞲尚有可说，锡刀室成何体统耶？"

唐兰考释"鞞刻"说：

> 其实"鞞"是刀室，"鞣"或"刻"既从革，又从刀，是系刀用的革带。革带可以改用丝带，所以"鞣"可以写作"纙"，《尔雅·释器》："纙，绥也。"这种带子又可用以系佩玉，所以又可以写作"璲"。《尔雅·释器》"璲，瑞也"。实际只是一个字。正因为"璲"是绥带一类的东西，所以可以用长短来量度的。
>
> 《说文》："鞞，刀室也。"又"削，鞞也"。削又作鞘，《说文》新附："鞘，刀室也。"《广雅·释器》："鞞、鞘，刀削也。"剑鞘沿用刀鞘的名称，所以扬雄《方言》（卷九）说："剑鞘自河而北，燕赵之间谓之室，自关而东或谓之廓，或谓之削，自关而西谓之鞞。""削"字本从刀，说明它是刀鞘，"鞞""鞘""鞘"等字从革，"韛"字从韦，说明它是用皮革制的。《逸周书·伊尹朝献篇》："请令以鱼皮之鞞"，孔晁注："鞞，刀削。"《尚书大传》："南海鱼革"，注："鱼革今以饰小车，缠兵室之口。"《说文》："鲛，海鱼，皮可饰刀。"郭璞《山海经》漳水注，刘欣期《交州记》也都说鲛皮可以饰刀剑鞘的口。《后汉书·舆服志》记皇帝的佩刀是"半鲛鱼鳞金漆错雌黄室"，诸侯王的佩刀是"半鲛黑室"。鲛鱼就是现在的鲨鱼，一直到近代也还用鲨鱼皮来饰刀剑鞘，是很贵重的装饰品，那末，"鞞"是刀鞘，是丝毫不容怀疑的。②

---

① 郭沫若：《释鞞鞣》，载《郭沫若全集》（考古编 05），科学出版社，2002，第 325、328、334、335 页。

② 唐兰：《"鞞刻"新释》，载《唐兰全集》，上海古籍出版社，2015，第 1190 页。

按，郭沫若否定《说文》对"鞞"字的解释不可取，其错误的根源在于将番生簋中的"黄"释为"玉"，唐兰批评郭沫若的考释说："无论鞞和鏊都是一件小的附件，而不能作为独立的装饰品的，把它放在'绂'、'衡'、'环'、'琜'之间，是轻重悬殊不能相称的。"[①]唐兰的考释虽可取，但在考释过程中认为剑是西周末年春秋时期才发展起来的则不够严谨。

14. 释"荆"字本义

蠚簋（《集成》06·3732）有𢁔字，唐兰将其隶定为"刿"，认为是"荆"的本字，"《说文》荆字古文作𦳱，应为从艹刿声。𢁔即刿字。本象人的手足因荆棘而被创伤，人形伪为刀形，因而或加井形而作剙字，即创伤之创的本字，增艹而为荆棘之荆"[②]。在此后的著作中又补充说："刿像人的手足受荆棘创伤形。《说文》作㓞，'伤也，从刃从一。创，或从刀仓声'，这是由于古人形和刀形易混，把人形误作刀，就无法解释了。过伯簋，𫐉驭簋并有剙字，《说文》：'造法剙业也，从井㓞声，读若创。'但金文刿和剙都即荆楚之荆，师虎簋：'左右戲䊖𬱖荆'之荆，作剙，从刿，与此铭同。《说文》荆字作𦳩，'荆，楚木也，从艹刑声。𦳱，古文从草爻刑省声。'其实，荆字即从艹刿声。而刑字也是荆字之误。荆本象人在井中，古代是把人放在陷阱中以为刑罚的，而《说文》又误分为两个字，荆字训为'罚罪也，从井从刀，井亦声'。而刑字训'到也，从刀开声，'这都是错的。"[③]

此段考释唐兰基本理顺了㓞、刿、创、剙、荆、刑六字的关系。《说文解字》㓞本义是创伤，古文字写作𢁔，像手足被荆棘所刺伤形，

① 唐兰：《"鞞刿"新释》，载《唐兰全集》，上海古籍出版社，2015，第1188页。
② 唐兰：《论周昭王时代的青铜器铭刻》，载《古文字研究》（第2辑），中华书局，1981。
③ 唐兰：《西周青铜器铭文分代史征》，中华书局，1986，第272页。

许慎误为从刀从一的会意字。刀中＞本是人形，在演变的过程中误成了刀形。剙和刅都是＞的隶变讹形。创是剙的异体字，二字一为形声一为象形。＞具有一形多音义的特点，既可表示动词刅，又可表示造成创伤的主体荆。西周金文在＞上加井声分化出刱，刱在金文中用作荆楚之荆，此形隶定为剙。《说文解字》认为剙是从井刅声的形声字，其本义为创业。现在来看剙同样具有一形多音义的特点，这个字既有创音又有荆音，既是动词又是名词。荆是名词荆楚之荆的专用字，是在剙字上加注形符艸而成的，由于形体演变，剙又讹变为荆和刑二形。

刘钊指出金文中的＞像刀斫草木形，后加井声作刱，所从草木形有所简省。[①] 季旭昇认为"唐、刘二说都有道理，从金文的用法来看，此字为荆的本字，但从后世的演变来看，也是创伤的创的本字"[②]。

15. 释"焚"为"荣"字初文

金文中"焚"字常见，方浚益将其释为"荣"，方氏说："焚即荣之古文，《说文》'荣，从木荧省声'，'荧，屋下灯烛之光。从焱、冂'。诸部中如莹、营、蓥、荥等十余文多同。盖以篆文无燊字，故不得不从荧省。今观此文作焚，乃象木枝柯相交之形，其端从炏，木之华也。炏为焱之省，《说文》'焱，火华也'。木之华与火同，故从炏以象形，而华之义为荣。"[③] 唐兰考释说："焚字是荧字的原始写法，像两支点燃着的火炬。小篆由于错误地写成𤇾，而又加上一个火字作荧，这和苑字变成曹是同样的例子。《说文》因小篆伪误而解为'屋下灯烛之光，从焱冂'，是错的。从焚得声的字很多，《说文》大都说是从荧省声。"[④]

① 刘钊：《古文字构形学》，福建人民出版社，2006，第134页。
② 季旭昇：《说文新证》（上），（台北）艺文印书馆，2002，第58页。
③ 方浚益：《缀遗斋彝器考释》（卷二十七），商务印书馆，1935，第22~23页。
④ 唐兰：《西周青铜器铭文分代史征》，中华书局，1986，第160页。

按，裴锡圭先生考释说："先秦有𤐫字，象燋烛燃烧形，就是'荧'的初文，可以隶定为'燚'。在《说文》的时代，燚早已为加'火'旁的后起字'荧'所代替。《说文》把'荧'字错析成'从焱、冂'，可知许慎已不知古有'燚'字。所以，从'燚'声的'荣'、'营'等字，在《说文》里大都被说成从'荧'省声。"① 唐兰、裴锡圭先生对此字形体的解释更合理，将字形分析为像相交的两支火炬或是燋烛并无多大分别，将燚释为"荧"之初文甚是，这一观点被董莲池所采纳②，而季旭昇则未采纳这一考释。

16. 释"吕"字本义

效父簋有█字，唐兰释为"吕"，指出"吕"是金文常见"镈吕"的"吕"，是金属专名。③ 在其后的著作中，唐氏说又详细论述："█即吕字，亦见宝鸡所出虬高卣，改圆点为圆框即为吕。古钉字像●像铜饼形，█是两块铜饼。小篆误作吕，《说文》解为脊骨，与腰膂的膂同义是错的。铜器铭文中常见的玄镠鏞吕（邾公牼钟），玄镠铺吕（吉日壬午剑），或作鑪铝（邵钟、余义钟），锛铝（齐侯钟：'铁镐玄镠锛铝'），明是一种金属之名。""凡金文从█之字多与金字略同。"④

按，唐兰释█为"吕"，义为铜饼的观点已被多数学者接受。⑤ 季旭昇接受了唐兰的观点，并引用燕耘（引者按即林沄）的文章进行补充，释"吕"字的本义为"鏞金。赤黄色的铜块。"⑥ 近年来，又有多位学者考释█字，或释其为金，或释其为夂。我们仍可从一形多音义

① 裴锡圭：《文字学概要》，商务印书馆，1988，第 162 页。
② 董莲池：《说文解字考正》，作家出版社，2005，第 226 页。
③ 唐兰：《西周铜器断代中的"康宫"问题》，《考古学报》1962 年第 1 期。
④ 唐兰：《西周青铜器铭文分代史征》，中华书局，1986，第 332 页。
⑤ 林沄：《商代卜辞中的冶铸史料》，《考古》1973 年第 5 期；陈世辉《对青铜器铭文中几种金属名称的浅见》，载吉林大学古文字研究室编《于省吾教授百年诞辰纪念文集》，吉林大学出版社，1996，第 122~123 页。
⑥ 季旭昇：《说文新证》（上），（台北）艺文印书馆，2002，第 605 页。

的角度来解决这个问题。█本像凝固的铜饼形，所以分化出指铜块的吕、金属材料的金、凝固形态的仌三个字。

17. "舍"字新解

裘卫盉（《集成》15·9456）有█字，唐兰考释说："原作'舍'字，即舍字，从口余声。《说文》反以余字为从舍省声，是弄颠倒了。余予同音，作为代名词的余，古书常作予；从余声的舍字，古书也常作给予的予。令鼎：'余其舍汝臣十家'，散盘：'湄矢舍散田'，居簋：'君舍余三镛'，'赶舍余一斧'，均应读为予。"①

唐兰将"余"读为"予"可能是受到于省吾的影响，于先生将鄂君启节中的"舍"字释为"余"，"'居簋'和'魏三体石经'古文余均如此作。余应读作给予之予。凡周代典籍中的'予'字本应作余，予为后起字"②。

按，"舍"字释"舍"更可信，西周金文中"舍""余"二字习见，令鼎中"余""舍"互见，"余"作█，"舍"作█，可见二字形体分别是很清楚的。③ 鄂君启节中"舍"也应是"舍"字，但在文中应读为"予"。季旭昇同意于先生的意见，又补充说："金文'舍'（即舍），应是借用余的字形，加'口'为分化符号，因而分化出'舍'（即舍）字以表达'给予'的意义，亦因'余'字以为声。""中山王鼎'舍'字用同'余'，可证'舍'从'余'得声。"④ 董莲池在舍字下加按语说："'舍'西周金文作█（散盘），应分析为█与█两部分，█即余字，古'舍'与'余'音相近，'舍'是以'余'为声，加口为区别符号造出来的一个字。"⑤ 郭店《老子》甲10号简有█字，释文

---

① 唐兰：《陕西省岐山县董家村新出西周重要铜器铭辞的译文和注释》，《文物》1976年第5期。

② 于省吾：《鄂君启节考释》，《考古》1963年第8期。

③ 参见四版《金文编》，第53、364页。

④ 季旭昇：《说文新证》（上），（台北）艺文印书馆，2002，第439页。

⑤ 董莲池：《说文解字考正》，作家出版社，2005，第205页。

指出"舍，简文作🔲。'舍''徐'音近通假。《汗简》'余'作🔲，与简文形近，即以'舍'通'余'。"① 楚简中"余一人"和"舍一人"互见，可证舍可读为余。这些都可证明唐兰释"舍"从"余"得声是正确的，《说文》的解释是错的。

18. 训"宔"为"赐予"

金文中常见一个写作🔲形的字（参见四版《金文编》卷七1233号），方浚益、孙诒让、唐兰、郭沫若、马叙伦、杨树达等学者均做过考释，有释"室""家""亚""休"等多种意见，以释"休"者为多。② 唐兰在《作册令尊及作册令彝铭考释》一文中说：

> "宔"字旧不识，或释"庥"，非是。庥是从广，休声，字形不类。按亘当释为庭宁之宁。或作🔲形，卜辞有🔲（前编八卷十叶）《西清古鉴》有辛🔲鼎（三卷卅叶），续鉴甲编有🔲南鼎（一卷廿七叶），丁🔲鼎（三十五叶），《宁寿鉴古》有己🔲鼎（一卷一叶），盖皆🔲形所自出者。本象四室相对，中为庭宁之形。其后省作亘，与贮物之器作🔲形者，形声俱相混。到小篆遂🔲存而亘废矣。亘既"庭宁"之专字，故或作宔，从宀亘声字也。

分析过字形之后，唐兰得出结论说：

> 凡此宔字，均借为锡予之予。宁予之字，声相近也。（芧字亦作苎）故对扬上之锡予，曰"扬某宔"。记上之锡予，则曰"某宔某"也。

---

① 荆门市博物馆编《郭店楚墓竹简》，文物出版社，1998，第114页。
② 参见周法高《金文诂林》，香港中文大学出版社，1974，第4741~4750页；王恒余：《论各家对于金文中🔲字的解释》，《大陆杂志》1986年第72卷第4期。

不过唐兰很快放弃了这一说法，他在文章的"后记"中说：

> 然余前说实误。卜辞之✦字，当即✦之本字。古文字之繁复者，如▨字后省作▨，则▨即✦之省无疑。▨字于《说文》有郭及墉二释，金文每以▨为墉，则✦或▨当即墉之本字，其□形象周垣，其四方作介形者象其垣上之墉，所谓"四墉"是也。✦字或省作✦，因变为▨，而▨字从之；则宫字之从▨者，为▨之省变可知。然则▨及宫字，当为从宀章声之字，于金文当读作庸。庸者功也，劳也，引申之当有赏赐之义矣。①

唐兰的这一考释应在郭沫若、马叙伦之前，唐兰在文章的"后记"中已说明此文写竟两年后才发表，吴其昌、容庚等人在《作册令尊及作册令彝铭考释》发表之前已经引用唐兰的"康宫说"了，可见唐兰这一篇文章已在学术界已广为流传。

在《西周青铜器铭文分代史征》中，唐兰的观点又发生了变化：

> 宫为位宁之宁和阶除之除的本字。位宁之宁的原始象形字作▨，像堂屋四面有阶，省作▨，与▨形相近易混。也称为除，除与宁只是声调不同罢了。②

此时唐兰又将"宫"读为"作"或"胙"，训"胙"为"赐予"。可以看出，唐兰在字形的考释上一直不自信，但将"宫"训为"赐予"的观点却贯穿始终。唐兰的观点之所以变化是注意到宰徲宫父丁

---

① 唐兰：《作册令尊及作册令彝铭考释》，《国立北京大学国学季刊》第 4 卷第 1 期，1934 年。
② 唐兰：《西周青铜器铭文分代史征》，中华书局，1986，第 138 页。

鼎（《集成》02010）"宰兽宝父丁"，这里的"宝"据文义应为"铸作"义。陈梦家归纳"宝"字为三种：①作为铸作义；②作为休美义；③作为赏赐义。① 这是比较符合西周金文的实际情况的。

按，金文中"宝"字大致有两种用法，一是作动词用，作动词用又分为两种情况，一可以解释为"赐予"，二可以解释为"铸作"；二是作名词用，可以解释为"休美"，如金文中常见的"扬某宝"。近来陈剑先生将百释为琼，将原训为"赐予"和"休美"的"宝"字读为"宠"，将"铸作"义的"宝"字读为"造"。② 不过这一考释在解释诸如乃子克鼎（《集成》02712）"叔辛白（伯）蔑乃子克厤（历），宝丝五十寽（锊）"的时候仍要将"宠"训为"赐予"义，这点稍嫌迂曲，既然"琼"可以读为"宠"，金文中为何还要在"琼"字上加宀旁另造一个写作"宝"的假借字呢。看来"宝"字形体的考释还需要进一步研究，但唐兰等人对词义的训释却是可取的。

19. 训"尊"为陈设

金文中常见"尊缶""尊盘"等名称，王国维说："尊彝皆礼器之总名也。古人作器，皆云作宝尊彝，或云作宝尊，或云作宝彝，然尊有大共名之尊（礼器全部），有小共名之尊（壶卣罍等总称），又有专名之尊（盛酒器之侈口者）。"③

唐兰考释说：

　　称为"尊缶"、"尊盘"、"尊匜"等器，跟"盥缶"、"盥匜"显然是有区别的。凡称"尊"的器，是指在行礼时放置在一定的位置的器。《左传·昭公十二年》说："以文伯宴，樽以鲁壶"。

---

① 陈梦家：《西周铜器断代》（上），中华书局，2004，第138页。
② 陈剑：《释"琼"及相关诸字》，载《甲骨金文考释论集》，线装书局，2007，第278~295页。
③ 王国维：《观堂集林·说彝》，中华书局，1961，第153页。

《士冠礼》："侧尊一甒醴在服北"，郑玄注："置酒曰尊"，胡培翚《仪礼正义》说："置酒谓之尊，犹布席谓之筵，皆陈设之名，非谓酒器。'侧尊一甒醴'，犹言特设一甒醴耳。"这个说法是很正确的。鼎在铭刻里有时称为"尊鼎"，可见即使并非盛酒之器，也可以称尊。"尊鼎"等于是陈设用的鼎；"飤鼎"则是食用的。"尊缶"、"尊匜"是陈设用的缶和匜，"盥缶"、"盥匜"则是盥洗用的。这正如在钟里面有"龢钟"、"歌钟"、"行钟"之别。功用不同，名称也不同。①

徐正考认为唐兰的考释还欠精确，其在总结前人成果的基础上得出结论说：

> 殷商与西周金文中的"尊"除可以用作彝器的共名、专名外，更多的是用作动词，表奉献、登进之义，充当动词性谓语的中心词或充当动词性修饰语以修饰各种表示器名的名词。②

按，经我们考证，金文中"隫（尊）彝"连用的时候，器物可以是尊、簋、鼎、鬲、爵、卣、罍、盉、盘，而金文中"隫（尊）鼎"连用的时候却一定是鼎，"隫（尊）簋"连用一定是簋，可见徐先生将"隫（尊）彝"之"尊"也看作动词是不恰当的，这里的"隫（尊）彝"表示共名，已经成为一个双音词了。"隫"字从阜从廾，表示用手将礼器放在一定的位置是很合理的，反倒是训为"进献"有些不够精确。唐兰的观点得到朱凤瀚等学者的认同，朱凤瀚将蔡侯墓中

---

① 唐兰：《〈五省出土重要文物展览图录〉序言》，载《唐兰全集》，上海古籍出版社，2015，第989页。

② 徐正考：《殷商西周金文"隫（尊）"字正诂》，《古汉语研究》1999年第1期。

自名为"隩（尊）缶"的缶与淅川下寺楚墓出土自名为"浴缶"的缶相对比，更证明训"尊"为设置是正确的。①

第三节 文句的疏通和铭文的翻译

古文字的考释不应局限于字形和词义，我们常常见到这种情况，有些学者虽然没有正确地考释出字形，但对整篇铭文的断句和解释却是正确的，这种正确的断句或解释往往有助于字形的考释。郭沫若、于省吾等老一辈学者文献功底深厚，在古文字考释时很少对整篇铭文做翻译，但初学古文字的人是非常需要这种翻译的，尤其是文献功底不深的初学者。唐兰在这方面做得非常好，尤其是在金文材料的白话翻译方面，是名副其实的"古文今译"。唐兰文章中最早出现白话翻译的是《㢉尊铭文解释》，其后的《陕西省岐山县董家村新出西周重要铜器铭辞的译文和注释》更是只有铭文译文，考释内容都放在注释里面了。遗稿《西周青铜器铭文分代史征》在已完成的部分每一篇铭文都有白话翻译，使得这部著作不仅具有学术性更具有普及性，学者可以参考其中的考释成果，初学者则可以将其作为教材，唯一的不足是遗稿在很多方面整理得不够好。唐兰之后，越来越多的学者从事这一工作，如普及性读物《商周古文字读本》及《金文今译类检》皆对所选的古文字材料进行了翻译。近年华南师范大学申请了国家社科基金重点项目"出土战国文献汇释今译暨数据库建设"，现已出版《龙岗秦简汇释今译》《周家台秦墓简牍等三种汇释今译》等著作。出土文献今译可算是唐兰开创的新领域。

---

① 朱凤瀚：《古代中国青铜器》，南开大学出版社，1995，第 111 页。

本节主要选取唐兰在翻译和文句考释方面的成果，考察他在这方面所取得的成就。

1. 对何尊铭文的翻译

唐兰对何尊所做的释文如下：

> 隹（唯）王初鄴（迁）宅于成周，复䢙（禀）一行
>
> 斌（武王）丰（礼），禣（福）自天。才（在）三（四）月
> 丙戌，二行
>
> 王䚿（诰）宗小子于京室，曰：昔才（在）三行
>
> 尔考公氏克逨玟（文王）。肄（肆）玟（文）四行
>
> 王受兹大令（命）。隹（唯）斌（武）王既克大五行
>
> 邑商，则廷告于天，曰：余其六行
>
> 宅兹中或（国），自之（兹）䢩（乂）民。乌七行
>
> 虖！尔有唯小子亡（无）戠（识）覜（视）于八行
>
> 公氏，有䌛（劳）于天，叡（彻）令（命）。苟（敬）九行
>
> 亯（亨）弋（哉）！叀（唯）王龏（恭）德谷（裕）天，顺
> （训）我十行
>
> 不敏。王咸䚿（诰）。䢁易（锡）贝卅朋，用乍（作）十
> 一行
>
> □公宝隮（尊）彝。隹（唯）王五祀。十二行

铭文的白话翻译为：

> 周成王开始迁都成周，还按照武王的礼，举行福祭，祭礼是从天室开始的。四月丙戌，成王在京室诰训"宗小子"们，说："过去你们的父亲能为文王效劳。文王接受了大命，武王战胜了

'大邑商'，就向天下卜告，说：'我要住在中央地区，从这里来治理民众。'呜呼！你们或者还是小子，没有知识，要看公氏的样子，有功劳于天，完成使命，敬受享祀啊！"王是有恭德，能够顺天的，教训我们这些不聪敏的人。王的诰训讲完后，疷被赏赐贝三十串，疴用来做□公的祭器。这时是成王五年。①

"复禀武王礼"一句唐兰译为"还按照武王的礼，举行福祭"，"禀"字不太清晰，很多学者都没有做考释。李学勤早年释为"禀"，"'复禀'是再一次领受。'豊'读为'醴'，'醴'是酒，'福'是胙肉，'武王醴福'是祭祀武王的酒肉。""又一次领受武王福胙，所以叫做'复禀'"②。后来李先生修正了自己的看法："现在看，铭中'亩'应读为'廪'，《广雅·释言》：'治也。''豊'读为'礼'。'复廪武王礼'意为重行武王之礼，和铭文下面周王所说武王'廷告于天'一句呼应。"③ 可以看出，唐兰虽未能将何尊中的文字全部释对，但其翻译却为理解文意和后来的考释提供了帮助。

2. "古于彝"的释读

唐兰指出史喆簋中的"古于彝"与宋代出土的中方鼎"埶于宝彝"、县改簋"緐（肆）敢陈于彝"以及《礼记·祭统》所载孔悝鼎"施于烝彝鼎"是同一文例，并将"肆""埶""施""古"等字释为"著"。④ 陈剑根据这一线索将"肆""埶"等字读为"设"，认为就是常见的"施设""陈设"之意。"施设""陈设"某事于铜器，就是指作这篇铜器铭文以记录此事。⑤

---

① 唐兰：《何尊铭文解释》，《文物》1976 年第 1 期。

② 李学勤：《何尊新释》，《中原文物》1981 年第 1 期。

③ 李学勤：《释郊》，载《文史》（第 36 辑），中华书局，1992。

④ 唐兰：《史喆簋铭考释》，《考古》1972 年第 5 期。

⑤ 陈剑：《金文"象"字考释》，载《甲骨金文考释论集》，线装书局，2007，第 251 页。

按，唐兰误将史喆簋中的"由"释为"古"，将县改簋中的"陟"字释为关键动词，陈剑修正了唐兰的错误，其得出的结论自然更为可信。

3. 对史墙盘"武王则命周公舍宇，于周俾处"的断句

唐兰对史墙盘第十一行铭文做如上断句，并翻译说："武王则命令周公安排居住土地，让他住在岐周。"[①] 裘锡圭认为这一断句可能是对的。[②] 刘翔同意唐兰的断句并补充说：

> "于周俾处"下面紧接着是"甬惠乙祖"。有的学者便把"甬"字属上句，读作"于周俾处甬"。细审史墙盘全铭，每一人名之前总有两个字的形容词，故若将"甬"字属上句，则"惠乙祖"与全铭文法相抵牾。所以，"甬"字必须属下句，读作"甬惠乙祖"。"于周俾处"实为"俾处于周"（周指周原）的倒装形式。意思是武王让"微史烈祖"在周原居住。[③]

按，与墙盘同时出土的𤼈钟铭文"武王则令周公舍寓，以五十颂处"，文辞与史墙盘相似，因此说唐兰的断句和翻译都是正确的，吴镇烽《商周金文资料通鉴》采用了唐兰的墙盘译文，但断句略与唐兰不同。

4. 对"帅履裘卫厉田四田"的翻译

五祀卫鼎铭"帅履裘卫厉田三（四）田"，唐兰翻译说"带领着踏勘给裘卫的田四百亩"[④]。裘锡圭认为唐兰的翻译是可信的并补充

---

① 唐兰：《略论西周微史家族窖藏铜器群的重要意义》，《文物》1978 年第 3 期。
② 裘锡圭：《古文字论集》，中华书局，1992，第 376 页。
③ 刘翔：《"以五十颂处"解释》，《学习与思考》1982 年第 1 期。
④ 唐兰：《陕西省岐山县董家村新出西周重要铜器铭辞的译文和注释》，《文物》1976 年第 5 期。

说："'帅''率'古通，'帅履'跟下文将要引到的永盂铭文里的'率履'是一回事。履田之时，邦君厉和裘卫双方无疑都是有人参加的。"①

按，唐兰正确地释出五祀卫鼎中的"履"字，这是他能正确翻译此文的基础。

5. 对墙盘"广能楚荆（荆）"的翻译

唐兰考释墙盘中的"䏻"字说："䏻从能，即貔（豼）字，与能字不同。能从，此从。䏻当与𢻸字通。见《方言六》。此借为批，《广雅·释诂三》：'㨽，击也。'㨽即批。"唐兰将此句译为"大规模地打击楚荆"②。

按，关于"䏻"字有释"笞""惩""亲善""能"等不同意见，其中以裘锡圭释"笞"最优。③ 虽然释字不够正确，但唐兰的译文却是可取的。

第四节　唐兰的错误考释举例

唐兰也有过一些错误的考释，分析和研究这些错误的考释可以为我们提供启示，避免走弯路。下面略举几例说明。

1. 误释利簋的"岁"字

利簋（《集成》08·4131）铭文"隹甲子朝鼎"，"鼎"上一字唐兰释"越"，并考释说："戉字从戉声。凡从金的字，古文字常从

① 裘锡圭：《西周铜器铭文中的"履"》，载《古文字论集》，中华书局，1992，第365页。

② 唐兰：《略论西周微史家族窖藏铜器群的重要意义》，《文物》1978年第3期。

③ 各家考释参见杨泽生《史墙是秉笔直书的史官吗？——关于墙盘铭文记述昭王部分的释读》，载张光裕、黄德宽主编《古文字学论稿》，安徽大学出版社，2008，第171～173页。

，所以戕就是钺字。岁从戉声（《说文》从戌声是错的），甲骨文常用戉或戕代表岁字，金文也用戉字代表越国的越。此处也应读作越，越夺音近。《孟子·万章》：'杀越人于货'，就是说杀人和抢人财物。"① 后来唐兰又对自己的观点做了补充，他说："戕（戋）字从❖戉声，和钺字同。❖就是吕字，本像两块铜饼，古代金字就是从❖，所以古文字常用❖来代表金字的意义，如：冶字就是冶金的专字，冰字就像铜水的凝结等。戉字本像斧钺形，后来有了铜钺，所以又作戕。金文常用戉来代表越国的越字，甲骨文常用戉或戕来代表岁字（注三），此处则当读为夺或敓，戉与夺音近可通用，《孟子》：'杀越人于货'，就是说杀人夺货，可证。此说'戕鼎'即夺鼎。"②

按，于省吾将"戕"释为岁，于先生分析岁字的构形说："戕字上下二点，即表示斧刃上下尾端回曲中之透空处，其无点者，乃省文也。"③ 于说至确。利簋中此字当为"岁"字。"岁""戉"本为一字，唐兰将"戕"分析为形声字是错误的，将"岁鼎"读为"夺鼎"是将簋铭与武王伐商迁九鼎相联系而得出的结论，可见这一考释完全是为了照应文献记载。于省吾指出"把岁鼎解为岁星当前，于义可通"④。此后张政烺又重申于说，即"'岁鼎'意谓岁星正当其位，宜于征伐商国"⑤。于、张二位的意见现在已被学者所接受。

2. 误释"贾"字

卫盉（《集成》15·9456）有"贾"字，此字金文习见，长期以来被误释为"贮"。郭沫若在《两周金文辞大系图录考释》沈子簋下说："贮者，赋也，租也。"同时以颂鼎、格伯簋、毛公鼎、兮甲盘的

---

① 唐兰：《西周时代最早的一件铜器利簋铭文解释》，《文物》1977 年第 8 期。
② 唐兰：《西周青铜器铭文分代史征》，中华书局，1986，第 8 页。
③ 于省吾：《甲骨文字释林》，中华书局，1979，第 68 页。
④ 于省吾：《利簋铭文考释》，《文物》1977 年第 8 期。
⑤ 张政烺：《利簋释文》，《考古》1978 年第 1 期。

铭文来证明。① 唐兰采纳了郭沫若的意见，认为卫盉中的"贮"是租田。② 在此后的文章中，唐兰对租田又做了进一步研究，"租田有两个方面，一是出租，一是承租。卫盉的矩伯和倗生簋的格伯都是出租者，卫和倗生则是承租者。当时，田地属于王所有，其他奴隶主们只能暂时享有使用的权利。裘卫从矩伯那里共租到田一千三百亩，告诉了伯邑父等五个执政大臣，大臣们还派职官去参加授田，是十分隆重的"③。这一错误直接影响了唐兰对西周土地制度的判断，使之不承认西周时期土地可以买卖。

正确考释出"贾"字的是李学勤，他指出"贾"字有四种用法："一、名词，读为'价'，如卫盉：'厥贾（价）其舍田十田'，格伯簋：'厥贾（价）卅田'。二、动词，义为交换，如五祀卫鼎：'汝贾田不？'三、名词，即商贾，如颂鼎：'命汝官司成周贾廿家'，兮甲盘：'其贾毋敢不即次即市'。四、名词，国名，近年山西闻喜出土匜铭有'贾子'，与荀国器同出，即文献荀、贾之贾。"④ "贾"字的释出使裘卫四器的内容更加重要，我们由此看到西周时期真实的土地交易情况，有关西周土地制度的研究也更加深入了。⑤

3. 误释"金小牛"

矢令方尊和矢令方彝铭"锡令鬯、金、小牛"，唐兰早期释读与此相同。⑥ 唐兰后来改变了这一意见，他认为鬯与牛之间是一个字，并释为鉊。"音悄。《方言》卷二：'鉊嫽，好也。青、徐、海、岱之

① 郭沫若：《两周金文辞大系图录考释》（二），科学出版社，2002，第 114 页。
② 唐兰：《陕西省岐山县董家村新出西周重要铜器铭辞的译文和注释》，《文物》1976 年第 5 期。
③ 唐兰：《用青铜器铭文来研究西周史》，《文物》1976 年第 6 期。
④ 李学勤：《重新估价中国古代文明》，载《新出青铜器研究》（增订本），人民美术出版社，2014，第 10 页。
⑤ 李零：《西周金文中的土地制度》，《学人》1992 年第 2 期。
⑥ 见唐兰《作册令尊及作册令彝铭考释》《论周昭王时代的青铜器铭刻》两文。

间曰鈔，或谓之𨰿。'《玉篇》：'美金也。'或释'𨐓金小牛'误。"①

按，唐兰释"鈔"的意见不可取，金文中"小子"一词习见②，作、、、等形，与矢令器中的相比较可知此处应该释为"小牛"。又叔卣（《集成》08·4132）铭"赏叔鬱𨐓、白金、刍牛"，与矢令尊、矢令彝的"锡令𨐓、金、小牛"正可相互参照，由此可知矢令尊及矢令方彝中的释为"小牛"是合理的。

4. 误释"䜴"字

疐鼎（《集成》05·2731）铭云："王令趞䜴东反夷"，䜴写作，唐兰释为䜴字："读若𢦏或烖，《说文》'𢦏伤也。'又'大火曰烖。'䜴东反夷是给东反夷造成伤害或灾难。"③

按，郭沫若已指出此字"当是古捷字，魏三字石经《春秋》残石郑伯捷，捷字古文作䜴，从木，此从艹，与彼同意。"④《广韵》释捷为"尅也，胜也，成也"，与本铭正相合。郭氏的观点已经被多数学者接受。⑤

5. 误释"会"字

墙盘铭有"迨"字，唐兰说："迨通合。《书·皋陶谟》：'翕受敷施。'合受与翕受同。"⑥此字裘锡圭、李学勤均读为"会"⑦，但都无考证。

按，《说文》"会"字古文做"㣛"，可以分析为从"彳"从"合"，

① 唐兰：《西周青铜器铭文分代史征》，中华书局，1986，第212页。

② 《集成》00062，00082，00260，002830、002831，等等。

③ 唐兰：《论周昭王时代的青铜器铭刻》，载《古文字研究》第2辑，中华书局，1981。

④ 郭沫若：《两周金文辞大系图录考释》（二），科学出版社，2002，第57页。

⑤ 马承源主编《商周青铜器铭文选》（三），文物出版社，1988，第51页；中国社会科学院考古研究所编《殷周金文集成》（修订增补本），中华书局，2007，第1403页释文均采郭说。

⑥ 唐兰：《略论西周微史家族窖藏铜器群的重要意义》，《文物》1978年第3期。

⑦ 裘锡圭：《史墙盘铭解释》，《文物》1978年第3期；李学勤：《论史墙盘及其意义》，《考古学报》1978年第2期。

古文字从"辵"从"彳"通用，由此可见会字的古文正与墙盘"遣"字同。1977 年河北出土的中山王壶铭文中"会同"之会字作"遣"①，"遣""遣"无疑都是"会"字的异体。与唐兰同时发表的文章都已正确释出墙盘中的"会"字了，唐先生未能释出确有遗憾。

第五节　小结

当我们回过头来再度审视唐兰的金文考释成果时，发现唐兰的考释文字很简短，有时让人感觉很随意。但就是这样简短的文字却将许多难识的金文考释出来了，与动辄几万字的考释文章相比精练许多。

通过本章我们可以看出，唐兰专门考释字形的文章不多，通过第一章以及本书第四章我们可以得出这样的结论，唐兰的古文字研究主要分为两个方向：一是通过古文字研究来总结文字学的规律和方法，这是为文字学理论服务的；二是以古文字为工具进行考古学和历史学研究，这一点突出了古文字学的工具性。但无论如何，古文字字形的考释都是根本，没有字形考释所积累的经验就无法建立文字学科学的理论体系，没有准确的字形考释就无法在考古学及历史学研究中使用出土文献资料。

唐兰一直在自觉地应用自己所总结的古文字考释方法，如释"诰"、释"界"、释"遷"等字便是偏旁分析法和历史考证法的结合。这两种方法在古文字考释中最常用也是最有效的，但这并不是说其他的考释方法不重要。我们通过分析唐兰在金文词义诠释方面所取得的成就可以看出，唐先生虽未能准确地释出字形，但却可以准确地推断词

---

① 河北省文物管理处：《河北省平山县战国时期中山国墓葬发掘简报》，《文物》1979 年第 1 期。

义，这其实是推勘法的功用。

有时候字形容易分析，如本章中提到的"休"字、"亚"字，但要想准确地训释词义却有难度，金文中的"鞞刻"究竟是什么物品，郭沫若和唐兰都引用大量文献资料来进行说明，如果没有深厚的文献功底是无论如何也考释不出来的。如果仅守着一两部字编，即使再熟悉字形也难做出精彩的考释，所以说古文字研究功夫在字外。

当然唐兰的金文考释也存在缺点，例如专门考释的文章较少，多数情况下是随文释义，大部分考释是在讨论某一个问题的时候顺便解释一下字形，这样的考释显然不够严谨，论证也不够充分，例如王孙诰钟铭文中也有"㝬"，但唐兰未能辨识。又如在已释出戜簋中的"衣"应读为"卒"的情况下，唐兰却未能考察天亡簋、庚嬴簋等其他铜器中的"衣"是否也应读为"卒"。有些错误也需好好总结，如唐兰已经将甲骨文中的"戉"字释为"岁"，并说"卜辞以今戉为今岁"①，但在利簋的考释中却将"岁"字释错。

总之，研究古文字既要学习唐兰那种科学的考释方法和研究态度，也可以从他的错误中吸取教训。

---

① 唐兰:《天壤阁甲骨文存并考释》，上海古籍出版社，2016，第 121 页。

第三章

唐兰与青铜器断代研究

第一节　西周青铜器断代研究回顾

出土文物在确定时代后才能发挥更大的史料价值。古代学者常利用时代明确的出土文献来校读古籍，如《颜氏家训·书证篇》以秦权铭文校读《史记》：

《史记·始皇本纪》："二十八年，丞相隗林、丞相王绾等，议于海上。"诸本皆作山林之"林"。开皇二年五月，长安民掘得秦时铁称权，旁有铜涂镌铭二所。其一所曰："廿六年，皇帝尽并兼天下诸侯，黔首大安，立号为皇帝，乃诏丞相状、绾，法度量则不壹歉疑者，皆明壹之。"凡四十字。其一所曰："元年，制诏丞相斯、去疾，法度量，尽始皇帝为之，皆□刻辞焉。今袭号而刻辞不称始皇帝，其于久远也，如后嗣为之者，不称成功盛德，刻此诏□左，使毋疑。"凡五十八字，一字磨灭，见有五十七字，了了分明。其书兼为古隶。余被敕写读之，与内史令李德林对，见此称权，今在官库；其"丞相状"字，乃为状貌之"状"，爿旁作犬；则知俗作"隗林"，非也，当为"隗状"耳。①

同理，青铜器铭文亦只有在判明时代之后才能成为可靠的史料。古今学者从未间断针对青铜器的断代研究。古代学者的青铜器断代理论及方法还比较原始，如《汉书·郊祀志》：

> 是时，美阳得鼎，献之。下有司议，多以为宜荐见宗庙，如元鼎时故事。张敞好古文字，按鼎铭勒而上议曰："臣闻周祖始乎后稷，后稷封于斄，公刘发迹于豳，大王建国于郊梁，文、武兴于丰、镐。"由此言之，则郊、梁、丰、镐之间周旧居也，固宜有宗庙、坛场祭祀之臧。今鼎出于郊东，中有刻书曰："王命尸臣：'官此栒邑，赐尔旂鸾、黼黻、雕戈。'尸臣拜手稽首曰："敢对扬天子丕显休命。"臣愚不足以迹古文，窃以传记言之，此鼎殆周之所以褒赐大臣，大臣子孙刻铭其先功，臧之于宫庙也。②

张敞据尸臣鼎出土地为郊东，遂定其为周器。这种将青铜器出土地作为断代依据的方法后世一直沿用。如吕大临《考古图》卷一乙鼎下："右得于邺郡亶甲城。高五寸八分，深三寸七分，径五寸二分，容二升，铭二字。"吕氏考释曰："按：鼎铭'乙'下一字不可识。考其形制、文字及所从得，盖商器也。"③ "所从得"即器物的出土地。又卷一饕餮鼎下曰："右得于邺郡漳河之滨。高五寸有半，深三寸四

---

① 王利器：《颜氏家训集解》（增补本），中华书局，1996，第455~456页。
② 班固：《汉书》，中华书局，1962，第1251页。
③ 廖莲婷整理《考古图（外五种）》，上海书店出版社，2016，第18页。

分，径四寸有半，容二升一合。铭一字。"吕氏考释曰："按：鼎铭一字，奇古不可识，亦商器也。愚谓铭字疑作戊，盖乙鼎、庚鼎之属。"①吕大临对饕餮鼎年代的判断基于"得于邺郡漳河之滨"。除根据文字形制及出土地判断青铜器年代外，宋代学者亦将青铜器铭文内容作为断代根据，如《考古图》卷一庚鼎辛鼎癸鼎下，吕氏考释曰："按：《史记》夏、商未有谥，其君皆以甲乙为号。则此三鼎，疑皆夏、商之器。"② 宋代学者虽处于青铜器断代研究的草创之时，但其根据文字形制出土地等要素断代的理论却是科学的，是值得肯定的。

清代学者更加重视青铜器断代，除继承宋代以来的断代理论外，利用青铜器铭文记载的历日月相来推断其时代成为一种新的方法和手段。如方浚益《缀遗斋彝器款识考释》卷七虢季子白盘下考释说："按盘形椭而微方，重今权四百五十余斤，前后左右饕餮衔环，凡八铭八行，合文三重文四，前此诸家释文惟平定张石州（穆）依罗次球以四分周术推算周世惟宣王十二年，周正建子，月乙酉朔，丁亥为月之三日，所考最为精确。"③

总体来说，宋以来的青铜器断代理论及方法不断成熟，但是专门的断代著作并未出现，青铜器断代仍然只是诸多古器物图录的附庸。

商代的铜器铭文字数比较少，长篇也不过几十字，而西周铜器铭文动辄上百字，许多铭文又可与文献相互印证，史料价值极高。目前发现的最大宗的西周史料便是铜器铭文，要将这些材料应用到西周历史文化等研究领域，就必须对其进行断代研究。面对数量庞大的商周青铜器，学者首先要做的工作是将商周青铜器区分开来。

马衡在《中国之铜器时代》一文中总结了若干判定商代青铜器的

---

① 廖莲婷整理《考古图（外五种）》，上海书店出版社，2016，第18~19页。
② 廖莲婷整理《考古图（外五种）》，上海书店出版社，2016，第7页。
③ 方浚益：《缀遗斋彝器款识考释》（卷七），商务印书馆，1935，第18页。

方法：

一、同时文字可以互证也。河南安阳之小屯，古称殷虚，为武乙以后、帝乙以前之故都。其地于公元一八九九年（清光绪二十五年）发见刻文字之龟甲兽骨，中纪祭祀之礼，多殷商先公先王之名号，其为商代文字，殆无疑义。传世之铜器，有异于周代之文而同于甲骨之文者，如乙酉父丁彝，己酉戍命彝、兄癸卣（以上三器见宋薛尚功《钟鼎彝器款识》）、戊辰彝、舲尊、庚申父辛角、般甗（以上四器见清吴式芬《攈古录金文》，但般甗作王宜人甗）等器皆是。今举其相同之点如下：

（甲）商人之纪年月日，必先书日，次书月，再次书年；而书月必曰"在某月"，书年必曰"维王几祀"。《周书·洛诰》之文尚沿此习。乙酉父丁彝首书乙酉，末书惟王六祀；己酉戍命彝首书己酉，末书在九月，惟王十祀；兄癸卣首书丁巳，末书在九月，惟王九祀；戊辰彝首书戊辰，后书在十月，惟王廿祀；舲尊首书丁巳，后书惟王十祀又五；庚申父辛角首书庚申，后书在六月，惟王廿祀曰又五。

（乙）商人祀其祖妣，必用其祖若妣之名之日；其妣皆曰奭；其祭名或曰遘；乙酉父丁彝用乙酉日遘于武乙；戊辰彝用戊辰日遘于妣戊，武乙奭。

（丙）商人祭祀之名有曰咨日，曰肜日者。己酉戍命彝、兄癸卣、戊辰彝皆曰咨日；乙酉父丁彝、舲尊皆曰肜日。

（丁）甲骨文恒见征人方之事，而般甗曰"王徂人方"；舲尊曰"惟王来征人方"。由此观之，此诸器者，皆可证明其必为商器也。

二、出土之地之足以证明也。宋吕大临著《考古图》，于器之出处之可知者必详纪之，如亶甲觚曰"得之邺郡亶甲城"；足迹罍曰："在洹水之滨亶甲墓旁得之"，而上述之兄癸卣（《考古图》作兄癸彝）亦得于邺。凡其所记之地，皆今出甲骨之小屯（宋人误以邺为相，认为河亶甲所居，即以今之小屯为河亶甲城；《彰德府志》因袭其误）。此又可证明其必为商器者也。①

《中国之铜器时代》是马衡 1927 年 3 月 27 日在日本东京大学的演讲词，后刊载于北京大学《研究所国学门月刊》1927 年 1 卷 6 号。此文是宋代以来青铜器断代方法的继承与发展，是青铜器科学断代的滥觞。但是，按照王世进一步对商周青铜器进行断代需要更科学的理论与方法。

郭沫若将青铜器断代的理论和方法提到了一个新的高度，科学准确的断代方法始于 1931 年郭氏所著《两周金文辞大系》（简称《大系》）。1934~1935 年，郭氏又将《大系》增订为《图录》和《考释》两部分，标准器断代法就是《大系》一书提出来的，这是青铜器断代史上最重要的贡献。陈梦家评价说：

> 郭沫若先生的《两周金文辞大系》，分为图录与考释两部分。图象部分是根据器形排列的，由此可以寻见铜器形制、花纹发展的过程；铭文部分于西周是分王朝为先后的，于东周是分国别的。这种作法，才为铜器断代研究奠立了基础。②

自郭沫若提出标准器断代法后，唐兰、陈梦家等人都在西周铜器断代方面做出了贡献。唐兰提出的西周铜器断代原则"康宫说"亦只

---

① 马衡：《中国金石学概论》，时代文艺出版社，2009，第 145~146 页。
② 陈梦家：《西周铜器断代》（上），中华书局，2004，第 353 页。

是确定"标准器"的一个原则。在《论周昭王时代的青铜器铭刻》一文中，唐先生积极地尝试了考古类型学断代法。由此可以看出，唐兰的西周铜器断代理论是不断发展演进的，为了考察唐兰在青铜器断代领域的历史地位及得失，我们首先要对西周青铜器断代的研究情况做一个简单的回顾和评述。

为了述说的方便，笔者将西周青铜器断代方法大致归纳为四种：一是以青铜器铭文为主的断代法（包括历朔断代法）；二是以考古类型学为核心的断代法；三是以铭文字体特征为主的断代方法；四是将考古类型学、古文字学等多种学科相结合的综合断代法。从整个青铜器分期断代研究的历史来看，单一地利用铜器铭文断代的方法已经逐步被以考古学方法为核心的综合断代法所取代。虽然众多的研究者都是综合利用多种方法来研究青铜器断代，但是受不同时期学科发展水平及个人学养的制约，学者多以某一方法为主而兼及其他，如有人以历朔推定为主，有人以类型学的型式划分为主。

刘启益在总结西周铜器断代历史时说：

回顾五十年来人们研究西周铜器断代的历程，大体上可以分为两个阶段：20世纪50年代以前，人们判定铜器常用的方法是依靠铜器自名，把铭文与文献对勘，利用人名辗转联系，或者采用对比法（即把不知时代的铜器与已知时代的铜器，从形制、花纹、书体上进行比较）确定时代，但这种方法只被偶一用之，尚未形成一个专门的方法。此外，还有人借助月相判断时代，但所得结果多不可靠。50年代初期，陈梦家较多地利用了对比法，但也只限于个别器物的对比，并没有把全部铜器进行排列对比。50年代中期以后，伴随国家社会主义经济建设的开展，考古工作迅猛开展起来，新资料不断出土，特别是同一个墓葬、同一个窖穴铜器的发现，为判明铜器与铜器之间的关系，提供了重要依据，考古工作人员利用形制对比推断铜器的断代，硕果累累，给我们的工作打下了良好的基础。[①]

　　刘先生按照时间来划分青铜器断代研究的历史阶段，这虽可以了解本学科的纵向发展史，但也容易忽略不同断代方法的发展史。学者早在 20 世纪 50 年代之前就已经开始从事类型学研究，如 1945 年 11 月，陈梦家"在纽约举行的全美中国艺术学会第六次会上，作过题为《中国青铜器的形制》的讲演。讲演除对器形研究作概述外，还举卣为例进行具体说明。他集中了所能获得的 250 多件卣的器形照片，根据盖、腹和提梁的形态，将其区分为 11 种形式（有的形式又细分为群，共计 19 群），进而论证各种形式之间的因袭、演变及其发展规律，推断各种形式所属年代"[②]。我们更重视不同断代方法的历史发展。下文就以不同的断代方法为主线介绍西周青铜器断代研究的历史。

（一）以青铜器铭文为核心的青铜器断代法

　　以青铜器铭文为主来进行断代的代表人物有吴其昌、郭沫若、唐兰、陈梦家等。其中历朔推定法是应用得比较早的，也是争议较多的一种方法。1915 年王国维发表《生霸死霸考》一文，这篇文章对西周青铜器铭文中出现的月相词进行了研究，提出了"月相四分说"，认为"古者盖分一月之日为四分。一曰初吉，谓自一日至七八日也；二曰既生霸，谓自八九日以降至十四五日也；三曰既望，谓十五六日以

---

① 刘启益：《西周纪年》，广东教育出版社，2002，第 63 页。
② 王世民：《陈梦家对殷周铜器研究的卓越贡献》，《汉字文化》2006 年第 4 期。

后至二十二三日；四曰既死霸，谓自二十三日以后至于晦也"①。"月相四分说"对西周铜器断代产生了很大的影响，20世纪20年代王氏弟子吴其昌的《金文历朔疏证》完成，这部著作便是以"月相四分说"为基础对西周铜器进行断代，全书共八卷，卷一至卷五的"疏证"部分以西周时期为限，"选择其中有历朔记载或人名，地名，记事记史透露年代信息的312种青铜器铭文进行考证、疏解，以详细而准确地研究铭文的年、月、日和朔望问题"②。卷六、卷七为"金文疑年表"，"选择二百三十四种无年代信息，但铭文在三十字以上且有裨史实考证的青铜器铭文，以进行年代的考察与推断"③。此书所收有铭青铜器按周王世系排列。

郭沫若批评这种专依后代历术来推定青铜器年代的方法说：

> 盖殷、周古历迄未确知，即周代列王之年代亦多有异说。例以恭王言，《太平御览》八十五引《帝王世纪》云在位二十年。《通鉴外纪》云在位十年，又引皇甫谧说在位二十五年，后世《皇极经世》诸书复推算为十二年，世多视为定说。然今存世有《趞曹鼎》第二器，其铭云："佳十又五年五月既生霸壬午，龏王在周新宫，王射于射卢。"龏王即恭王，谥法之兴当在春秋中叶以后，此之生称龏王，犹献侯鼎之生称成王、宗周钟之生称昭王、遹簋之生称穆王、匡卣之生称懿王。本器明言恭王有十又五年，彼二十五年说与二十年说虽未知孰是，然如十二年说与十年说则皆非也。视此可知专据后代历术以推步彝铭者之不足信。④

---

① 王国维：《观堂集林》，中华书局，1959，第21页。
② 吴其昌：《金文历朔疏证》，北京图书馆出版社，2004，出版说明。
③ 吴其昌：《金文历朔疏证》，北京图书馆出版社，2004，出版说明。
④ 郭沫若：《两周金文辞大系图录考释》（二），科学出版社，2002，第156页。

陈絜评价吴氏《疏证》说："他的著作在今人看来似乎存在许多问题，但在时隔七十多年之后，倘若我们能以比较客观的眼光重新审视，应该说吴氏所运用的这套研究手段，在方法论上有重要意义。从学理上讲，这是一种推断商周历法王年及推算金文资料绝对年代的最为科学的途径与思路。"① 从方法论的角度说，历朔推定法是科学的，陈絜对吴氏的评价也很中肯，但是这种方法是否实用还有待研究，我们将在下文中做评论。

吴氏的《疏证》受到郭沫若、唐兰等人的批评，主要原因是当时所能见到的西周年、月、月相、干支俱全的铜器铭文较少，而吴其昌又依据刘歆的"三统历"来制定西周历谱，这种历谱并不合天，与天象有较大差误，西周时期先天 2~4 天，所以利用此种历表讨论西周铜器断代及王年、月相均不合适。② "今日看来，吴氏研究具有的价值更多的是在学术史上，即他较早地作了利用西周青铜器铭文中的历法资料编订西周王年历谱的尝试，这对后世研究者无疑是具有重要启发作用的。"③ 利用历朔法来判断青铜器年代的前提是我们对西周历法的了解，而吴氏所在的年代这方面的研究还很薄弱。吴氏之后已鲜有学者单纯利用这种方法来对西周青铜器进行断代，研究的方向也转变为利用青铜器铭文来构拟西周历法。陈梦家提出了构拟西周年历的方法，陈氏说："西周年历的重拟，应该有步骤的做去：首先作铜器断代的工作，从花纹、形制和出土地寻求某组某群铜器外在的联系，再从铭文内容寻求其内部的联系；其次有了若干组、群可以大约断代的铜器，就其所记年月日推求各王在位的最低年数，从一个王朝的几组铜

---

① 陈絜：《商周金文》，文物出版社，2006，第 120 页。
② 张培瑜、卢央：《有关天文年代学的几个问题》，载《中国天文学史文集》编辑组编《中国天文学史文集》（第 5 集），科学出版社，1989。
③ 朱凤瀚、张荣明：《西周诸王年代研究述评》，载朱凤瀚、张荣明编《西周诸王年代研究》，贵州人民出版社，1998，第 415 页。

器排比其年月日的历组；最后由于各朝历组的排比而得西周历法的大概面貌（历法可以小小变易的），将前后相连接的铜器历法组串接起来，在串接过程中可以参考文献记载的王朝年数。"①

在西周历法研究领域，黄盛璋、马承源、刘雨、刘启益、张培瑜等人都取得了较大成就。② 有兴趣的研究者可以参看。

张培瑜总结西周历法研究的得失说：

> 完整的纪年铭文包括年、月、月相、纪日干支四项数据。这里的年，只是制器时或所记事件中某王的纪年。然究系何王之年，器铭中皆未明书。因此，不知器的王世，这是第一个问题。铭文所书年月日是历法的三个要素。其间有一种什么样的关系，将它们联系在一起。即，西周历法，历日制度内容如何，此事，文献无征，这是第二个问题。西周金文中月相术语主要有初吉、既生霸、既望、既死霸四种。另外也见月吉、既吉、方死霸等等名称。它们应如何解释。即，这些名词分别表示何种月相，说法不一，这是第三个问题。再加上，西周约近300年，共有十二个王及一段共和行政时期。共和以前各王的在位年数，每无定说。这样，围绕有关西周年代、历法，大约存在着这四方面的问题。③

---

① 陈梦家：《西周铜器断代》（上），中华书局，2004，第192页。
② 黄盛璋：《释初吉》，《历史研究》1958年第4期；马承源：《西周金文和周历的研究》，载上海博物馆集刊编辑委员会编《上海博物馆集刊——建馆三十周年特辑》，上海古籍出版社，1983；刘雨：《金文"初吉"辨析》，《文物》1982年第11期；刘雨：《再论金文"初吉"》，《中国文物报》1997年4月20日；刘雨：《三论"初吉"》，载张光裕、黄德宽主编《古文字学论稿》，安徽大学出版社，2008；刘启益：《西周金文中月相词语的解释》，《历史教学》1979年第6期；张培瑜：《西周年代历法与金文月相纪日》，《中原文物》1997年第1期。
③ 张培瑜：《西周年代历法与金文月相纪日》，《中原文物》1997年第1期。

张先生所列举的问题至今还是研究的重点和难点。近年发现的新材料也证明西周月相系统比我们想象的要复杂，利用这一方法为西周青铜器断代还存在阻碍。正如李学勤先生所说："我们对西周历法的了解还不够，例如 2003 年周公庙的周初甲骨上有'哉死霸'，荣仲方鼎有'生霸吉'，这两个月相词都是第一次发现，可能会改变我们之前对西周历法的认识。"① 由此可以看出，后人按照一定的方法推算出来的某一种历法，并非西周历法的原貌。即使是目前采用的以现代学术水平编制的合天历谱，也不是西周时期实际使用的历谱。所以仅仅依靠历法推断西周铜器的年代，其结论往往是不可靠的。当然，如果将历法作为参考标准，综合铭文、器形、纹饰等各方面来研究，历法断代还是能发挥其作用的。如马承源、刘启益等先生的论著以及"夏商周断代工程"的有关研究，都充分参考了历日方面的因素。总之，我们在用历朔推定法来判断青铜器年代的时候一定要慎之又慎。

吴其昌之后的郭沫若将西周青铜器的断代研究推向科学的轨道，20 世纪 30 年代郭沫若的《两周金文辞大系》出版，1934~1935 年他又将该书增补为《图录》和《考释》，所收铜器有所增加。1957 年，两书汇为《两周金文辞大系图录考释》一书，由科学出版社出版。这是一部划时代的著作，青铜器断代研究从此走上了科学化的道路。郭氏也是使用科学方法——标准器断代法对西周青铜器进行系统研究的第一人。"标准器断代法"在此书中得到了全面应用。郭沫若是如此定义他所总结的"标准器断代法"的：

> 我是先选定了彝铭中已经自行把年代表明了的作为标准器或联络站，其次就这些彝铭里面的人名事迹以为线索，再参证以文

---

① 李学勤：《试论新出现的𣪘方鼎和荣仲方鼎》，《文物》2005 年第 9 期。

辞的体裁，文字的风格和器物本身的花纹形制，由已知年的标准器便把许多未知年的贯串了起来；其有年月日规定的，就限定范围内的历朔考究其合与不合，把这作为副次的消极条件。我用这个方法编出了我的《两周金文辞大系》一书，在西周我得到了一百六十二器，在东周我得到了一百六十一器，合共三百二十三器，为数看来很象有限，但这些器皿多是四五十字以上的长文，有的更长到四五百字，毫不夸张地是为《周书》或《国语》增加了三百二十三篇真正的逸文，这在作为史料研究上是有很大的价值的。即使没有选入《大系》中的器皿，我们拿着也可以有把握判定它的相对的年代了，因为我们可以按照它的花纹形制乃至有铭时的文体字体，和我们所已经知道的标准器相比较，凡是相近似的，年代便相差不远。①

　　郭沫若的标准器断代法在《两周金文辞大系》及其他有关论著、书信中曾被反复提及。标准器断代法可概括为：①先选定年代明确的标准器；②再以标准器去联系其他器。联系有四个方面：一为人名事迹；二为文辞体裁；三为文字风格；四为花纹形制。郭沫若"标准器断代法"的核心是青铜器铭文所反映出来的年代信息，花纹形制等因素还只是参考要素。早在《大系》出版之前，郭沫若就已经自觉利用标准器法来进行青铜器断代了，如郭氏 1930 年发表的《毛公鼎之年代》一文（收入《金文丛考》），根据毛公鼎的"花纹形式"及人名、熟语等，将该器的年代确定在宣王时，纠正了过去的错误。《大系》的出版，是标准器断代法成熟的标志。

　　《大系》的体例与《金文历朔疏证》有相似之处，如西周铜器按

---

① 　郭沫若：《青铜时代》，中国人民大学出版社，2005，第 228~229 页。

时代先后著录，这与《考古图》等书按器类分卷的做法不同。《大系》将六国铜器依国别著录，这是其他著作未有之体例。西周铜器铭文是研究西周史的重要史料，而六国铜器铭文是研究春秋战国史的重要史料。前者是通史史料，后者是国别史史料。《大系》的体例实际上指明了青铜器研究的两个方向，这是郭沫若在青铜器研究领域的重要贡献。

郭沫若的"标准器断代法"直到今天还在使用，郭氏之后的唐兰、陈梦家等人所总结的青铜器断代理论都可以看作对这一方法的丰富和补充。

1934 年，唐兰发表《作册令尊及作册令彝铭考释》一文。唐兰在这篇考释中认为"京宫"是太王、王季、文王、武王、成王的宗庙；"康宫"是康王的宗庙，其中祭祀康王、昭王、穆王、共王、懿王、孝王、夷王、厉王、宣王九世。这就是唐兰"康宫说"的雏形。唐兰的观点一经提出便受到郭沫若、陈梦家等学者的质疑，1962 年唐兰又作《西周铜器断代中的"康宫"问题》一文，这篇长文详细论述了"康宫说"并对郭沫若、陈梦家等人的质疑做了回应。至此西周青铜器断代的"康宫说"理论宣告完成。此后唐兰依据"康宫说"完成了《论周昭王时代的青铜器铭刻》一文，晚年遗稿《西周青铜器铭文分代史征》已经写到穆王时期。"康宫说""昭王南征原则""周厉王名的考定"是唐兰考定的三个"断代原则"，这三个原则都是对"标准器法"的补充。唐兰利用这三个原则确定了若干标准器，通过与这些标准器的系联，对 300 多件青铜器进行了断代（根据《西周青铜器铭文分代史征》目录及附件所做的统计）。

1954 年，陈梦家着手撰写《西周铜器断代》，并分六次刊载在1954~1956 年的《考古学报》上，遗憾的是全文未能完成便去世了。2004 年经中华书局整理的《西周铜器断代》（以下简称《断代》）出版。《断代》一书强调"考古学资料经过科学的发掘、整理和研究以后，必然能得到这些物质资料本身在发展过程中的位序，而某些器物的种种方面的发展（如形制的，文饰的，铭辞的）又一定是相互平行而发展的。器物在发展过程中所显示的某些特征，应该和整个社会发展阶段是相应的。器物本身的研究应处处留意它在诸方面发展的平行的和一致的关系，而研究器物尤应密切的结合历史社会的研究"①。虽然陈梦家已经认识到考古类型学在青铜器断代上的重要性，但其所著《断代》仍以铜器铭文为断代主线，他说"铜器内部的联系（即铭文的和形制、花文的）在断代上是最要紧的"②，这其实是对郭沫若"标准器断代法"的丰富和补充。在这部著作中陈氏将铭文内部的联系分为同作器者、同时人、同父祖关系、同族名、同官名、同事、同地名、同时等项，如成王铜器下便分为克商、伐东国、伐盖楚、伯懋父诸器、明保诸器等 10 组，这种分组方法要比郭沫若和唐兰的断代更合理、更科学，读者可以迅速地通过目录看出各组铜器的内部联系，这种分组方法大概得益于陈氏在甲骨文分期断代方面所积累的经验。唐兰在《西周青铜器铭文分代史征》中也是按照人物或事件的联系来排列铜器的，不过与陈梦家相比，唐兰的排列方法虽然有了分组的意思，但却没能提炼出每一组的核心线索，这样就使整个铜器排列看起来杂乱，条理不够清晰。此后刘启益的《西周纪年》、彭裕商的《西周青铜器年代综合研究》都借鉴了陈梦家的这种分组方法。

郭、唐、陈三人在青铜器断代时并不满足于铜器铭文所提供的时代信息，他们同样重视花纹与形制，只是由于时代的局限，在当时科学发掘的青铜器数量有限、类型学方法还未普及的情况下，他们将铭文内容作为青铜器断代的第一要素。郭沫若的"标准器断代法"经唐

①　陈梦家：《西周铜器断代》（上），中华书局，2004，第 357 页。
②　陈梦家：《西周铜器断代》（上），中华书局，2004，第 355 页。

兰、陈梦家两位先生的发展已经趋于完善，如今大批无铭文的西周青铜器出土，"标准器断代法"已经显示出它自身的局限性，因此必须引进新的更科学的方法来弥补"标准器断代法"的不足。

（二）以考古类型学为核心的青铜器断代法

类型学的方法可以补"标准器断代法"的不足，应用这种方法可以对大量无铭文青铜器进行分期断代。中国学者应用类型学理论来研究出土器物的时代始自 20 世纪三四十年代。类型学理论应用于青铜器断代，肇始于李济对殷墟出土商晚期青铜器的研究。李济 1932 年发表《殷虚铜器五种及其相关之问题》（收入《庆祝蔡元培先生六十五岁论文集》），1948 年发表《记小屯出土之青铜器》（《中国考古学报》第 3 册），这两篇文章是利用类型学方法来研究青铜器的奠基之作。"李济的青铜器标型学研究是中国青铜器研究开始彻底摆脱旧的金石学制约走向科学轨道的重要标志之一。"[①] 新中国成立以后，田野考古发掘为青铜器研究提供了前所未有的重要研究资料，尤其是近年来西周考古工作取得了重大进展。陕西的扶风、岐山、眉县等地多次发现西周青铜器墓葬或窖藏，其中影响较大的有：1983～1986 年发掘的长安张家坡西周墓出土的井叔扁足鼎、井叔方彝等多件青铜器。[②] 1975 年扶风庄白村发掘的西周墓中出土铜器 18 件，其中 11 件有铭文，茲鼎、茲簋都有长篇铭文。1975 年，岐山董家村发现一个西周铜器窖藏坑，共出 37 件西周青铜器，其中 30 件有铭文，五年和九年卫鼎、廿七年卫簋、三年卫盉等器均有长篇铭文。1976 年扶风庄白村发现青铜器窖藏，出土青铜器 103 件，其中 74 件有铭文，最重要的墙盘有长篇铭文。眉县在历史上多次发现青铜器，2003 年又在杨家村发现西周青铜

---

① 朱凤瀚：《古代中国青铜器》，南开大学出版社，1995，第 37 页。
② 中国社会科学院考古研究所编著《张家坡西周墓地》，中国大百科全书出版社，1999。

器窖藏，出土 27 件铜器，每件都有铭文，其中的逨盘、四十二年逨鼎、四十三年逨鼎都有长篇铭文。大量西周铜器通过科学发掘出土，使我们有条件对西周青铜器做类型学研究。

1981 年，郭宝钧《商周铜器群综合研究》一书由文物出版社出版。该书取材于出土的成群的资料共 2000 余件，以几个地点可靠、时代明确的分群作为各时期的界标，再以之推论其他年代相近的铜器群。作者从青铜器数量的统计、铸造的进展、形制的演变、花纹的风尚、铭文的刻铸、用痕的遗留、组合的变化七个方面，进行了综合研究，提出了关于青铜器分期断代的器群界标法。郭氏将商代二里岗到战国共立六个界标：①郑州二里岗铜器群（中商）；②安阳小屯铜器群（晚商）；③长安普渡村铜器群（西周）；④陕县上村岭铜器群（东周初年）；⑤寿县蔡侯墓铜器群（春秋晚期）；⑥寿县朱家集、信阳长台关铜器群（战国晚末）。①

1988 年，李丰发表《黄河流域西周墓葬出土青铜礼器的分期与年代》，此文主要利用墓葬出土的铜器群来研究西周铜器发展演变的规律，除形制、花纹外，还依据以下几个要素：①所出墓葬的层位关系；②不同器类的共存关系及同类器物不同型式的共存关系；③铜器群的组合关系及各种器物的数量关系；④铜与其他质地器物的共存关系。该文讨论了关中及周围地区的 137 座墓葬，除 41 座墓资料太少不做分期外，将其余的 96 座墓葬分为六期，讨论了各期铜器的组合、器形等方面的特点。文中还对流行于各期的铜器做了较为详细的型式划分。②

1988 年，卢连成、胡智生出版《宝鸡弜国墓地》一书，书后附录《陕西地区西周墓葬和窖藏出土的青铜礼器》对陕西地区西周墓葬和

---

① 郭宝钧：《商周铜器群综合研究》，文物出版社，1981。

② 李丰：《黄河流域西周墓葬出土青铜礼器的分期与年代》，《考古学报》1988 年第 4 期。

窖藏出土的青铜礼器进行了整理和研究。作者对 136 座西周墓中出土的 749 件容器做了较为详细的型式划分，勾画出了各器类发展变化的大致脉络。在此基础上，作者将出青铜礼器的西周墓葬分成了五期七段，最后详细剖析了各期墓葬所出青铜器的组合特点及其与同出陶器的对应关系。书中推定五期的绝对年代为：第一期约当王季、文王之时；第二期约当周初武成到昭王晚期；第三期主要属穆王，下限到恭王；第四期当懿王至夷王时；第五期当厉王至幽王时。[①]

1995 年，朱凤瀚出版了综合性论著《古代中国青铜器》，该书第三章"青铜器的分类与定名（上）"对青铜器中的食器、酒器、水器、量器都做了型式分类，第四章"青铜器的分类与定名（下）"又对青铜乐器、兵器、车马器、青铜工具做了型式分类，第五章"青铜器纹饰"又对青铜器纹饰做了型式分类，第十一章在已有研究成果的基础上，根据考古发掘资料，对西周青铜器进行了分期研究。他把关中和洛阳地区的西周青铜器分成了五期，每期都选择若干个铜器组合较为完整的典型墓葬，据此研究铜器的组合关系及其与并存陶器的对应关系，同时还对各期铜器的特征做了较为详细的论述。各期相当的年代为：第一期约在武王至康王时；第二期约在康王晚期至昭王时；第三期约在昭王晚期至恭王一段时间内；第四期约在懿王至孝王间；第五期约在夷王至幽王时。朱凤瀚《古代中国青铜器》以考古学为根据，充分利用类型学研究方法，注意到了青铜器的区域特色，可以说是第一部全面系统地研究商周青铜器的著作。

夏商周断代工程启动之后，《西周青铜器分期断代研究》于 1999 年出版，这是"西周列王的年代学研究"的阶段性成果。王世民、陈公柔、张长寿三位学者对鼎、鬲、簋、盨、尊、卣、壶、方彝、盉、

---

① 卢连成、胡智生：《宝鸡㲄国墓地》，文物出版社，1988。

盘、钟 11 类 352 件标本，逐类按其形制进行详细的分型、分式研究。此书最大的优点是选取材料的典型性，书中所选材料包括：

> （1）西周高级贵族大墓发掘出土的铜器。这些大墓，不仅随葬成套的青铜礼器、兵器和车马器，而且常有呈一定组合的陶器伴出，而随葬陶器已有缜密的分期研究，相对年代和共存关系明确可信。（2）保存情况较好的西周青铜器窖藏。（3）传世品中的成组铜器。这些同坑、同组的西周铜器，共存关系也较清楚，作器时间相同、相近或前后关连，在断代研究中可供通盘考虑。（4）零星出土和传世品中的标准器。这类铜器的铭文都已表明自身所属王世，学者意见一致或比较一致。（5）其他有重要铭文的铜器，特别是年月历日四要素俱全的铜器。[①]

此书所收材料可信度更高，与 20 世纪初学者主要依靠传世品来研究西周青铜器断代相比，这是一次质的飞跃。这部书另一个特点是重视无铭文的青铜器，这是非常重要的，只有将所有西周铜器做类型学研究才有可能排出整个西周青铜器发展的序列。当相对年代的研究成熟之后才有可能对某些有重要铭文的青铜器做绝对年代研究。西周青铜器类型学研究还不够完善是断代意见出现分歧的主要原因。

以上各家基本上是依托考古学进行青铜器分期断代研究。这种研究便于掌握青铜器发展变化的脉络，可以相对准确地判断青铜器的绝对年代。

（三）以铭文字体特征为主的断代方法

宋代学者已认识到字体在青铜器断代中的作用，如《考古图》王

---

① 王世民、陈公柔、张长寿：《西周青铜器分期断代研究》，文物出版社，1999，第 3 页。

子吴飤䤩下说："字体与鄱子钟相似，盖周末接战国之物。"①《绍兴内府古器评》商若癸鼎下说："商人制字，类取诸物以为形象，盖书法未备故也"；商尊下说："商人制字，大抵多取诸物以为形，故间有不能以偏旁辨者，盖书法尚未备耳。"②

宋人只是认识到书体可以作为断代依据，但并未深入研究。直到清代学者方浚益才有意识地总结青铜器书体的时代特征。方氏在《缀遗斋彝器款识考释》中说：

夏商但有古文，其籀书小篆之递兴皆在周世，则欲考有周一代之文字必自审其书势始矣。故凡画中肥而首尾出锋者蝌蚪也，古文体也。画圆而首尾如一者，玉箸也，籀篆体也。③

方氏虽总结了青铜器铭文的书体特征，但体例疏略，实践中难以操作。此后学者，如吴其昌、郭沫若等人在青铜器断代时虽偶有以书体断代之例，但语焉不详，难以判断其断代标准。

至于书体特征是否可以作为断代的决定因素，学者还有一个逐步认识的过程。陈梦家先生在分析青铜器铭文行款时提出四条注意事项，其中第（3）（4）条说：

（3）铭辞的书写者与铸作者不是一人；同一器主的铭文可以由不同人书写，故同一器主之器铭除时有早晚而影响字体外，亦有因书写者的作风不同而稍异。（4）不同字体稍异，即写法亦有所不同，如值之三器，"益""易"并见。由于铭文所表现的情

①　廖莲婷整理《考古图（外五种）》，上海书店出版社，2016，第16页。
②　廖莲婷整理《考古图（外五种）》，上海书店出版社，2016，第354、357页。
③　方浚益：《缀遗斋彝器款识考释》，商务印书馆，1935，第4页。

况，亦足以解释同一器主的若干器，其形制、花纹的稍异，亦由于铸作者之并非一人，不仅由于时有早晚。①

陈先生指出的同一器主的铭文可以由不同人书写的问题在字体断代中必须重视。陈氏观点的核心是书体的不同可能是书手的不同风格造成的。

唐兰晚年对青铜器铭文的字体风格进行了深入的分析，他将字体结构与字体的书法风格作为具有断代功能的独立因素进行分析，在《论周昭王时代的青铜器铭刻》一文中说：

> 在文字结构方面，文王武王的文武两字加上王字偏旁作玟珷恐怕是康王时开始的。作册大鼎说"公来铸武王成王异鼎"，所记是康王初年召公铸鼎时事，武字还没有加王旁，可是宜侯矢簋的"珷王成王"，珷字已经加王旁，德方鼎说"王在成周，征珷禋自蒿"，也从王旁，而盂鼎玟珷两字都从王，则已是康王末年了。王旁只加在文武两字，成王的成就不加，是应当有用意的。还有瓒字门铺，可能是丰宫的门上用的，丰是文王王业始基的地方，所以也加上王旁。昭王时代的中方鼎"易于珷王作臣"，那显然是沿袭康世的。成王时的保字不从玉旁，而康王时的作册大鼎已经从玉作儥了，以后一段时间内，凡是太保的字没有不从玉的，昭王时器当然也是如此。这大概由于把保字借作宝字，而又作从玉保声的形声字的缘故。至于对扬字，昭王时代经常只有对王休不用扬，在用扬的时候则大都只作眣或猌，只有小子生方尊、不指方鼎、作册睘卣和作册魖卣才从玉旁作珢或瑹，而前三器皆

---

① 陈梦家：《西周铜器断代》（上），中华书局，2004，第74页。

作于昭王晚年，可见这是昭王时的新体。作册矢令簋用辰字来代替扬是其它器里没有见到过的。启卣的㴱川，用川来代表水旁，毛公旅鼎"肆母又弗虩，就是从言竞声。总之，昭王时代就文字来说也是有其特征的。"①

以上所言是字体的时代性，唐兰又从书法角度总结说：

再从书法来看，昭王初期的书法和康王时是十分类似的。我们只要看旟鼎之于大盂鼎，作册矢尊和方彝之于小盂鼎，互相一对照，就看得很清楚了。这一种书法风格是谨严庄重，行格分布比较匀称的。但昭王后期有些器铭变化很大，作册矢令簋和作矢尊和方彝的文字书法截然不同。𣄰驭簋、过伯簋、䵼簋、麦方鼎等都属于这一种，笔划纵恣，神态流宕，写得好的，奇诡而又酣畅。铜器铭刻里这种极其突出的如：伯裒卣、伯者父簋、蕭尊、㪤尊等大都应属于这一时代，但有些可能到穆王初期，如趞鼎，尽管笔划也很纵恣，但命官赏赐跟昭王时代有很大的不同，应该属于穆王了。有些小字的铭刻，如师旄鼎，作册魖卣等，可以看出穆王时代小而秀美的书法所出由。至于像沈子也簋那样，一个字往往拉得很长，好像是两个字，作册麦尊也有这种倾向。显然也是昭王时代书法的一个特点。总之，西周时代的书法每一阶段有其特点，对于断代也很有帮助，固然上下限不能很严格，昭初有类康王，昭末又略近穆初，但昭王时代决不同于成王，穆王时代，也一定有异于康王，这种大概的轮廓是可以定得下来的。②

---

① 唐兰：《论周昭王时代的青铜器铭刻》，载《古文字研究》（第2辑），中华书局，1981。
② 唐兰：《论周昭王时代的青铜器铭刻》，载《古文字研究》（第2辑），中华书局，1981。

随着甲骨文"先分类，后断代"的研究思路被认可，字体特征作为断代标准的观点被越来越多的古文字学者认可。如张懋镕《金文字形书体与二十世纪的西周铜器断代研究》以"标准器法"为基础，选取令、公、宝、障四个代表字，据其形体特征对作册矢令器、御正卫盉、颂鼎等十二件争议较大的铜器再次进行了断代。①

《考古学报》2010年第1期发表了刘华夏遗作《金文字体与铜器断代》，刘氏将字体特征作为青铜器断代的重要标准，并且提出了切实可行的操作方法，如在"铭文的选择""关键字的选择""确定关键字相对年代特征的具体做法"等四个方面都确立了操作标准。刘华夏十分推崇孙次舟《虢季子白盘年代新考》一文，认为此文是利用金文字体考证青铜器年代的代表作，因此刘氏据《虢季子白盘年代新考》的体例，选取"贝""宀""易""尊""王""首""马""叔""正""其""公""水"十二个关键字，并运用类型学方法对每个关键字进行类型划分。《金文字体与铜器断代》一文发表后，掀起了金文字体研究的一个小高潮，刘志基发表了《西周金文"贝"之字体再研究——兼论断代分期视角的青铜器铭文字体研究的"字体"界定问题》②《微族同文器字体研究》③ 等文章。这期间亦有相关博士、硕士学位论文发表，如陕西师范大学王帅的博士学位论文《西周金文字形书体演变研究与铜器断代》。④

金文字体研究与甲骨文字体研究都是以类型学方法为核心。"选定少数关键字来研究金文字体，已成为学界公认的方法。这种方法的

---

① 张懋镕：《金文字形书体与二十世纪的西周铜器断代研究》，载《古文字研究》（第26辑），中华书局，2006。

② 刘志基：《西周金文"贝"之字体再研究——兼论断代分期视角的青铜器铭文字体研究的"字体"界定问题》，载《中国文字研究》（第24辑），上海书店出版社，2016。

③ 刘志基：《微族同文器字体研究》，载《中国文字研究》（第26辑），上海书店出版社，2017。

④ 王帅：《西周金文字形书体演变研究与铜器断代》，博士学位论文，陕西师范大学，2015。

合理性在于，绝大部分的金文用字出现次数太少，没有覆盖可供比较的不同断代乃至不同器铭。"① 利用字体特征来判断青铜器年代的方法已被学术界广为接受，但在某些"关键字"的分类分期方面还有争议，如刘华夏在《金文字体与铜器断代》一文中将"贝"字分为三十八类，其中十二种是依时代先后分类，刘志基在《西周金文"贝"之字体再研究——兼论断代分期视角的青铜器铭文字体研究的"字体"界定问题》一文中对"贝"字的分析则与刘文多有不同。

　　值得注意的是，金文字体研究可以借鉴甲骨文字体研究的方法，但却不能照搬照抄。刘志基指出：

　　　　殷商甲骨文和西周金文的写字人有了很大的数量差异。从空间上来看，殷商甲骨文只是河南安阳小屯村这个点上发现的文字，且其主体又只是王卜辞，由于占卜主体只是个别人，较少数量的写（刻）手也就足够满足需要。因为写手数量少，写手字迹与断代特征的对应性就比较强，明确写手字迹就有了较多的分期断代意义。而西周金文的情况则大不相同，铭文地域分布大大扩展，作器者除了周王还有众多诸侯贵族。因为每个作器者一般都会拥有自己的写字人乃至书写团队，这势必导致西周金文的写手数量较之甲骨刻手大大增多，我们的调查表明，即便同一作器人同时所作同文器铭，字迹往往也是出自不同写手笔下，如1976年12月出土于陕西扶风县法门公社庄白大队同一窖藏微族器中的商尊与商卣、丰尊与丰卣、十三年㝬壶的器铭与盖铭、㝬钟甲组四铭等。写字人队伍的扩大势必导致具体写手的字迹与特征断代的

---

　　① 刘志基：《西周金文"贝"之字体再研究——兼论断代分期视角的青铜器铭文字体研究的"字体"界定问题》，载《中国文字研究》（第24辑），上海书店出版社，2016。

对应性大大弱化。①

影响青铜器铭文字体特征的因素较多，至今仍有未知领域需要我们去研究发掘。以青铜器用途而论，据吴镇烽先生研究，青铜器中的"遗器""行器""从器""走器"都是用于死者随葬的器物。②因其明器的性质，这类青铜器多数具有铸造粗糙、字迹模糊等特点。在应用字体断代时，我们必须考虑明器与礼器在字体上的差异。

总之，金文字体与青铜器断代这一课题虽然取得了显著的成就，但因影响字体特征的因素较复杂，相关理论仍有待完善。单纯使用字体特征为青铜器断代，在具体操作中仍有困难。

（四）考古类型学、古文字学等多种学科相结合的综合断代法

单纯依靠类型学研究方法只能对青铜器做相对年代的判定，如果确定青铜器的绝对年代必须考虑铜器铭文所反映的时代特征，这样利用铭文断代的"标准器法"与考古类型学相结合的方法就成为西周青铜器断代的主流方法。1996 年启动的夏商周断代工程在西周年代学研究部分充分利用了这种综合法，断代工程对考古文化序列、传世文献、青铜器铭文等有关西周纪年的史料都做了多学科的交叉研究，确定了 63 件有准确纪年的标准器。利用多种方法对西周青铜器做断代研究的还有刘启益、彭裕商、陈佩芬等学者。

2002 年 4 月，广东教育出版社出版了刘启益的《西周纪年》，此书分上下两编，上编谈西周纪年，下编谈西周铜器断代。刘氏在此书

---

① 刘志基：《西周金文"贝"之字体再研究——兼论断代分期视角的青铜器铭文字体研究的"字体"界定问题》，载《中国文字研究》（第 24 辑），上海书店出版社，2016。

② 吴镇烽：《论青铜器中的"行器"及其相关器物》，复旦大学出土文献与古文字研究中心网站，2018 年 9 月 11 日，http://www.gwz.fudan.edu.cn/Web/Show/4287。

中提出了自己的断代方法"类型研究、月相、共生关系,是构成我铜器断代方法上的三个要素"①。"我在过去工作的基础上,把西周铜器的时代作了一次清理。在方法上,我较多地利用了对比法(引者按即类型学方法)。具体办法是:把铜器分成若干类型,每一类按已知时代早晚来排列先后,在排列中观察器形的发展序列,序列形成了,每一类铜器形制的变化特点就出来了。这样不知时代的铜器也可以根据它在序列中的位置卡定其年代;这样,也可以检验前此拟定的铜器时代是否正确。"② 此书在各王世铜器的后面,多附有对考定年代具有重要意义的铜器墓葬信息,这些墓葬都是考古发掘所获,墓中的铜器组合关系和伴出陶器的情况等都很清楚,对了解某一王世青铜器的总体特征有很重要的意义。

2003 年彭裕商先生的《西周青铜器年代综合研究》出版,此书对西周青铜容器做了型式划分,彭氏的类型划分与朱凤瀚、张长寿等人的型式分类有许多相似之处,只是类型的名称略有不同,例如朱、彭二人都据鼎的腹部形制的不同将其划分为六类,张长寿等人则分为五型。朱氏的鬲鼎相当于彭氏的分裆圆鼎、张氏等的分裆柱足鼎。书中对 359 件西周青铜容器做了断代,凡能确定王世的均定为某王,不能确定王世的分为早、中、晚三期。在具体断代过程中彭氏参考了陈梦家的断代体例,例如成王时期的青铜器根据人物或事件的联系分成若干组。书中还对《尚书》《左传》《史记》《逸周书》等文献中"周公摄政"等西周重要史迹做了梳理,这部分可以补充陈梦家《西周铜器断代》下编的不足。③

2004 年陈佩芬的《夏商周青铜器研究》一书由上海古籍出版社出

---

① 刘启益:《西周纪年》,广东教育出版社,2002,第 1 页。
② 刘启益:《西周纪年》,广东教育出版社,2002,第 63~64 页。
③ 彭裕商:《西周青铜器年代综合研究》,巴蜀书社,2003。

版，此书主要是对青铜器做形态学的分析，书中收录的著名青铜器比比皆是，这是其突出之点。铭文有释文，更有关于其内容重要性的扼要说明，并附有著录书目，可供读者参考。特别值得注意的是，书中收录了 1991 年以后从境外征集回归青铜器的长篇铭文，这也是难能可贵的。书中共收西周青铜器 240 件，将其分为早、中、晚三期，铭文本身能说明王世的则归入某王。这部著作是西周青铜器断代研究不可或缺的参考资料。

通过对四种断代方法的分析，我们可以看出，西周铜器断代由早期以"铭文为主"的"标准器法"发展到考古类型学方法，最终发展为利用铭文、形制、花纹等信息进行断代的综合研究法，这是学术的进步。早期的"标准器法"着重讨论有铭铜器，其结果往往是判断铜器的绝对年代，即将某器具体归入某王世。而考古学的方法，依据的主要是考古发掘中出土器物的信息，着重讨论铜器的分期，年代范围相对较宽，但其结论是可靠的。综合研究法既可作相对年代的研究也可作绝对年代的研究，是最先进的青铜器断代方法。

还有一些学者，虽未有系统研究西周青铜器年代的专著，但也撰有若干论文，在研究方法上和铜器年代的考定上，都做出了重要贡献。如陈公柔、张长寿《殷周青铜器上鸟纹的断代研究》①《殷周青铜器上兽面纹的断代研究》② 是利用青铜器纹饰进行断代的重要文章。李学勤《西周中期青铜器的重要标尺——周原庄白、强家两处青铜器窖藏的综合研究》提出以年代序列较为明确的若干铜器窖藏作为考定铜器年代的标尺，这样的若干器群"各器间不仅有横的联系（同器主

---

① 陈公柔、张长寿：《殷周青铜器上鸟纹的断代研究》，《考古学报》1984 年第 3 期。
② 陈公柔、张长寿：《殷周青铜器上兽面纹的断代研究》，《考古学报》1990 年第 2 期。

同时代的器物），也要有纵的联系（器主家族几个世代的器物）"①。1999 年 10 月，辽宁大学出版社出版了《夏商周年代学札记》，此书收录了李先生多篇有关西周青铜器断代的论文，其中包括有关晋侯苏编钟、膳夫山鼎、静方鼎等青铜器的最新研究成果。这些论文为西周青铜器断代提供了新的研究思路。

马承源主编的《商周青铜器铭文选》虽不是专门的断代著作，但书中收录的西周青铜器是以年代先后为序的，其中包括编者的断代观点。国外学者如日本的白川静、美国的夏含夷等都在青铜器断代领域做过研究。②

近年来随着新出土青铜器的增多以及夏商周断代工程的持续开展，青铜器分期断代研究渐成热点，发表的论文数量也不断增加。如《西周青铜器断代两系说刍议》③ 和《西周诸王年代研究》④，博士学位论文有《西周有铭铜器断代专题整合研究》⑤ 等。此类著述颇多，这里不一一列举。

早在 20 世纪 40 年代，容庚《商周彝器通考》便已注意到断代史和断代方法，如该书第四章名为"断代"，包括对各个时期断代方法的评论。⑥ 夏商周断代工程启动后，西周青铜器的断代研究达到了一个高潮，与此同时回顾青铜器断代史和反思断代方法的文章也陆续发表。2003 年彭裕商《西周青铜器年代综合研究》出版，此书第一章为"西周年代研究的历史回顾"，第二章为"关于铜器分期研究的方法与

①　李学勤：《西周中期青铜器的重要标尺——周原庄白、强家两处青铜器窖藏的综合研究》，载《新出青铜器研究》（增订版），人民美术出版社，2016，第 71 页。

②　〔日〕白川静：《西周彝器断代小记》，（台北）《历史语言研究所集刊》36 本上册，1965；〔美〕夏含夷：《古史异观》，上海古籍出版社，2005。

③　张懋镕：《西周青铜器断代两系说刍议》，《考古学报》2005 年第 1 期。

④　朱凤瀚、张荣明编《西周诸王年代研究》，贵州人民出版社，1998。

⑤　陈曦：《西周有铭铜器断代专题整合研究》，博士学位论文，北京语言大学，2006。

⑥　容庚：《商周彝器通考》，上海人民出版社，2008。

标准"。2002 年杜勇、沈长云合著的《金文断代方法探微》出版，全书将断代方法划分为"标准器断代法"和"历朔断代法"两种。在"标准器断代法"下，作者对目前学术界争论较多的"时王生称说"、"康宫问题"和"考古类型学"都做了分析，这是一部专门讨论青铜器断代方法的著作，其中的许多观点值得我们参考。① 2006 年陈絜所著《商周金文》出版，此书第四部分"20 世纪金文资料的史料化进程（下）——商周金文分期断代与分域研究"专门讨论了青铜器的断代历史和各种断代方法，将青铜器断代方法分为"标准器比对法"和"历朔推定法"两种并对两种方法做了深入的探讨，评价了不同断代方法的优劣。②

综观西周铜器年代研究的现状，还有不足之处，彭裕商将这些不足归纳为以下几个方面。

自郭沫若先生以来的"标准器"断代法，所依据的材料以传世铜器为多，其研究以铜器铭文为主，虽也结合器形纹饰，但处于次要地位，主要是依据铜器铭文考定器物所属的王世。这种方法的优点是对铜器年代的判定相对较为准确。通过多年的努力，目前学者对多数传世器的年代已有了大体一致的看法，其成果必将为今后的工作所继承。但也要指出的是，有明确年代特征的铭文很少，目前所见仅天亡簋、利簋、献侯鼎、长白盉、遹簋、史墙盘、史趞曹鼎、克钟、吴虎鼎等十数件，而铭文没有明显年代特征的铜器是绝大多数，这些铜器数量大，器形多样，纹饰复杂，不能一一与"标准器"相对照。有些即使勉强能对照，也存在或多或少的区异。这样，通过"标准器"来考定这些铜器的年

① 杜勇、沈长云：《金文断代方法探微》，人民出版社，2002。
② 陈絜：《商周金文》，文物出版社，2006，第 97～137 页。

代，往往就会见仁见智了。而且，即便是年代明确的"标准器"，也会因其它相关问题（如谥法等），而在年代上产生小的分歧，因此这项工作尚须深入进行。

从考古学的角度对铜器进行的分期研究，其长处在于能广泛地将某一时期的铜器联系成相关的群组，在分期研究的基础上，把握某一时期铜器在组合、器形、纹饰以及铭文等方面的基本特征。目前这方面的工作进展很大，已基本上建立起了西周铜器发展演变的框架，为今后的铜器年代研究打下了坚实的基础。但正如前面说的，这方面的研究一般不把铜器的年代落实到具体王世。

对金文中反映的西周历法，经过多年的探索，已日益广泛地运用在铜器年代研究中，目前已成为考定铜器年代的因素之一。但西周历法的原貌现在尚不十分清楚，因而在利用金文历日材料的时候应持十分谨慎的态度。①

第二节 "康宫说"的提出与发展

前文介绍了西周青铜器断代中的"标准器法"、类型学方法、特征字体断代法以及多学科相结合的综合法四种主要方法。如果只是对铜器做相对年代的判断，类型学方法便足够了，而且这种方法也最科学。可是青铜器铭文中往往包含作器年代的信息，学者希望通过研究判断这部分青铜器的绝对年代。

---

① 彭裕商：《西周青铜器年代综合研究》，巴蜀书社，2003，第11~12页。

西周青铜器断代中的"康宫说"又称为"康宫原则",是一种判定铜器绝对年代的方法。此说的核心是将铭文中出现"康宫"字样的铜器断在康王之后。据唐兰统计,在西周青铜器铭文中,言及"康宫"一词的,大体上可以分为两类。一类是单言康宫的,另一类是言康某宫、康宫某宫、康宫某大室的。第一类包括令方彝(《殷周金文集成》09901,以下简称《集成》)"明公……用牲于康宫",卫簋(《集成》4209~4212)"王格于康宫",伊簋(《集成》4287)"王在周康宫",等等;第二类包括颂鼎(《集成》2827)"王在周康昭宫",裘盘(《集成》210172)"王在周康穆宫",吴虎鼎(《新收殷周青铜器铭文暨器影汇编》709,下文引用此书简称《新收》)"王在周康宫徲宫",克钟(《集成》204)"王在周康剌宫",訇攸从鼎(《集成》2818)"王在周康宫徲太室",望簋(《集成》4272)"王在周康宫新宫",等等。据笔者统计,这类铜器有30多件。① 前一类有的称"康宫",有的称"周康宫",其中心不离"康宫";后一类有的称"康宫某宫",有的称"康某宫",康宫成了限定空间范围的词语,中心词则是昭宫、穆宫、徲宫、剌宫、新宫之类。这些不同类型的宫名长时间未引起学者的注意,康宫问题成为人们争论的焦点是从令方彝的发现与考释开始的。

20世纪20年代末河南洛阳邙山马坡出土一批西周青铜器,其中包括两组器物,即作册令组与臣辰组(又称士上组)。令彝(《集成》09901)、令簋(《集成》4300)都有长篇铭文,其内容颇为重要,受到学者的广泛关注。1929年9月,令方彝的收藏者罗振玉在日本首次公布彝铭内容,并发表了名为《矢彝考释》的文章,罗氏在"甲申明公用牲于京宫乙酉用牲于康宫"下考释说:"用牲,告庙也。京宫,

---

① 据《殷周金文集成》《近出金文集录》《新收殷周青铜器铭文暨器影汇编》统计。

殆镐京之宫。告武王康宫殆告康王。康宫屡见古礼器，扬敦王在周康宫，鬲攸从鼎同。君夫敦，王在康宫太室。颂敦，王在康邵宫。寰盘，王在周康穆宫。均谓康庙。"① 罗氏又在《矢彝考释跋》中说："予乍读其文，见'王所以命周公者'至'尹三事四方'，疑为命元公摄政，既见'成周'及'康宫'字，乃知为成、康以后物。文中之周公，盖元公后人之为卿士者。"②

罗振玉的考释文章问世不久，郭沫若先后写了《由矢彝考释论到其他》《矢令簋考释》等文章，郭氏曰：

> 罗因铭中有"成周"及"康宫"字断为成、康以后物。故其解"王命周公子明保"云："周公者周公旦之后，世为王卿士者。（原注：《史记·鲁周公世家索引》，周公元子就封于鲁，次子留相王室，代为周公。）子明保，犹洛诰言'明保予冲子'，多方言'大不克明保享于民'。命周公子明保，盖命周公掌邦治"。又其解"命矢告于周公宫"云："命，王命也。矢，史官名，周公宫，周公旦之庙。"

> 余案罗释非是。周之东都即成王在时已称成周。《史记·鲁周公世家》"周公在丰，病，将没，曰，'必葬我成周，以明吾不敢离成王'。"又《卫康叔世家》"管叔、蔡叔疑周公，乃与武庚禄父作乱，欲攻成周"，此均其证。盖周初并无谥法，所谓文、武、成、康、昭、穆，均生时之王号，如宗周钟之邵王，遹簋之穆王，均二王在世之器。又'康宫'与'京宫'对文，则可知康宫必非康王之庙，不然则古彝器中何绝不见成宫、武宫、文宫等

---

① 转引自《唐兰全集》，上海古籍出版社，2015，第101页。
② 罗振玉：《罗振玉学术论著集》（10上），上海古籍出版社，2010，第281页。

字耶？故因成周与康宫字样即定为成康以后器，证据实甚薄弱。①

郭氏征引明公簋（《集成》4029）与令彝比较，以证令彝中的明保、明公为鲁公伯禽，"明公之为鲁侯，鲁侯之即伯禽，伯禽之本名为保，由此二器可以合证"②。"则周公自系为周公旦，《矢彝》自系周初之制作。"③ 郭氏又据令簋"唯王于伐楚伯，在炎"之文，联系禽簋（《集成》4041）"王伐楚侯"与作册夨卣（《集成》5407）"王在斤"等内容，谓"斤、炎、奄，当同是一地之异译"，诸铭所记即"周初伐淮夷践奄前后数年事"，故"王伐楚伯"之王即成王，则所谓"王姜"当即成王之后。由此定令方彝、令簋之制作时代必在成王之世。④

1934 年，唐兰发表《作册令尊及作册令彝铭考释》一文。唐兰对铭文中的"京宫""康宫"做了较为详细的考释：

"京宫"者，太王、王季、文、武、成王之宫也。（罗以为镐京之宫，误甚。癸未至甲申，仅一日耳，岂能遽至镐京邪？）盖周之初也，《诗》云："笃公刘，逝彼百泉，瞻彼溥原，廼陟南冈，乃觏于京，京师之野。"又云："笃公刘，于京斯依。"则公刘所居本名京也。及"古公亶父，来朝走马，爰及姜女，聿来胥宇。"而见"周原膴膴，堇荼如饴。"遂筑室于兹，而更号曰周。

<hr>

① 郭沫若：《由矢彝考释论到其他》，载《郭沫若全集》（历史编第一卷），人民文学出版社，1982，第 273 页。

② 郭沫若：《由矢彝考释论到其他》，载《郭沫若全集》（历史编第一卷），人民文学出版社，1982，第 276 页。

③ 郭沫若：《由矢彝考释论到其他》，载《郭沫若全集》（历史编第一卷），人民文学出版社，1982，第 279 页。

④ 郭沫若：《矢令簋考释》，载《郭沫若全集》（历史编第一卷），人民文学出版社，1982，第 291 页。

故《思齐》之诗云："思媚周姜，京室之妇。"正以太王初兴周室，故太姜始称周姜，而太任犹是京室之妇之旧称也。故《大明》之诗云："挚仲氏任，自彼殷商，来嫁于周，曰嫔于京，缵女维莘。"周、京对言，旧名犹未废也。及周室既强，曰京、曰周，并为都邑。《皇矣》云"依其在京"，《文王有声》云"宅是镐京"，而《下泉》云"念彼周、京"，又云"念彼京、周"，知京、周为二地也。然京者，祖庙在焉，故遂称祖庙为京。《文王》之诗云"侯服于周，天命靡常，殷士肤敏，裸将于京"。谓助祭于京宫也。《吕氏春秋·古乐》云："武王即位，以六师伐殷。六师未至，以锐兵克之于牧野。归，乃荐俘馘于京太室。乃命周公作为大武。"所谓京太室者，京宫之太室也。《下武》之诗云："下武惟周，世有哲王，三后在天，王配于京。王配于京，世德作求，永言配命，成王之孚。"所谓三后者，京宫所祀，殆太王、王季、文王也。王配于京者，指武王也。《酒诰》云："乃穆考文王。"明王季是昭，文王是穆，今又配武王更为昭，则必以成王为穆。（《诗·载见》云："率见昭考。"毛传以"昭考"为武王是也。《书·金縢》云："我其为王穆卜。"言为武王卜穆也。旧说多误。）故知京宫之祀，必及成王矣。（智鼎有成宫，吴彝有成太室，皆分别言之。如克鼎称康穆宫为康庙，鬲攸从鼎有康宫𥛔太室也。）

……

康宫者，康王之宫也。康王为始祖，故昭王曰昭，其庙曰康昭宫。（见颂鼎等。《山海经》注引《纪年》云："穆王十七年，西王母来见，宾于昭宫。"）穆王曰穆，其庙曰康穆宫（见克簋、裹盘等），是其证也。共王更为昭，则懿王为穆。考王更为昭，则夷王为穆。鬲攸从鼎有康宫𥛔太室，盖夷王之庙也。（《周语》

"宣王命鲁孝公于夷宫"。）厉王更为昭，则宣王为穆。克钟有康刺宫，盖厉王之庙也。至幽王而宗周遂亡，是康宫所祀，凡九世矣。此铭当昭王时，则所祭仅康王可知。①

赞成唐说的有吴其昌，他在《夨彝考醳》一文中引用了唐兰对"京宫"的考释，并云："按：唐说甚是，甚确；然亦有所未尽也。今按：京者，当即镐之别名。"② 吴氏在"用牲于康宫"一句下考释说："康宫者，成周康王之庙也。"③ 此处虽未引唐说，但从考释的字里行间可以看出是受了唐兰的影响的。

赞成唐说的还有容庚，容氏在《武英殿彝器图录》"颂壶"的考释下说：

> 唐兰曰："金文每见康邵宫康穆宫者，康宫中之昭王庙穆王庙也。康宫为其总名，而昭穆以下则各为宫附于康宫也。周世于京宫祀太王王季文王武王成王，于康宫祀康王以下，鄦攸从鼎有康宫徲太室，当即夷王之庙，克钟有康刺宫，当即厉王之庙，则直至西周之末也。京宫以王季为昭，文王为穆，武王为昭，成王为穆，故《尚书》称文王为穆考，乃其证。康宫则以昭王为昭，穆王为穆，共王为昭，懿王为穆，孝王为昭，夷王为穆，厉王为昭，宣王为穆，故昭王穆王称为昭穆，是其证也，详见余所著《作册夨彝考释》。"④

---

① 唐兰：《作册令尊及作册令彝铭考释》，《国立北京大学国学季刊》第4卷第1期，1934年。
② 吴其昌：《夨彝考醳》，《燕京学报》1931年第9期。
③ 吴其昌：《夨彝考醳》，《燕京学报》1931年第9期。
④ 容庚：《武英殿彝器图录》，哈佛大学燕京学社，1934，第92~93页。

马叙伦显然也是同意"康宫为康王之庙",他在《令彝》一文中说:"伦谓吴推为昭王时器是也。文言'用牲于康宫',又言'用牲于王',明康王已崩,王为昭王也。"① 从马文可以看出他读过吴其昌的文章但未见唐兰的文章。通过吴其昌、容庚的文章可以判断唐兰《作册令尊及作册令彝铭考释》一文早已完成,只是发表的时间略晚。

唐兰在"京宫""康宫"的解释上与郭沫若截然不同,此外郭氏认为明公就是鲁侯伯禽,唐兰虽承认明公是周公的儿子,但明公并不是伯禽。郭沫若认为"命矢告于周公宫,公命造同卿事寮"中的周公便是周公旦,"公命造同卿事寮"的主语是周公旦,以此证明周公还健在。郭氏并未对"用牲于王"加以说明,唐兰则指出这里的"王"指的是"王城"而非周王。

反对"康宫说"的有徐中舒,他在《遹敦考释》一文中说:

《燕京学报》第九期又载有吴子馨先生《矢彝考释》一文,矢彝之康宫,吴先生以为即康王之庙,其说亦非。考铜器中称王各"周康宫""周康昭宫""周康穆宫""周康新宫""周康寝"甚多,惟舀壶称王各于成宫,吴尊称王各周成太室,舀鼎称王各周穆王大□(室),其他宫名如京宫般宫泾宫则绝无与王之名号相同者。疑康宫康寝亦非康王一代宫寝,且康宫中又分昭宫穆宫,其非康王一代之庙更为显然。矢彝京宫与康宫并称,其文如下:

甲申明公用牲于京宫,乙酉用牲于康宫,咸既用牲于王。

盖京宫康宫皆王之所在,故以咸既用牲于王句结束之,此与史兽鼎文例正同。史兽鼎云:

尹命史兽立工于成周,十又一月癸未,史兽献工于尹,咸

---

① 马叙伦:《令彝》,《国立北京大学国学季刊》第4卷第1期,1934年。

献工。

此咸当训皆，甚为明白，而吴先生《矢彝考释》乃读咸既为句，而释之云：

既咸，咸既，亦西周一代成语之一，互倒为文。

所谓成语者，谓二字连用而不可分离为训者，此咸既，既咸，二字为最通常易解之词。咸皆也，既已也，并可任意分离为训，何得谓为成语？此京宫康宫同为王之所在，京宫既与王之名号无关，则康宫亦不得视为康王之庙也。[①]

唐兰的文章发表后引起了郭沫若的极大重视，在 1934 年出版的《两周金文辞大系图录考释》一书中，郭氏批评唐兰说：

此说实巧费心思，唯惜取证未充，且包含有选择与解释之自由。如文王称"穆考"乃适以穆字为懿美之辞，与文考、烈考、皇考、帝考、显考、昭考等同例，非谓乃京宫之穆而称之为穆考。昭王穆王均系生号，尤非预于生时自定当为康宫之昭穆而号昭穆。至如选材，则何簋有"王在华宫"、剩鼎有"王各于般宫"、趞曹鼎之一言"王在周般宫"、又其一言"王在周新宫"、师汤父鼎言"王在周新宫"、师遽簋言"王在周客新宫"、望簋言"王在周康宫新宫"，华、般、新等无王可附丽也。舀鼎之"王在周穆王大□"，大下一字适缺，补为室字大抵近是，然仅此一例而已。仅此一例以证其它均当为某王之宫或室，未免有孤证单文之嫌。酐攸从鼎之"王在周康宫、徲大室"与牧簋"王在周，在师汙父宫各大室"同例，徲字当是动词。《说文》云"徐行也"，

---

① 徐中舒：《逦敦考释》，《历史语言研究所集刊》1931 年第 3 本 2 分册。

不必即是夷王。且信如唐说，宗周列王中何以康王之庙独尊，已不可解；而准"康昭宫""康穆宫"之例，则文武成之庙当称"京文宫""京武宫""京成宫"，而彝铭中迄未一见。仅訇壶有"王各于成宫"，依唐说则当为成王之庙，成上亦未冠有京字。彝铭中凡称周均指成周，以康宫在成周，而屡见"王在周康宫"知之；而如大克鼎"王在宗周、旦、王各穆庙"，依唐说，当为穆王之庙，是则穆王之庙又在宗周矣。凡此均于唐说有所抵触。故余意京（大也）、康、华、般（亦有大义）、卲、穆、成、刺，均以懿美之字为宫室之名，如后世称未央宫、长杨宫、武英殿、文华殿之类，宫名偶与王号相同而已。虢季子白盘有"王各周庙宣廁"，旧亦多解为宣王之榭，实则殷世已有宣榭之名。（孙诒让说，详下）故康宫之非康王之宫，亦犹宣廁之非宣王之榭也。①

郭氏又在吴彝的考释中说：

王之册命率于大室行之，今既在成大室乃复出而格庙，是则"成大室"乃在周庙之外，以豆闭簋"师戏大室"例之，则成殆是人臣之名。唐兰说为成王庙之大室，不确。②

在訇壶的考释中又申明：

成宫此器仅见，说者或将以为成王之庙，然以庚嬴卣"王在庚嬴宫"、牧簋"王在师洊父宫"、师晨鼎与谏簋"王在周师录

① 郭沫若：《两周金文辞大系图录考释》（二），科学出版社，2002，第35页。
② 郭沫若：《西周金文辞大系图录考释》（二），科学出版社，2002，第166~167页。

宫"等以例之，则成殆是人名，井公即井叔。①

在大克鼎的解释里说：

> "穆庙"唐兰谓即穆王之庙，余意犹《鲁颂·清庙》言"于穆清庙也"。②

1937年莫非斯发表了《西周铜器中之宫庙及由之而考订其年代》一文。在"康宫"的问题上，莫非斯提出了与郭、唐皆不相同的意见。莫氏观点的核心是高诱的"爵命必于祖庙"。"盖若依高诱说，则凡于成宫、成太室册命者皆昭王世之器，凡于康宫、康寝、康庙……册命者皆穆王世之器，凡于邵宫册命者皆共王之器，凡于穆太室穆庙……册命者皆懿王世之器也。"但应用此法断代时"更有一应注意之一点，即此法之根据全为'古者爵命必于祖庙'之说。故凡非爵命者，皆不能用此法考定之"。可见莫氏用铭文中是否有"爵命"将"宫庙"划分为两大类。莫氏认为令彝中"康宫者乃用牲之处非册命之处也"，"令彝之用牲实为飨王"，"用牲既为飨王，则有康宫者仅能证明是器不能在康王以前，未能断定其必在康王之后也"。"至于康王之时何得有康宫？则曰：王既生而称康王（铜器虽尚未有直接证据，然成、昭、穆、共、懿诸王皆生称，康王自不能独异也），则其宫何故不能生而称康宫乎？"③ 莫氏考察了当时所能见到的西周铜器中的宫庙名称才得出这样的结论。莫氏承认"太室"是祖庙，所以用其观点无法解释"昭太室""穆太室"等为何要附入"康宫"，如果"康宫"

---

① 郭沫若：《西周金文辞大系图录考释》（二），科学出版社，2002，第218页。
② 郭沫若：《西周金文辞大系图录考释》（二），科学出版社，2002，第216~262页。
③ 莫非斯：《西周铜器中之宫庙及由之而考订其年代》，《考古社刊》1937年第6期。

为康王之庙，为何会在生前立庙？其次莫氏认为令彝中的"用牲"为"飨"也是说不通的，令彝中"用牲于王"之"王"与"京宫""康宫"对举，唐兰释此为"王城"是非常正确的，如此则莫氏"飨王"之说亦不成立。

陈梦家早年虽定令方彝为成王之世，但却认同唐兰对"京宫"的解释，陈氏解释"京宫"时说："京宫，大宫也，唐兰谓即大王王季文王之庙是也。"[①] 1955 年陈梦家发表《西周铜器断代》，文中对唐兰的"康宫"说提出了质疑：

> 学者因见此器有康宫，以为康王之庙，则器应作于康王之后。此说盖不明于古代宫庙的分别。
>
> 宫与庙是有分别的。宫、寝、室、家等是生人所住的地方，庙、宗、宗室等是人们设为先祖鬼神之位的地方。《易·系辞下》"上古穴居而野处，后世圣人易之以宫室"，《说文》"宫，室也"，《尔雅·释宫》"宫谓之室，室谓之宫"，"其内谓之家"。宫、室、（或寝卧之）寝与庙是对立的，故《诗·思齐》"雍雍在宫，肃肃在庙"，《閟宫》"路寝孔硕，新庙奕奕"。在西周金文中有一通例，即"王才"之语不是王在某地（如宗周、成周、周、镐京、丰、奠、鲁、吴等）便是王在某宫（如康宫、邵宫、新宫、师某宫等）某寝（如康寝）某室（如成大室、穆王大室等）或某庒（如减庒等）。
>
> ……
>
> 大室乃宫寝中的大室，故《尔雅·释宫》曰"室有东西厢曰庙，无东西厢有室曰寝"，所谓有室郭注以为"但有大室"。是宫

---

① 陈梦家：《令彝新释》，《考古社刊》1936 年第 4 期。

寝但有大室，而金文的大室在宫寝之内。①

　　徐、郭、莫、陈等人是反对"康宫说"的代表人物，其他人虽未有专文讨论"康宫"问题，但在考释矢彝的时候多采用郭沫若的意见。② 唐兰一直未回应这些反对意见，因此"康宫说"在此后的很长一段时间内不被学术界认可。综观反对者的意见，可以分为三种：一是郭沫若提出的"康宫"中的"康"是尊美之词，徐中舒、郭沫若都因为令方彝中"京宫"不与王号相应而提出"康宫"非康王之宫；二是莫非斯提出的"康宫"为"康王"生时所建之宫，莫氏提出"西周宫名之一部分由帝王得名，一部分由其他方法得名"；三是陈梦家提出的"康宫"之"宫"并非"宗庙"。如果唐兰的"康宫说"成立，就必须对这三种反对意见进行驳斥，而这要涉及西周时期的"谥法制度""宗庙制度""昭穆制度"等。1962年唐兰发表《西周铜器断代中的"康宫"问题》一文，针对郭沫若、陈梦家等人的观点进行了全面分析并逐条反驳。这篇长文对"康宫说"进行了全方位的分析，文中涉及的西周铜器近百件，是研究西周铜器断代的重要论述。

　　《西周铜器断代中的"康宫"问题》一文可以说是经典之作，全文洋洋洒洒几万言，涉及西周的宗庙制度、昭穆制度，极其复杂，全文共分四个部分，第一部分是讨论"康宫"问题的分歧所在和问题的重要性。在这一部分，唐兰将当时所能见到的西周铜器中包含"康宫"字样的铜器分为五类：甲，说到王在康宫的；乙，说到王在康宫太室或在康宫而格太室的；丙，说到王在康宫的某宫或某太室的；丁，说到对康宫的祭祀的；戊，说到康宫内部的。近年新出土或新发

----

① 陈梦家：《西周铜器断代》（上），中华书局，2004，第36~37页。
② 谭戒甫：《周初矢器铭文综合研究》，《武汉大学人文科学学报》1956年第1期；周同：《令彝考释中的几个问题》，《历史研究》1959年第4期。

现的青铜器中包含"康宫"字样的铭文仍不出唐兰的分类，由此可见唐兰对材料归纳总结的准确性和科学性。

文章第二部分论证为什么说"康宫"是康王之宫。这才是该文的重点，为使读者了解唐兰的观点，我们不得不大段引用原文，唐兰是从四个方面进行说明的。

一是从令彝铭里京宫和康宫对列，可以看出康宫是康王的庙。京宫是周王的祖庙在《作册令尊及作册令彝铭考释》一文中已有论述，此处唐氏又进行了补充说明：

《吕氏春秋》说："归，乃荐俘馘于京太室"，可见这个"京宫"是在宗周的。当时成周还没有建立，当然不会有"京宫"。当周公营建洛邑作为大邑成周的时候，据《逸周书·作雒解》说："乃位五宫：大庙、宗宫、考宫、路寝、明堂"。所谓"宗宫"，显然就是宗庙（宗周的所以称为宗，也就因为宗庙所在的原故），它必然是仿照宗周的"京宫"盖的。因为"京宫"是"宗宫"，所以也叫做"京宗"。班簋说："受京宗懿釐"。甲戌鼎说："维四月在成周，丙戌，王在京宗"（《西清续鉴甲编》1.36），更可以证明成周也有"京宫"。"宗宫"、"京宫"和京宗是同一宗庙的不同名称。

把"京宫"的内容搞清楚以后，再回头来看令彝里的"京宫"、"康宫"和"王"城等用牲典礼的安排，就很容易理解了。明公到成周来做尹，进行用牲大典，决不是随随便便的。他首先祭的是"京宫"，是"王宫"里面的"宗宫"，最后祭的是"王"城，也是很重要的祭祀，那末排在中间的康宫决不可能只是一个普普通通的宫，是极其明显的。据《逸周书》所讲的"五宫"，是"太庙、宗宫、考宫、路寝、明堂"，朱右曾《逸周书集训校释》说："宗宫文王庙、考宫武王庙"，从营造洛邑是成王时代来说，当时的"考宫"确实应该是"武王庙"，但这在每一个王朝将起变化，康王时代的"考宫"就应该是成王庙，昭王时代的考宫，就应该是康王庙了。明公所祭，在"京宫"之后的"康宫"，其地位正相当于"宗宫"之后的"考宫"。如果说明公在这样大典里只祭"宗宫"而不祭更为切近的"考宫"是没有理由的。"考宫"而称为"康宫"，跟"宗宫"的称为"京宫"是一样的，一定有它的来历而决不能只是"懿美之辞"。"京宫"里的最后一个宗，是"成王"，那末，"康宫"里所祭的，正相当于康王，除了说它由于是康王之庙而称为"康宫"，是无法再作其他的解释的。[①]

二是从西周其他铜器有关"康宫"的记载，也说明它是康王的庙。

首先，"康宫"又称为"康庙"或"康寝"。师兑簋说："王在周，格康庙"；南宫柳鼎说："王在康庙"（《商周金文录遗》98）；师遽方彝说："王在周康寝，缩礼"；郭沫若同志对"康庙"没有作解释，说："康寝，康宫之后寝也"，而说"康宫"的"康"是"懿美之辞"。大克鼎说："王格穆庙"，郭说："穆庙唐兰谓即穆王之庙，余意犹《鲁颂·清庙》'于穆清庙'也"。我认为，康王之庙叫做"康庙"，穆王之庙叫做"穆庙"，是很自然的；康宫、康庙、康寝，都是康王的宗庙，穆宫、穆庙，都是穆王的宗庙，也是很自然的；《诗经》所说"于穆清庙"是把"于穆"来

---

① 唐兰：《西周铜器断代中的"康宫"问题》，《考古学报》1962 年第 1 期。

形容"清庙"，古书上除"清庙"以外，还没有看见过在庙上加以别的形容词的，现在既有"康庙"，又有"穆庙"，而恰恰都是"懿美之辞"，无论如何，总是说不大通的。

其次，据君夫簋、扬簋、休盘等器，康宫里有太室。京宫里也有太室，称为京太室《吕氏春秋·古乐篇》。吴彝说："王在周成太室"，而智壶则说"王格于成宫"，可见周成王的太室是在"成宫"里面的。剌鼎说："王禘用牲于太室，禘昭王"，显然是昭王的太室。颂鼎说："王在周康昭宫"，可见昭王太室是在"昭宫"里面的。智鼎说："王在周穆王太室"，伊簋说："王在周康宫，旦、王格穆太室"，"周穆王太室"显然就是"穆太室"。裘盘说："王在周康穆宫，旦、王格太室"，可见"康宫"里的"穆太室"，也就是"康穆宫"里的"太室"。虤攸从鼎说："王在周康宫徲太室"，而害簋说："王在屖宫"（见《薛氏历代钟鼎彝器款识法帖》卷十四，原名宰辟父敦），"屖"和"徲"是一个字，通作"夷"（《诗经·四牡》'周道倭迟'，韩诗作'威夷'），那末，"康宫"里的"夷太室"，也就是"康宫"里"夷宫"的"太室"。由此，可以知道"成宫"里有成王的太室，"昭宫"里有昭王的太室，"穆宫"里有穆王的太室，"夷宫"里有夷王的太室；那末，"康宫"里的太室，也一定是康王的太室。换言之，就是康王的宗庙。

再者，前面所举：颂鼎铭说到"周康邵宫"，克盨与裘盘铭说"周康穆宫"，克钟铭说到"周康剌宫"，又意味着什么呢？据望簋说"王在周康宫新宫"，可见"新宫"是在"康宫"里面的，那末，"邵宫"、"穆宫"和"剌宫"也都属于"康宫"，并且根据上面所讲的"徲太室"，可见"康宫"里还有一个"徲宫"。"康宫"在令彝里是和"京宫"并举的。"京宫"里所祭的是太王、王季、文王、武王和成王五人。现在"康宫"里所包括的恰恰也是五个宫，即"康宫"、"昭宫"、"穆宫"、"𢑱宫"、"剌宫"，正巧是康王、昭王、穆王、夷王、厉王五个人。另外还有一个"新宫"，但从𧽯曹鼎、师汤父鼎、师遽簋和伊簋等器都在共王时的一点来说，当时穆王刚死，所以称为"新宫"，实际就是"穆宫"。郭沫若同志说："昭王、穆王均系生号，尤非预于生时自定为康宫之昭穆而号昭穆。"这个说法是我们所能同意的。但问题不在这里，康王之后的王号，恰恰一个是"昭王"，一个是"穆王"，生时既称为昭、为穆，死后把他们的宗庙，叫做"昭宫"、"穆宫"、"穆庙"或"穆太室"，这有什么奇怪呢？至于为什么"宗周列王中康王之庙独尊"，也是不难解释的。西周初年，武王、成王和康王都曾封过大批的诸侯。《左传》昭公二十六年说："昔武王克殷，成王靖四方，康王息民，并建母弟以藩屏周。"武王的母弟是祭文王的，成王的母弟是祭武王的，康王的母弟是祭成王的，而文、武、成三王都在"京宫"内祭祀，所以"京宫"是周王室和周姓诸侯共同的宗庙，"京宫"又名为"京宗"，班簋说："不杯扬皇公受京宗懿釐"是显明的证据。康王以后，土地已被这些大奴隶主分完了，所以不再大封诸侯，那末，康王以后的宗庙，只是周王室自己的了。在"京宫"里祭的是太王，王季是昭，文王是穆，武王又是昭，成王又是穆。"康宫"是跟"京宫"并列的，所祭的康王，那末，昭王是昭，穆王是穆。但在共王时还只说周穆王太室和新宫，而金文里所说"周康邵宫""周康穆宫"等都在厉王时代或宣王时代，那末很可能在厉宣时期对宗庙制度又有过新的安排。周代宗庙制度有五世和七世两说。穆王以后共王又是昭，懿王又是穆，但金文不见，孝王是共王的弟弟，他和共王同是昭，而不能单独作为一世；所以夷王又是昭，厉王又是穆。金文厉宣时代，既有"昭宫"、"穆宫"，又有"夷宫"、"厉宫"，显然由于共、懿等王已为祧庙，附入昭穆两宫了，可见西周后期，还是用五庙制度的。至于金文说到"成宫"或"成太室"而不说明是"京宫"，正如鄂簋说"王在周邵宫"（《薛氏历代钟鼎彝器款识法帖》卷十四），害簋说"王在犀宫"的不说出"康宫"一样，只是作器的人顺手写的，因而并不是有一定的格式的。[①]

三是根据古代文献材料里的宫庙名称证明康宫是康王之庙。

《山海经》西次三经注引《竹书纪年》穆王五十七年西王母来见，宾于昭宫（《穆天子传》注引作十七年），这个"昭宫"就是鄂簋上的"昭宫"。《国语·周语》"宣王命鲁孝公于夷宫"，韦昭注"夷宫者宣王祖父夷王之庙"，这个"夷宫"就是害簋上的"犀宫"。

《左传》昭公二十二年"单子逆悼王于庄宫"，又说："盟百工于平宫"，据杜预注是在王城里的庄王庙和平王庙，昭公二十六年"癸酉、王入于成周，甲戌、盟于襄宫"，是在成周的周襄王的庙。《春秋》庄公二十三年"秋、丹桓宫楹"，二十四年"春王三月，刻桓宫桷"，《左传》说："皆非礼也"，引御孙的话："先君有共德而君纳诸大恶，无乃不可乎？"是指鲁桓公的庙。《春秋》成公六年"二月辛巳立武宫"，《公羊传》说："武宫者何，武公之宫也"，又《春秋》昭公十五年："二月癸酉，有事于武宫"；《左传》解释为"将禘于武公"；《礼记·明堂位》

---

① 唐兰：《西周铜器断代中的"康宫"问题》，《考古学报》1962 年第 1 期。

说："武公之庙，武世室也"；可见"武宫"或"武世室"是鲁武公的庙。《春秋》定公元年九月"立炀宫"，《左传》说："昭公出，故季平子祷于炀公，九月立炀宫"，又《公羊传》"炀宫者何，炀公之宫也"。可见"炀宫"是鲁炀公之庙。《春秋》哀公三年"五月辛卯，桓宫，僖宫灾"；《左传》说："孔子在陈闻火，曰：'其桓、僖乎'"；《公羊传》说："此皆毁庙也。其言灾何，复立也"；《榖梁传》说："言及则祖有尊卑，由我言之则一也。"可见"桓宫""僖宫"是鲁桓公和僖公的庙。《左传》僖公二十四年记晋文公到了曲沃，说"丁未，朝于武宫"，《史记·晋世家》注引贾逵说："文公之祖武公庙。"《左传》昭公十七年记晋国灭陆浑事说："宣子梦文公携荀吴而援之陆浑，故使穆子帅师献俘于文宫"，可见是晋文公的庙。《左传》襄公六年记齐国灭莱国的事说"陈无宇献莱宗器于襄宫"，是齐襄公的庙。

从上面许多文献材料，可以说明用王号或诸侯号谥放在宗庙名称的"宫"、"庙"、"寝"或"太室"、"世室"等上面作为专名，是周和春秋时期十分通行的。这种制度，一直到后代还是如此，如汉高祖的宗庙就叫做"高帝庙"，也叫做"高庙"（见《史记·孝文本纪》），这都是历史上的客观事实。

《春秋》闵公二年"夏五月乙酉，吉禘于庄公"，《公羊传》说："其言'于庄公'何，未可以称宫庙也"。根据这个例子，我们可以看到剌鼎说"王禘，用牲于太室，禘昭王"，是在周穆王初年，昭王死得不久，还不能称为"昭宫"或"昭庙"。又曶鼎说："唯王元年六月既望乙亥，王在周穆王太室"，显然是共王元年，穆王刚死不久，所以不说"穆宫"、"穆庙"或"穆太室"，而说"周穆王太室"，跟鲁闵公时只说庄公而不说庄宫是一个道理。《春秋》成公三年二月"甲子新宫灾"，《公羊传》说："新宫者何，宣公之宫也。"何休注说："以无新公，知宣公之宫庙"。《穀梁传》说"新宫者袥宫也。……迫近不敢称谥，恭也。"成公称他父亲宣公的庙为"新宫"，《穀梁传》说是"袥宫"，那就是《逸周书》的"考宫"了。由此可见，金文趞曹鼎第二器说"龏王在周新宫"，师汤父鼎说"王在周新宫"，师遽簋说"王在周，客新宫"，望簋说"王在康宫新宫"等资料里的"新宫"，都是周穆王的庙，因为这些铜器都是共王时做的，所以还称为新宫。[①]

四是根据周朝在宗法制度方面分昭、穆两辈的事实，说明"康宫"是康王的庙，而昭、穆两宫是昭王、穆王的庙。

首先，分昭穆是周民族原有的习惯，在周初已经应用。

《尚书·酒诰》说："成王若曰：明大命于妹邦，乃穆考文王肇国在西土"。《酒诰》是用成王的名义对康叔说的，文王是康叔的父亲，成王说是"乃穆考"，可见文王的次序是"穆"。《周颂·载见篇》说："率见昭考，以孝以享，以介眉寿"。《诗序》说："载见、诸侯始见乎武王庙也"。《毛传》："昭考武王也"。可见武王的次序是"昭"。《尚书·金縢篇》说："既克商二年，王有疾弗豫，二公曰：我其为王穆卜。周公曰未可以戚我先王"。过去都不懂得"穆卜"是什么意思，其实就是说要卜武王的"穆"。二公认为武王的病已经好不了了，所以要卜下一代。周公阻止了他们，自己来告太王、王季、文王，请求替武王的死，所以说"其勿穆卜"。因为武王的次序是"昭"，那末，卜他的下一代，就应该是"穆卜"了。《洛诰》里周公说："考朕昭子刑乃

---

① 唐兰：《西周铜器断代中的"康宫"问题》，《考古学报》1962 年第 1 期。

单文祖德"。这里的"昭子"过去也讲不清楚,其实《洛诰》所谓"王命周公后"是为周公旦立后,"昭子"就是周公旦的儿子。周公为第一代,是始祖,他的第二代当然属于"昭"的一辈了。

《左传》僖公五年宫之奇说:"太伯、虞仲,太王之昭也,……虢仲、虢叔,王季之穆也",是说太伯虞仲是太王下一代,跟王季一样都是"昭"的一辈,而"虢仲"、"虢叔"是王季下一代,跟文王一样都是"穆"的一辈。僖公二十四年富辰说:"管、蔡、郕、霍、鲁、卫、毛、聃、郜、雍、曹、滕、毕、原、酆、郇,文之昭也,邗、晋、应、韩,武之穆也"。定公四年说:"曹文之昭也,晋武之穆也"。《国语·晋语》说:"康叔文之昭也,唐叔武之穆也。"可见管叔、蔡叔等都是文王后一代,和武王一样,都是"昭"的一辈,而邢侯、晋侯等是武王后一代,和成王一样,都是"穆"的一辈。由此,可以证明太王是始祖,王季是昭,文王是穆,武王又是昭,成王又是穆。

其次,在宗庙、冢墓和祭祀典制里分出昭穆次序,一直到春秋以后的文献里还是如此。

《周礼·小宗伯》"辨庙祧之昭穆",郑玄注:"祧,迁主所藏之庙,自始祖之后,父曰昭,子曰穆"。又《冢人》说:"先王之葬居中,以昭穆为左右"。郑玄注:"先王造茔者,昭居左,穆居右,夹处东西"。又《小史》说:"掌邦国之志,奠系世,辨昭穆。……大祭祀读礼法,史以书昭穆之俎簋"。《周礼》是春秋以后人所编的,可见在那时昭穆的制度还通行。《礼记·丧服小记》说:"祔必以其昭穆",也是从祭祀典礼来说的。

周代宗庙制度,秦汉以后,已经不大清楚了。《吕氏春秋·谕大篇》说:"五世之庙,可以观怪"。《礼记·丧服小记》:"王者禘其祖之所自出,以其祖配之而立四庙。"郑玄注:"高祖以下与始祖而五。"又《文王世子》："五庙之孙，祖庙未毁，虽及庶人，冠、取妻必告。"这都是说五庙的。《穀梁传》僖公十五年："天子七庙、诸侯五、大夫三、士二。"《礼记·礼器》："礼有以多为贵者，天子七庙。"《祭法》："王立七庙……曰考庙，曰王考庙，曰皇考庙，曰显考庙，曰祖考庙，……远庙为祧，有二祧。"《王制》说："天子七庙，三昭、三穆，与太祖之庙而七；诸侯五庙，二昭、二穆，与太祖之庙而五；大夫三庙，一昭、一穆，与太祖之庙而三；士一庙"。郑玄注："此周制。七者，太祖及文王武王之祧与亲庙四，太祖后稷。殷则六庙，契及汤与二昭二穆。夏则五庙，无太祖，禹与二昭二穆而已。"孔颖达《正义》引《礼纬·稽命征》和《孝经·纬钩命决》，说郑玄注是根据这些资料的。《汉书·韦玄成传》说："礼，王者始受命，诸侯始封之君，皆为太祖，以下五庙而迭毁。……祫祭者毁庙与未毁庙之主皆合食于太祖，父为昭，子为穆，孙复为昭，古之正礼也。……周之所以七庙者，以后稷始封，文王武王受命而王，是以三庙不毁，与亲庙四而七"。《白虎通·宗庙篇》说："周以后稷文武特七庙，后稷为始祖，文王为太祖，武王为太宗。"这都是说周朝天子有七庙的。但这些说法中有不同：照《祭法》是五庙二祧，五庙里除了始祖是二昭二穆；照《王制》是三昭三穆。所以魏朝王肃反对郑玄，认为天子有七庙，二祧不在其内。照这种说法，实际上就等于王莽时所谓九庙了。其实七庙、九庙等说都是秦汉以后逐渐增加的，郑玄所谓七庙，除去二祧以外，实际还是五庙，五庙之中，一个是始祖庙，四个是亲庙，也就是二昭二穆。《周礼·隶仆》"掌五寝之扫除粪洒之事"，郑玄注："五寝五庙之寝也。"可见《周礼》时代还只有五庙的说法。《尔雅》这本书的出现是很迟的，但是它在《释亲篇》里从父母上推，也只到了高祖，即高祖、曾祖、祖、父共四世，那末说周朝的宗庙，就有三昭三穆，要祭到六世祖，怎么能使人信服呢？

关于宗庙数字的说法，汉朝以后，分歧很多，这里不去讨论。从上文已经说过的，我们可以看见京宫里是五庙：太王、王季、文王、武王和成王，是一个始祖和二昭二穆。但康王以后，忽然改了，变为昭王是昭，穆王是穆了。这就证明了康王的庙必然是独立的，不在"京宫"以内的，证明了康王在周王朝的宗庙里面是作为始祖的。宋代的朱熹做过《周九庙图》，不明白这一个道理，因而从成王以后，还是按照那个昭穆排下去，因而把康王排成昭，昭王反而排为"穆"，而穆王反而排为"昭"了，这种排法，显然是很可笑的。清代王筠作《说文句读》在"佋"字下引颂鼎、颂壶、颂簋等的"王在周康昭公，旦、王格太室"，和蒙盘的"王在周康穆宫，旦、王格太室"，说："则一王之庙，自有昭穆之宫，与文为穆、武为昭无涉。故吴彝曰：'王在周成太室'，智鼎曰：'王在周穆王太□'，是知庙制亦如明堂有九室，《月令》孔疏非诬。谓之昭宫穆宫者，宫即庙也"。尽管他对西周宗庙制度不很清楚，但能根据金文，把"康宫"解释成为康王之庙，基本上是正确的。

根据金文资料，文王、武王并不是作为永远存在的两个祧庙，而是属于"京宫"里面的。康王以后列入康宫，但在宣王时，康宫里也是五庙，即：康宫、昭宫、穆宫、夷宫、厉宫，而不见共王、懿王、孝王等，可见共、懿等王，已经是祧，而被附入"昭宫"或者"穆宫"里去了。那末，所谓祧的意义和汉朝人的说法是不同的。西周祭祀可能还有更远的始祖，如后稷、公刘等，在金文里没有见到，但就是"京宫"和"康宫"的并列，每一宫内实际都包含五宫，两昭两穆，而并没有什么七庙九庙之说，这都是汉朝以来学者所不知道的。

另外，周朝人对昭穆的区别，并不限于祖先，也并不限于死后，而是对弟兄子侄等在生前就用这种分别的方法。例如上文所举《金縢》里的"穆卜"的"穆"，是指武王的儿子，《洛诰》里的"昭子"是指周公的儿子，当时都还是生人而不像《左传》所说"太王之昭""王季之穆"等是追述历史事迹。《周礼·司士》："凡祭祀，掌士之戒令，诏相其法事，及赐爵，呼昭穆而进之"。《礼记·祭统》："夫祭有昭穆，昭穆者所以别父子、远近、长幼、亲疏之序而无乱也。是故有事于太庙，则群昭群穆咸在而不失其伦"。又说："凡赐爵，昭为一，穆为一，昭与昭齿，穆与穆齿"。又《大传》说："上治祖祢，尊尊也；下治子孙，亲亲也；旁治昆弟，合族以食，序以昭缪（穆），别之以礼义，人道竭矣"。又《中庸》说："宗庙之礼，所以序昭穆也"。这些文献资料都说明周朝贵族们对同族是经常分昭穆的。这种宗法制度在商朝时是没有的，从文献资料来看，只是在男人里分昭穆，那末，周朝的这种制度可能是从氏族社会遗留下来的。清朝王宗涑做的《说文述谊》在"侣"字下说："古昭穆犹今俗宗法之有字辈"是很对的。只是周朝的昭穆只分别父子两代，祖是昭，孙还是昭，所以周朝在祭祀中是用孙来做祖的尸的。而后世的字辈，则每一辈都不重复，甚至预定了二十多辈的字辈，子孙就根据预定的字来作名字的，这就和周代制度大不相同了。

金文遹簋和长甶盉都有穆王，是穆王生前的称号，但"穆"字下都有重文，容庚在《金文编》里释为穆穆王。但从来金文家对这个现象没有作解释。现在知道，周朝人在生前就分出昭穆的辈次，那末，穆王的辈分是穆，因而叫做穆王，又叫做穆穆王。由此可见，康王以后第一代称昭，第二代称穆，是按辈分来作王号的，这跟后来的秦始皇，子孙称二世三世是差不多的。①

郭沫若认为文、武、成、康等是懿美之辞，并举宣榭并非宣王之榭来证明。如果唐兰的"康宫说"成立，那么必须解决"康宫"与"宣榭"的矛盾。唐兰广征文献，对这一矛盾做出了合理的解释：

但是公羊学家把"宣谢"当作周宣王的宗庙，是十分错误的。《春秋》宣公十六年"夏，成周宣榭灾"（灾字《左传》作火）。《公羊传》说："宣谢者何，宣宫之谢也。"何休注："宣宫，周宣王之庙也"。这是由于他看见别的宫庙用王号而推测出来的。其实"谢"的本意并不是宫庙，不是祭祖考的地方，因之，不能援用宫庙的通例。《淮南子·本经训》"武王……破纣牧野，杀之于宣室"。《汉书·贾谊传》"受釐坐宣室"，注："未央前正室也"。"宣谢"的称为"宣"，跟"宣室"的称为"宣"，有同样的意义。但"宣榭"还是在宗庙范围里面，鄀簋"维二年正月初吉王在周邵宫，丁亥、王格于宣射（谢）"，可见"宣谢"在"昭宫"里面。虢季子白盘说："王格周庙，宣廚爰飨。"虢季子白是宣王时人，所以"周庙"不会是周宣王的庙，但"宣廚"是在"周庙"里面的。《左传正义》引服虔说，宣谢是"宣扬威武之处"，《汉书·五行志上》引左氏说："榭者讲武之坐屋"，都同《公羊传》不同，但《左传》杜预注说"讲武屋别在洛阳者"，放在宫庙外去，是不对的。《尔雅·释宫》："室有东西厢曰庙，无东西厢曰室曰寝，无室曰榭"。又说："阇谓之台，有木者谓之榭"。《礼记·月令》正义引李巡注："但有大殿无室名

① 唐兰：《西周铜器断代中的"康宫"问题》，《考古学报》1962 年第 1 期。

曰榭"。《尚书·太誓》正义引孙炎注"榭但有堂也",郭璞注也说"榭即今堂堭也。"杜预《左传注》说"榭"是"屋歇前",《正义》说"歇前者无壁也,如今厅是也。"厅事就是堂皇(《汉书·胡建传》注"室无四壁曰皇"),可见"榭"的特点就是只有楹柱而没有墙壁的。它的所以称为"宣",跟"桓"的意思是差不多的。《礼记·檀弓》说"三家视桓楹",注:"四植谓之桓",就是四根柱子。"榭"字在郜簋里还只写做"射"字,虢季子白盘加上广旁,写做"廓",表示是屋宇的意思。"廓"字在古书里又写做"序",《周礼·地官》州长:"以礼会民而射于州序"(《仪礼·乡射礼》写做"豫"),可见是射箭的地方。趞曹鼎说:"龏王在周新宫,王射于射庐",师汤父鼎说"王在周新宫,在射庐",匡卣说:"懿王在射庐,作象舞",更可以证明宗庙里是可以行射礼,作乐舞的。"昭宫"里的"宣榭"跟"新宫"里的"射庐",性质是差不多的。

但《公羊传》的这一错误,是极其个别的例子,并不妨碍其他宫、庙、寝和太室用王号或诸侯号谥作专名的通例。如果只是根据《公羊传》这一条的错误,就来否认其它许多重要事实,这将是不恰当的。[①]

陈梦家反对"康宫说"的主要论据是古代宫与庙的分别。不过与唐兰的旁征博引相比,陈氏并未对相关文献进行全面考察,其结论自然存在可商之处。唐兰在《西周铜器断代中的"康宫"问题》一文的第三部分专门讨论宫与庙的分别。唐氏的观点如下:

---

① 唐兰:《西周铜器断代中的"康宫"问题》,《考古学报》1962 年第 1 期。

首先，陈梦家根据《周易·系辞》："上古穴居而野处，后世圣人易之以宫室"；《说文》"宫室也"；和《尔雅·释宫》："宫谓之室，室谓之宫"，"其内谓之家"等材料说："宫、寝、室、家等是生人所住的地方。"问题是"宫"与"室"这两个字，并不仅仅是一个解释。朱骏声《说文通训定声》，除了"臣民之宅称宫"，"内寝称宫"之外，还有"宗庙称宫"的解释，朱氏所举的例是："《诗·采蘩》：'公侯之宫'；《云汉》：'自郊徂宫'；《公羊》文十三传：'群公称宫'；《仪礼·公食礼》记司宫具几。"郝懿行《尔雅义疏》，也有"古者宗庙亦称宫室"的解释。

陈梦家还有一条理由是："宫、室（或寝卧之）寝与庙是对立的"，故《诗·思齐》："雍雍在宫，肃肃在庙"，《閟宫》"路寝孔硕，新庙弈弈"。但《思齐篇》把"宫"和"庙"并举，并不能证明"宫"是生人住的。一开始说："思齐太任，文王之母，思媚周姜，京室之妇。太姒嗣徽音则百斯男。"这些话是颂扬文王的母亲太任，和他的妻子太姒的。说在太任和太姒的"宫"和"庙"里祭祀时的礼节是"肃肃雍雍"的，"宫"和"庙"是对文互举。至于《鲁颂·閟宫》，所颂扬的是"赫赫姜嫄"，毛苌传说是"先妣姜嫄之庙"，引孟仲子说是"禖宫"，郑玄说"姜嫄神所依，故庙曰神宫"。那末，只要留意一下"閟宫"的篇名就知道"宫"是宗庙了。"路寝"跟"新庙"都是"宫"里的一部分。郑玄《周礼》"路寝"注引的是"寝庙绎绎"，说："相连貌也，前曰庙，后曰寝"，就更清楚了。

其实"宫"和"寝、庙"，确实是有些区别的。"宫"是总名，是整所房子，外面有围墙包起来的，"庙"和"寝"都在"宫"内，"庙"是室而有东西厢的，在前，寝是有室而无东西厢的，在后（《尔雅·释宫》："室有东西厢曰庙，无东西厢有室曰寝。"）。

宗庙之所以称为"宫"，就是从生人所住的宫室转化过来的。古代人迷信，把死人看得同活人一样，活人有"宫"，死人也得有"宫"，活人有"寝"，死人也得有"寝"，活人有"朝"，死人也得有"朝"，又称为"庙"。总之，宗庙根本是仿照生人所住整套房屋来建立的。

我们说宫寝是宗庙，有很多证据。在文献资料里，例如《诗经·云汉篇》说："不殄禋祀，自郊徂宫，上下奠瘗，靡神不宗，"这个"宫"能是生人的宫室吗？《逸周书·作雒解》说："乃位五宫：太庙、宗宫、考宫、路寝、明堂。"这五个宫，是生人住的宫室吗？《春秋》隐公五年"考仲子之宫"，仲子是隐公的母亲，早已死了，所以《公羊传》说："考宫者何？考犹入室也，始祭仲子也。"《穀梁传》说："礼、庶子为君为其母筑宫，使公子主其祭也。"这难道不是宗庙吗？《仪礼·聘礼》在使者到了以后，主人说"不腆先君之祧，既拚以俟矣。"到接见这一天，公在大门口把客人迎进来"及庙门，公揖，入于中廷"，客人就在庙里致命辞。到使者回去后对他的国君致"反命"，却说："以君命聘于某君，某君受币于某宫，"郑玄注："某宫若言桓宫僖宫也"。那末，"宫"就是"庙"，不是很清楚吗？《左传》宣公十二年说："其为先君宫，告成事而已。"既然说"先君宫"，难道是生人的宫室吗？

《诗经·崧高》："有俶其成，寝庙既成。"《周礼·隶仆》："掌五寝之扫除粪洒之事"，郑玄注："五寝五庙之寝也，周天子七庙唯祧无寝。诗云：'寝庙绎绎'，相连貌也。前曰庙，后曰寝。"《隶仆》又说："祭祀修寝"，郑玄注："于庙祭寝或有事焉。《月令》：'凡新物先荐寝庙。'"《隶仆》又说："大丧复于小寝、大寝，"郑玄注："小寝，高祖以下庙之寝也，始祖曰大寝。"难道这些"寝"都不是宗庙而只是"寝卧之寝"吗？

令彝说："用牲于京宫，用牲于康宫，用牲于王，"用牲是很大的祭礼，《尚书·召诰》："用牲于郊"；《春秋》庄公二十五年："用牲于社"；《左传》昭公十七年："用牲于洛"；小盂鼎"用牲禘周王、武王、成王"；刺鼎："用牲于太室，禘昭王"等记载都可以证明。"京宫"、"康宫"，如果只是生人住的宫室，那为什么要有用牲的祭礼呢？为什么要跟祭王城用同样的礼节呢？陈梦家说这是主两个宫奠基，那末，难道明公的祭王城，也是为王城奠基吗？鄩簋说"王在周昭宫，丁亥、王格于宣榭"，虢季子白盘说"王格周庙，宣廚爰乡。"可见"昭宫"是"周庙"之一。此外，像永宫鬲说"王作永宫尊鬲"，召尊"用作欽宫彝"；召卣说"用作圖宫彝"，伯晨鼎说"用作朕文考渍公宫尊鼎"，显然这些铜器都是祭器，尤其是伯晨鼎说明是"文考渍公宫"，这还能说不是宗庙而是生人的宫室吗？

至于"太室"的为宗庙，文献资料里也是很多而且很清楚的。《尚书·洛诰》："王宾杀禋咸格，王入太室祼。"《经典释文》引马融注："太室庙中之夹室"，《正义》引王肃注："太室、清庙中央之室。"《春秋》文公十三年"太室屋坏，"《穀梁传》说："太室犹世室也。周公曰太庙，伯禽曰太室，群公曰宫。"《汉书·五行志》引左氏说："前堂曰太庙，中央曰太室屋，其上重屋，尊高者也。"《左传正义》说："贾、服等皆以为太庙之室也。"《公羊传》作"世室"，说："世室者何，鲁公之庙也。周公称太庙，鲁公称世室，群公称宫。"都说明"太室"是宗庙的一部分。《吕氏春秋·古乐篇》说"荐俘馘于京太室"，金文刺鼎："王禘，用牲于太室，禘昭王"，难道这种献俘和大禘的礼节不在宗庙举行反而在一般生人住的宫室里举行吗？

　　总起来说，宫、寝和室，都可以是生人居住的地方，也都可以是宗庙。

　　……

　　金文里有关宫庙的记载，可以分为三类：第一是举行祭礼，如"用牲于京宫"，"用牲于太室"之类，第二是作祭器，如："王作永宫尊鬲"之类，第三种情况在金文里最为普遍，那就是王在某宫、某寝、某庙或某太室，或者说王格某宫、某庙或某太室等。凡说"在"的是王先期来到而住在这里的，说"格"是指王临时到那里的，都根据临时情况而定。王的来格，目的是对臣下进行册命或赏赐。①

　　徐中舒、郭沫若的反对意见明显证据不足，1937 年莫非斯在《西周铜器中之宫庙及由之而考订其年代》一文中已经做过驳斥，可与此次唐兰的观点相互补充。至于陈梦家的意见，唐兰通过大量的传世文献和金文中的证据已经做了很好的回应，陈氏的观点也是站不住脚的。我们可以看出，郭、陈二人反对"康宫"为"康王"之庙的论据是站不住脚的。郭沫若、陈梦家认定了"令方彝"是成王时的"标准器"这一点不放，所以反对"康宫说"。在令方彝的诸多研究文章中，关于"周公""明保"身份的争论比较多，即使同一个人前后意见也不一致。陈梦家早年认定此铭中的"明保"为"召公奭"并详加论证②，后期又认为此"周公子明保乃周公次子君陈"③。既然关键人物的身份无法确定，为什么陈氏还坚持"令方彝"为成王时器呢？

　　唐兰这次回应之后，由于历史因素，各种学术研究都中断了，

---

① 唐兰：《西周铜器断代中的"康宫"问题》，《考古学报》1962 年第 1 期。
② 陈梦家：《令彝新释》，《考古社刊》1936 年第 4 期。
③ 陈梦家：《西周铜器断代》（上），中华书局，2004，第 37~38 页。

"康宫"问题的争论也告一段落。20世纪80年代，学者又来讨论"康宫"问题。代表人物是赵光贤与何幼琦。1982年赵光贤发表《"明保"与"保"考辨》一文，赵氏在文中批评了唐兰的"康宫说"，并提出四点质疑，一是金文中言"康宫"的很多，而言"成宫"则极少；二是反对唐兰将"用牲于王"的"王"解释为"王城"，认为"不论是古文献或金文从来未见有把王城只称王的"，赵氏还认为"用牲"是飨宴；三是若"康宫"为康王之庙，则昭王之庙称昭宫，穆王之庙称穆宫，夷王之庙称夷宫而其前加"康"字不可解；四是认为西周金文中宫庙的命名系统复杂，"康宫"不见得一定为康王之宫。[①]

何幼琦一直致力于西周年代学研究。他在1985年发表《论"康宫"》一文，阐述了他对康宫问题的新认识。他认为周初没有谥法，文、武之称是自命王号，"从成王起，由父王指定一个庄重的字，兼作儿子的王号和宫名，就成了宗周家传的制度"。至于后世所建的康昭宫、康穆宫、康厉宫等之所以冠以"康"字，是因为当初成周城内建有名叫"康宫"的宫城，宫城内康王的宫室也叫"康宫"，后世诸王在宫城内陆续所建的宫室，与康宫是平行的，绝不是附丽于它。"彝铭中凡是单言'康宫'的，都是指一座宫室；凡是说'康宫某宫'，或者说'康某宫'的'康'字，都是指的宫城，而不是宫室。"[②]

何氏提出的"从成王起，由父王指定一个庄重的字，兼作儿子的王号和宫名"的观点并没有充分的证据，传世文献中更无这样的记载，这是让人无法接受的，何氏又凭空造出一座名为"康宫"的宫城更是让人无法信服。何氏的铜器断代理论是建立在自己的年代学体系之上的，而何氏"研制出一套迥异前人的途径和方法"，"在诸王年代的推算方面，我采取了数器集中，共同推断时王元年的办法。这两个

---

① 赵光贤：《"明保"与"保"考辨》，《中华文史论丛》1982年第1期。
② 何幼琦：《论"康宫"》，《西北大学学报》（哲学社会科学版）1985年第2期。

方法相结合，终于揭破了西周年代的秘密"①。用历朔的方法对铜器进行断代还存在很多的不确定因素，就目前的材料看，这种方法只能作为其他断代方法的补充。何氏利用历朔断代法所得结论来反对"康宫说"，理由并不充分。

2002 年，杜勇、沈长云二人合著之《金文断代方法探微》一书出版，此书第二章"康宫问题与铜器断代"占全书三分之一，此章对唐兰"康宫说"进行了逐条分析并提出了反对意见。这是第一次有人对"康宫说"进行全面的否定。

针对唐兰第一条证据"从令彝里京宫和康宫的对列可以看出康宫是康王的庙"，杜、沈二人指出："《下武》并不能提供京宫是专祀太王、王季、文王、武王、成王的宗庙的确证。因此，即便康宫是考宫，也没有充分的理由判断紧接京宫之后祭祀的就是康王，以证康宫就是康王之庙。"②

针对唐兰提出的第二条证据"从西周其它铜器有关'康宫'的记载，也说明它是康王的庙"，杜、沈二人指出："康宫即使可以叫康庙、康寝，只能说明康宫具有宗庙功能，要说自然就是康王的宗庙，并无坚证。"③

针对"从古代文献材料里的宫庙名称，来证明康宫是康王之庙"这一证据，杜、沈二人指出："从西周的历史实际看，周王谥号用字没有太多的限制，也用不着去刻意避讳。""所以康宫诸宫名与部分周王谥号相同，并不表明二者必有某种内在联系，可以把康宫或康某宫视为康王或某王之庙。"④

---

① 何幼琦：《西周年代学论丛》，湖北人民出版社，1989。
② 杜勇、沈长云：《金文断代方法探微》，人民出版社，2002，第 47 页。
③ 杜勇、沈长云：《金文断代方法探微》，人民出版社，2002，第 47 页。
④ 杜勇、沈长云：《金文断代方法探微》，人民出版社，2002，第 48~49 页。

针对第四条证据"从周朝在宗法制度方面分昭穆的事实，可以说明'康宫'是康王的庙"，杜、沈二人指出："在西周宗法制度下，天子七庙说可能更接近历史实际，这从当时诸侯实行五庙制则天子不应与诸侯无别即可推知。"师𫮃钟铭云："师𫮃肇作烈祖虢季、宫公、幽叔、朕皇考德叔大林钟。"杜、沈二人据此指出："师𫮃作大林钟提及高祖、曾祖、祖父、先父四人，表明他们与师𫮃关系最为亲近。""若师𫮃立庙祭祀祖宗，除上述四个亲庙外尚得加上始祖虢氏，由此而成五庙。"二人又引史墙盘来说明当时诸侯实行的是五庙制。①

杜、沈二氏推翻了"康宫说"，定令方彝、令簋为成王时器。考定"王姜"为成王后，令簋的"伐楚"为成王时事，此"楚"是位于河南滑县的楚丘，与文献中的荆楚并非一地。②

对康宫的性质，杜、沈二人得出的结论是："康宫虽有宗庙性质的建筑，但未必就是专设的王室宗庙。""康宫或康某宫的主要功能当为周王的寝宫，以供时王居住并处理政务。""共懿之后，仿新宫之例，康宫续有厉、夷、昭、穆诸宫的增建，仍属王之宫寝性质的建筑，以满足后嗣周王在东都理政的多种生活需要。"③

杜、沈二人反对"康宫说"是为了支持自己对令方彝和令簋的断代，杜、沈二人忽略了令彝和令簋在形制、花纹等方面透露出的时代特征，认为"尤其不宜把类型学上的证据置于金文内容的分析之上"。这一观点是不可取的。随着考古学的发展，类型学断代的方法被证明是科学可靠的，不能轻易否定。重考古学因素的张懋镕对令方彝的形制、花纹进行研究后说："从形态上看，方彝主要流行于商代晚期，西周早期已不多，且令方彝器物厚重，三层满花，极其华丽，上所饰

---

① 杜勇、沈长云：《金文断代方法探微》，人民出版社，2002，第50~51页。
② 杜勇、沈长云：《金文断代方法探微》，人民出版社，2002，第67~82页。
③ 杜勇、沈长云：《金文断代方法探微》，人民出版社，2002，第102~103页。

饕餮纹、龙纹等又十分传统，主纹浮雕感强，扉棱众多，凡此均给人以时代很早的感觉。不过此时的方彝已不同于殷晚和周初方彝，一是由高大变得横宽；二是腹壁不是直壁，腹部外鼓，作曲壁状；三是圈足下有高阶；四是饕餮纹已变得面目柔和。有学者指出，曲壁状的偶方彝在殷代就有，如妇好偶方彝。但据我们观察，二者差别很大。妇好偶方彝最大腹径靠近肩部，上腹部腹壁较直，下腹收束；而令方彝、折方彝腹部外鼓，最大腹径在腹的中部。二者在型式上并无传承关系。在西周早期后段不仅方彝鼓腹，方尊、圆尊、卣、簋等都有此特点，可视为这一时期青铜器的演变通则。"张氏还指出："我们如果仅仅注意到那些古老的因素，就有可能将此器的年代提前，如果注意到新的因素的出现，就有可能比较准确地把握它的时代，因为按照考古学的常识，判定某器物的年代是着眼于那些显示最晚年代特征的因素。"① 张懋镕的意见无疑是正确的，目前学者公认令方彝是昭王器。②

杜、沈二人主张西周时期"天子七庙"，这也是不可信的，杨宽在研究西周宗庙制度时说："看来五庙之说比较正确，七庙乃是后来扩大的说法。"③ 而昭穆制度研究的新成果也有利于唐说，1981年至1984年初，陕西省考古研究所雍城考古队发掘的陕西省凤翔县马家庄春秋中晚期秦国宗庙遗址是三庙，其中始祖庙（太庙）居中，昭穆二庙分列东西两侧④，尹盛平在研究西周昭穆制度后下结论说："西周时期周天子实行的是五庙制度，以凤翔马家庄秦国宗庙遗址证之，诸侯可能实行三庙制度。"⑤

杜、沈二人考释禽簋和刚劫尊中的"🔲"字说："此字从林从口

---

① 张懋镕：《西周青铜器断代两系说刍议》，《考古学报》2005年第1期。
② 王世民、陈公柔、张长寿：《西周青铜器分期断代研究》，文物出版社，1999，第143页。
③ 杨宽：《西周史》，上海人民出版社，2003，第430页。
④ 韩伟、尚志儒、马振智等：《凤翔马家庄一号建筑群遗址发掘简报》，《文物》1985年第2期。
⑤ 尹盛平：《西周史征》，陕西师范大学出版社，2004，第215页。

从止作 ，笔迹甚为清晰，只不过止在口上，若将口与止的位置互倒，正是足在林中的楚字。退一步讲，即便构形如'𣓀'，仍可视为楚的借字。楚字从足得声，从林得义，意殆'适于林莽'。'𣓀'从林从去，'去'、'足'古音同部，其谊均有'适'意，自可通假。可见释'𣓀'为楚比释作盖更优长。"① 按释 字为"奄"是非常正确的。杜、沈二人将禽簋和刚劫尊中的"伐𣓀"与令簋中的"伐楚"联系起来，而文献中并无成王伐楚的记载，杜、沈二人为此特别创造出一个不见于文献的"楚国"来，这是一种不负责任的态度，我们应该避免。

随着"夏商周断代工程"的启动，西周青铜器断代工作取得了重要成果，"康宫说"也得到越来越多学者的支持。

1996 年开始启动"夏商周断代工程"。王世民、陈公柔、张长寿等先生承担西周青铜器分期断代研究专题。1999 年出版了《西周青铜器分期断代研究》一书，根据考古发掘所获和传世的铜器资料，对"比较常见的器类，计有鼎、鬲、簋、盨、尊、卣、壶、方彝、盉、盘、钟 11 类的 352 件标本，像田野考古报告那样，逐类按其形制进行详细的分型、分式，……然后，逐件说明标本形制和纹饰的特点，出土地点、现藏处所、尺寸、铭文内容及其与其他器物的关联情况，以及它们的大体年代"②。在此基础上，王世民等将西周青铜器分为早、中、晚三期，并概括了各期铜器的基本特点、组合以及纹饰的基本情况。

2000 年《夏商周断代工程 1996—2000 年阶段成果报告·简本》出版。报告中将"西周年代学以文献研究为基础，通过考古学文化的分期与测年，建立年代学框架，同时构建金文（青铜器铭文）历谱并

---

① 杜勇、沈长云：《金文断代方法探微》，人民出版社，2002，第 78 页。
② 王世民、陈公柔、张长寿：《西周青铜器分期断代研究》，文物出版社，1999，第 3 页。

对有关天文材料进行计算，排出列王年代"①。报告指出夏商周断代工程推定西周王年有七个定点：西周晚期铜器吴虎鼎与宣王十八年（前810），晋侯苏钟与厉王三十三年（前845）；西周中期"天再旦"与懿王元年（前899），虎簋盖与穆王三十年（前947），鲜簋与穆王三十四年（前943）；西周早期静方鼎与古本《竹书纪年》昭王之年，《召诰》《毕命》历日与成康之年。断代工程通过考古类型学研究对西周青铜器中年、月、纪时词语与日名干支四要素俱全且有器形图像的51件铜器做了断代研究。

　　2003 年，彭裕商《西周青铜器年代综合研究》出版。彭先生认为"考定青铜器年代的方法应包括两个方面，即考古学方面和铭文方面"。"但这两种方法各有特点，在铜器断代方面的作用也各不相同。从涵盖面来说，考古学的方法涵盖面宽，只要有器形纹饰可据，都可适用；铭文涵盖面窄，只适用于有铭铜器。以可靠程度而论，考古学方法经多年的实践，证明是完全可靠的。而铜器铭文，由于古奥难懂，所以除极少数能提供确切年代的而外，其大多数，学者对其内容的理解和释读往往见仁见智，多有分歧。""由于这些原因，所以我们认为，考古学的方法在这项工作中应居于首位，其重要性往往超过铭文。"②"在铜器年代研究的实际工作中，应以考古学和古文字学的方法为主，并适当参照金文中的历日材料，这样才能尽量减少失误。"③此书对西周青铜容器做了型式划分，对有铭青铜器做了年代判定，尤为重要的是书中对西周铜器纹饰的研究，这些研究是考古学方法与古文字学方法的实际应用。

---

① 夏商周断代工程专家组：《夏商周断代工程 1996—2000 年阶段成果报告：简本》，世界图书出版公司，2000，第 12 页。

② 彭裕商：《西周青铜器年代综合研究》，巴蜀书社，2003，第 14 页。

③ 彭裕商：《西周青铜器年代综合研究》，巴蜀书社，2003，第 22 页。

这三项成果都是对西周青铜器的综合研究，都重视类型学研究方法，尤其是断代工程还引入了自然科学的相关技术。在多学科协作的基础上对西周青铜器做了断代，其结论是可信的。这三项成果虽然在某些铜器的断代上还有分歧，但其共同点就是都不否定"康宫说"，这一点可以通过本书附表"西周青铜器断代比较"看出来。

唐兰的"康宫说"在一些细节上还存在问题，需要加以完善。2005 年，张懋镕发表《西周青铜器断代两系说刍议》一文。此文在"周人不用日名说""周人不用族徽说"的基础上提出青铜器断代的"两系说"，张先生认为："西周青铜器大致可以区分为两个不同的文化系统，一个是器主以殷遗民为代表的青铜器系统，简称商系统；一个是器主以姬周贵族为代表的青铜器系统，简称周系统。""两系说"解决了为什么较晚的青铜器上会出现早期铜器的某些特征的问题。"'两系说'以考古学的类型学为基本点，所作断代分析，与先前用型、式分析方法所得结果也基本相同，只是在某些方面更为细微一点，不妨看作对以往通行的铜器分期断代方法的一种补充。""用'两系说'分析西周早期青铜器，其结论显示与唐兰的断代成果比较接近，尤其是唐兰定为昭王时器的一大批青铜器，非常适用于'两系说'的推论。这从另一个方面论证了'康宫原则'的合理性，将有助于西周青铜器断代理论的进一步完善。"[1]

除用新材料、新方法来证明"康宫说"可信之外，还有学者对"康宫说"的某些论点进行补充，如贾洪波《论令彝铭文的年代与人物纠葛——兼略申唐兰先生西周金文"康宫说"》一文论证"王姜"为康王后，作册大为作册夨令之父，明保为周公之子。[2] 尹盛平《西

---

① 张懋镕：《西周青铜器断代两系说刍议》，《考古学报》2005 年第 1 期。

② 贾洪波：《论令彝铭文的年代与人物纠葛——兼略申唐兰先生西周金文"康宫说"》，《中国史研究》2003 年第 1 期。

周的昭穆制度与金文中的"康宫"问题》一文对西周的昭穆做了详尽的分析，是对"康宫说"的又一补充。

接受"康宫说"的断代著作不止以上几种，本章不能一一具引，只略举以说明"康宫说"对西周青铜器断代研究产生的重要影响。

刘雨和卢岩评价"康宫原则"说：

他指出金文中的"康宫"即康王之庙，凡记有"康宫"的铜器应定为康王身后之器。这样就把过去定在成王时期的一大批铜器改定于昭王时期，并与昭王南征的记载联系起来。根据这一原则，金文中所记"康宫"中的"夷宫"、"厉宫"，应为夷王、厉王之庙，金文中凡记有夷、厉二宫之器，自应是夷王、厉王身后之器。他的这些分析，到目前为止，尚未发现与考古发掘出土的器物时代相矛盾者，并不断被新出土的铜器铭文所肯定。因而，他的"康宫原则"也逐渐为多数学者所接受。近年国家进行的"夏商周断代工程"，在讨论西周铜器断代时，就使用了"康宫"原则，这一方法对铜器断代之学做出了新的贡献。①

贾洪波也指出：

以迄今所见的相关铜器资料来检验，特别是集众多学科和学者研究成果的"夏商周断代工程"排定的《西周金文历谱》的衡量下，在年代上还没有发现与"康宫说"相违的例证。故我们认为唐兰先生的"康宫说"是正确的。②

① 刘雨、卢岩：《近出殷周金文集录》，中华书局，2002，第2~3页。
② 贾洪波：《论令彝铭文的年代与人物纠葛——兼略申唐兰先生西周金文"康宫说"》，《中国史研究》2003年第1期。

刘雨、卢岩与贾洪波先生对"康宫说"的评价是中肯的。反对"康宫说"的学者一直在纠缠"令方彝""令方尊"的断代，没有注意到新出土或新发现青铜器对"康宫说"的支持，这是不应该的，本节附录部分收录了《殷周金文集成》一书中含"康宫"信息的青铜器，从目前的研究来看，这些青铜器在年代上没有一件能否定"康宫说"。

附 《殷周金文集成》所见与"康宫"有关的青铜器铭文

1. 克钟《集成》01·204

佳（唯）十又六年九月初吉庚寅。王才（在）周康剌宫。

2. 克镈《集成》01·209

佳（唯）十又六年九月初吉庚寅。王才（在）周康剌宫。

3. 师汤父鼎《集成》05·2780

佳（唯）十又二月初吉丙午。王才（在）周新宫。

4. 十五年趞曹鼎《集成》05·2784

佳（唯）十又五年五月既生霸壬午。龏（恭）王才（在）周新宫。

5. 康鼎《集成》05·2786

唯三月初吉甲戌。王才（在）康宫。

6. 趠鼎《集成》05·2815

佳（唯）十又九年三（四）月既望辛卯。王才（在）周康卲（昭）宫。

7. 觚攸从鼎《集成》05·2818

佳（唯）卅又一年三月初吉壬辰。王才（在）周康宫徲大室。

8. 袁鼎《集成》05·2819

隹（唯）廿又八年五月既望庚寅。王才（在）周康穆宫。

9. 此鼎《集成》05·2821

隹（唯）十又七年十又二月既生霸乙卯。王才（在）周康宫
偶宫。

10. 颂鼎《集成》05·2827

隹（唯）三年五月既死霸甲戌。王才（在）周康卲（昭）宫。

11. 曶鼎《集成》05·2838

隹（唯）王元年六月既望乙亥。王才（在）周穆王大［室］。

12. 君夫簋盖《集成》08·4178

唯正月初吉乙亥。王才（在）康宫大室。

13. 卫簋《集成》08·4209

隹（唯）八月初吉丁亥。王客（格）于康宫。

14. 师遽簋盖《集成》08·4214

隹（唯）王三祀三（四）月既生霸辛酉。王才（在）周。客
（格）新宫。

15. 楚簋《集成》08·4246

隹（唯）正月初吉丁亥。王各（格）于康宫。

16. 即簋《集成》08·4250

隹（唯）王三月初吉庚申。王才（在）康宫。

17. 害簋《集成》08·4258

隹（唯）三（四）月初吉。王才（在）犀宫。

18. 申簋盖《集成》08·4267

隹（唯）正月初吉丁卯。王才（在）周康宫。

19. 望簋《集成》08·4272

隹（唯）王十又三年六月初吉戊戌。王才（在）周康宫新宫。

20. 斛从簋盖《集成》08·4278

隹（唯）卅又一年三月初吉壬辰。王才（在）周康宫徲大室。

21. 辅师嫠簋《集成》08·4286

隹（唯）王九月既生霸甲寅。王才（在）周康宫。

22. 伊簋《集成》08·4287

隹（唯）王廿又七年正月既望丁亥。王才（在）周康宫。旦。王各（格）穆大室。

23. 扬簋《集成》08·4294

隹（唯）王九月既眚（生）霸庚寅。王才（在）周康宫。

24. 鄂簋盖《集成》08·4296

隹（唯）二年正月初吉。王才（在）周卲宫。丁亥。王各（格）于宣射（榭）。

25. 鄂簋《集成》08·4297 同上

26. 此簋《集成》08·4303

隹（唯）十又七年十又二月既生霸乙卯。王才（在）周康宫徲宫。

27. 师颖簋《集成》08·4312

隹（唯）王元年九月既望丁亥。王才（在）周康宫。

28. 颂簋《集成》08·4332

隹（唯）三年五月既死霸甲戌。王才（在）周康卲（昭）宫。

29. 颂簋盖《集成》08·4336 同上

30. 膳夫克盨《集成》09·4465

隹（唯）十又八年十又二月初吉庚寅。王才（在）周康穆宫。

31. 矢令方尊《集成》11·6016

甲申。眀（明）公用牲于京宫。乙酉。用牲于康宫。咸既。用牲于王。

32. 矢令方彝《集成》16·9901

甲申。朙（明）公用牲于京宫。乙酉。用牲于康宫。咸既。用牲于王。

33. 颂壶《集成》15·9731

隹（唯）三年五月既死霸甲戌。王才（在）周康卲（昭）宫。

34. 颂壶盖《集成》15·9732

隹（唯）三年五月既死霸甲戌。王才（在）周康卲（昭）宫。

35. 走马休盘《集成》16·10170

隹（唯）廿年正月既望甲戌。王才（在）周康宫。

36. 裘盘《集成》16·10172

隹（唯）廿又八年五月既望庚寅。王才（在）周康穆宫。

第三节　对昭王时期青铜器的断代

周昭王南征是历史上的一件大事，《左传》《楚辞》《竹书纪年》《吕氏春秋》等书都有记载。《左传·僖公四年》管仲责问楚国使臣时说："昭王南征而不复，寡人是问。"《史记·周本纪》说："昭王之时，王道微缺。昭王南巡狩不返，卒于江上。其死不赴告，讳之也。"如果青铜器铭文中有关于昭王南征的内容，那么不仅可以用来印证《左传》《史记》等传世文献的记载，还可用作西周铜器断代的标准。

郭沫若、唐兰、陈梦家三位先生在西周青铜器断代上的分歧集中在成王和昭王两世，主要原因有二：一是郭、陈不承认"康宫说"；二是郭、陈对青铜器铭文中"伐楚"及"王姜"的解读与唐兰不同。

郭沫若在令簋的考释下说："此成王东伐淮夷践奄时器。楚即淮

夷，淮徐初本在淮水下游，为周人所迫始遡江而上至于鄂赣。"① 其后
又在考释禽簋铭文"王伐荼侯"时说："荼即楚之异文，从林去声。"
又说"此'伐荼侯'与令簋'伐楚伯'自是同时事"②。郭氏又考
"王姜"为成王后。③ 如此一来郭沫若便将所有带有"伐楚""王姜"
内容的青铜器定为成王时器。

　　陈梦家在"荼"字的考释上与郭沫若不同，陈氏说：

　　　　所伐之国，疑即盖侯。盖即《墨子·耕柱篇》《韩非子·说
林》上所述周公征伐之商盖，《左传》昭九作商奄，昭元作奄。
奄、盖皆训覆而古音并同，所以《吴世家》吴公子"盖余"《左
传》昭廿七作"掩余"。盖侯即《孟子》所谓的奄君。《说文》
"郋周公所诛，郋国在鲁"，《续汉书·郡国志》"鲁国古奄国"，
《周本记》正义引"《括地志》云兖州曲阜奄里即奄国之地也"，
集解引"郑玄曰奄国在淮夷之北"。据《竹书纪年》，南庚迁于
奄，盘庚自奄迁于殷，则奄旧为商都，所以《左传》定四说"因
商奄之民，命以伯禽而封于少暤之虚"。《左传》昭元"周有徐、
奄"，杜注云"二国皆嬴姓"，正义云"《世本》文也"。
　　　　诸书都说周公伐奄，与此器合。④

　　陈梦家对"荼"字的考释已经被学界所认可，郭沫若释"楚"是
错误的。在"令簋"的考释中陈梦家对"楚地"做了考释：

---

　① 郭沫若：《两周金文辞大系图录考释》（二），科学出版社，2002，第 24 页。
　② 郭沫若：《两周金文辞大系图录考释》（二），科学出版社，2002，第 40 页。
　③ 郭沫若：《矢令簋考释》，载《郭沫若全集》（历史编第一卷），人民文学出版社，1982，第
　　291 页。
　④ 陈梦家：《西周铜器断代》（上），中华书局，2004，第 28 页。

"于伐楚白"即往征楚伯。《逸周书·作雒篇》"凡所伐熊、盈族十有七国"，熊族之国楚，是其一。金文所记之伐盖、伐海眉（飞廉？）与文献所记之淮夷、徐戎，是东征的盈族（见《世本》）。此器"在炎"即在郯，《秦本纪》《潜夫论》《汉书·地理志》都说郯为盈姓之国；而《左传》昭十七郯子以少皞为其始祖，与秦人同。[①]

陈梦家赞成郭沫若"王姜为成王后"的意见。经过陈梦家的研究，郭沫若即使释错了"䇂"字却不影响他对令簋的断代。在西周青铜器中可与"伐楚"和"王姜"系联的铜器非常多，这个问题能否解决将直接影响一大批西周青铜器的断代。唐兰在研究"康宫"问题时，对令簋中的"伐楚"和"王姜"做了如下考释：

令簋里有一件大事是"王于伐楚伯在炎"，有一个重要人物是"王姜"。郭沫若同志作了一个假设："楚即淮夷，淮徐初本在淮水下游，为周人所迫始遡江而上至于鄂赣。炎当即春秋时郯国之故称，汉属东海郡，今为山东郯城县。"但没有提出什么根据。据我们所知楚和淮夷是两回事。据《史记·楚世家》，楚的先世是鬻熊，与文王同时，鬻熊的曾孙是熊绎，在成王时，"封熊绎于楚蛮，封以子男之田，姓芈氏，居丹扬"。所以《左传》昭公十二年楚灵王说："昔我先王熊绎与吕伋、王孙牟、燮父、禽父并事康王。"但"熊绎"在周初的地位是很低的，楚灵王所说不过是夸耀先世来装门面罢了。所以右尹子革的回答就说："昔我先王熊绎辟在荆山，荜路蓝缕以处草莽，跋涉山林以事天子，惟

---

① 陈梦家：《西周铜器断代》（上），中华书局，2004，第 30 页。

是桃弧棘矢以共御王事。"《国语·晋语八》也说:"昔成王盟诸侯于岐阳,楚为荆蛮,置茅蕝,设望表,与鲜卑守燎,故不与盟。"由此可见:(1)楚国本来就在荆山,所以又叫做"荆",又叫做"楚荆"或"荆楚"。(2)在成王封诸侯时,楚也曾被封,但地位很低。(3)成王为"岐阳之蒐"时,大会诸侯,楚国也到会,但也因地位太低,没有写到盟书上去。(4)熊绎在康王时代,在周王朝任过职。由此可以证明:①楚不是淮夷;②楚本不在山东;③成王时楚很弱小;④成王时没有伐过楚。因此,郭氏说令簋是成王东伐淮夷践奄时器是很难成立的。西周初期,昭王南征荆楚,没有回来,是一件大事,见于《左传》、《竹书纪年》、《楚辞·天问》跟《吕氏春秋》等书。金文狱簋说:"狱驭从王南征,伐楚荆",过伯簋说"过伯从王伐反荆",鼒簋说:"鼒从王伐荆",都显然是昭王时代的,可见令簋的"隹王于伐楚伯",也一定是昭王时代。楚国在成王时还很弱小,康王时已强大,所以熊绎能到王朝来任职,到了昭王时代,逐渐不顺眼而引起昭王的南征,这是符合历史发展的情况的。如果我们承认令簋的伐楚是昭王时代,就丝毫没有矛盾,也不需要把楚国说成是山东境内的淮夷了。①

"伐楚"一事金文屡见,郭沫若、陈梦家等学者将其定为成王时事,不过从文献上看,成王时只有"周公践奄"的记载,并未有明确记载"成王伐楚"的,相反文献中"昭王伐楚"的记载却很多。有些学者为了将令方彝定在成王时期,造出了一个不见于文献记载的楚国,后来发现的金文材料彻底否定了"成王伐楚"的说法。1976年陕

---

① 唐兰:《西周铜器断代中的"康宫"问题》,《考古学报》1962年第1期。

西扶风庄白村 1 号青铜器窖藏出土的墙盘铭文有"弘（宏）鲁邵（昭）王，广斀（笞）楚刑（荆）"的记载[1]，2003 年陕西眉县杨家村出土的逨盘铭文"雩朕皇高祖惠仲猛父，憼（戾）龢（和）于政，有成于猷，用会昭王穆王，盜（施）政四方，厮（剪）伐楚荆"[2]。这两篇铭文都提到"昭王伐楚"，与文献记载吻合，如此一来令簋等铜器铭文中提到的"伐楚"就是"昭王伐楚"了，这一点是毋庸置疑的。

唐兰在"王姜"身份的认定上一直犹疑不定，早期认为"王姜"是康王之后：

> 至于"王姜"这个人物，郭沫若同志引《国语·周语》："昭王娶于房曰房后"，说房是祁姓之国，不应称为"王姜"（《两周金文辞大系考释》14）是很对的，但说是成王之后，就跟伐楚时代不能符合了。其实昭王的后不姓姜，并不能说明令簋不属于昭王时代，王姜不是昭王的后，但未必不是康王之后，昭王的母亲，即太后。令簋说："作册矢令尊俎于王姜，姜商令贝十朋，臣十家，鬲百人"，从赏赐的多，可以看到王姜权力的大，那末，在昭王伐楚时期的"王姜"就只能是昭王的太后。据令簋说："令敢飘皇王宝丁公文报，用顨后人亯，唯丁公报。令用弇辰于皇王，令敢辰皇王宝，用作丁公宝簋。"可见令是丁公的后人，既然要报祭丁公，又作丁公的祭器，可见丁公已死。赏令的人是"王姜"，当时的姜姓诸侯里面，称为丁公的是齐侯吕伋，他是太

---

[1] 裘锡圭：《史墙盘铭解释》，《文物》1978 年第 3 期。

[2] 陕西省文物局、中华世纪坛艺术馆编《盛世吉金：陕西宝鸡眉县青铜器窖藏》，北京出版社，2003。释文参考董珊《略论西周单氏家族窖藏青铜器铭文》，《中国历史文物》2003 年第 4 期。

公的儿子，周成王死的时候，召公奭等受顾命，"齐侯吕伋以二干戈虎贲百人逆子钊于南门之外"，子钊就是康王。由此可见康王初吕伋还没有做六卿，年纪也还不大，所以楚灵王说吕伋事康王。那末，丁公的死应在康昭之间，令簋的王姜更没有成王时代的可能了。

……

䍧卣的十九年就是昭王死的一年，假定康王死时，王姜还不过三四十岁，那末到昭王末年也只有五六十岁，跟昭王一起去南征是完全可能的。①

此后唐兰又改变了自己的看法，先是认为王姜是继"房后"之后的昭王后："我过去把王姜推断为昭王的母亲，康王之后，是一个很大的错误。""康王晚期可以有新的王后，为什么昭王就只许一个房后呢？""穆王的生母固然可以是房后，但昭王即位以后，就未必还以房后为王后了。或者房后已死，就可以有继室；或者房后被黜，就可以另立新后，周幽王不就黜申后而宠褒姒吗？那末，昭王时代的青铜器铭刻很多涉及王姜，就根本用不着推到昭王的母亲的。"② 后来唐兰又认为"王姜"是"房后"，并考定房国是姜姓：

《国语·周语》上说："昔昭王娶于房，曰房后，实有爽德，协于丹朱，丹朱凭身以仪之，生穆王焉。"房国见《左传·昭公十三年》："灵王迁许、胡、沈、道、房、申于荆焉。"《汉书·地理志》汝南郡吴房县，孟康注："本房子国，楚灵王迁房于楚。吴王阖闾弟夫概奔楚，楚封于此，为堂谿氏，以封吴，故曰吴

---

① 唐兰：《西周铜器断代中的"康宫"问题》，《考古学报》1962 年第 1 期。
② 唐兰：《论周昭王时代的青铜器铭刻》，载《古文字研究》（第 2 辑），中华书局，1981。

房。"今在河南省遂平县西北。按：此六国中，许和申为姜姓，胡为归姓，沈为姬姓，房与道不知其姓，今昭王时铜器铭文中有王姜，则房国当亦是姜姓。《唐书·宰相世系表》说："房氏出自祁姓，舜封尧子丹朱于房。"《广韵》房字注说："尧子丹朱封为房邑侯。"姓氏书都不大可靠。①

唐兰在"王姜"身份上的犹豫不决是因为文献记载"昭王娶于房"，若将"王姜"定为昭王后则与文献不合，若定为康王后则王姜的活动时间太长，为了不影响自己的"康宫说"，唐兰一直在寻找解决办法，可惜一直未有好的解决方案。同意"昭王南征"观点的学者也在试图帮助唐兰解决"王姜"为昭王后的问题，例如《商周青铜器铭文选》（三）在作册睘卣释文的注一说：

> 此十九年当是昭王纪年。令簋铭："隹王于伐楚白，在炎。隹九月既死霸丁丑，乍册矢令尊宜于王姜"。按史载昭王十六年、十九年两次伐楚，令簋所记合于《年表》昭王十六年九月的历朔，故知王姜当为昭王之后，本铭云"王姜命乍册睘安夷伯"。或说王姜是康王之后，则古代女子成婚之年，加上康王在位之年和昭王十六年伐楚，已是七十余岁的高龄，作为太后身份对朝政发生如此重大的影响，似无可能。且此器为王姜安夷伯，此时王姜父母尚在，故不可能为康王之后。史载昭王娶房后而金文为王姜，可能昭王有两后。昭王十九年伐楚败绩，身死汉水，金文中不曾有任何记录，所以本铭十九年所记之事应早于此年伐楚之举。②

---

① 唐兰：《西周青铜器铭文分代史征》，中华书局，1986，第197~198页。
② 马承源主编《商周青铜器铭文选》（三），文物出版社，1988，第65页。

　　近年来对"王姜"身份的研究有了新进展，刘启益整合传世文献与金文资料，排比得出西周王后的信息：

武王：邑姜

成王：王姒（叔夗方彝、叔夗方尊、保侃母壶）

〔附：文王妃太姒（后母姒康方鼎、王姒方鼎）〕

康王：王姜（令簋、乍册𰹢卣、叔卣、𤯌鼎、息伯卣）

昭王：王祁

穆王：王俎姜（𢦏鼎）

王姜（不寿簋）

共王：王奻？（寏鼎）

懿王：王白姜（王白姜壶、王白姜鬲）

孝王：王京（小臣传簋）

夷王：王姞（䜌侯簋）

厉王：申姜（王作姜氏簋）

宣王：齐姜

幽王：申姜（前）、褒姒（后）

　　刘启益总结说："从以上排列可以看出，从武王到幽王有七个周王的后妃为姜姓。西周十二王，实际上只有十一代人，因为孝王是穆王的儿子，不单独构成一个世代。因此，如果把孝王除开不计，从武王至厉王恰好是每隔一代周王，就要娶一个姜姓女子为妻。这说明西周时姬、姜两姓是两个互为婚姻的政治集团，而这种习俗的来源或者可以追溯到更遥远的古代。"① 刘氏将"王姜"定为康王后，因此定令

---

① 刘启益：《西周金文中所见的周王后妃》，《考古与文物》1980 年第 4 期。

方彝、令簋等器为康王器。刘氏这一结论的影响很大，吴镇烽是赞同刘启益的意见的，认为"王姜为康王后妃较妥"[①]。

有些学者虽然也认为"王姜"是康王的后，但仍认为令方彝和令簋在昭王世，如李学勤在《西周中期青铜器的重要标尺——周原庄白、强家两处青铜器窖藏的综合研究》中说："寰卣和令簋都提到王姜，我们以为商尊、商卣的'帝后'也就是王姜。《礼记·曲礼下》：'措之庙，立之主，曰帝。''帝'指先王，'帝后'指先王之后。昭王青铜器的王姜或'帝后'应为康王之后。"李氏又在文末注释 17 中说："《国语·周语》载昭王娶于房，昭王后非姜姓，有些记王姜的青铜器属康王时。"[②]

彭裕商是同意李学勤的观点的。[③] 贾洪波亦同意李学勤"王姜"为康王后的意见，并做了发挥。贾氏将令彝定为昭王世，并对《史记·周本纪》"穆王即位春秋已五十矣"一语重做解释：

> 疑今本《周本纪》"五十"实为"十五"之倒误，或者干脆就是后世窜入之文，因为《周本纪》全篇于其余各世周王无一记其即位时年龄者，独此穆王一例，自是可疑。这样，王姜的年龄至多也是与康王相仿，康王崩时其应在四十岁上下，那么她完全可以活动在昭王一世。所以，唐兰先生对自己的王姜为昭王太后说原本是不必游移的。但如若以王姜为成王之后，即使她能活至昭王初年，也不可能频频活动于昭王末年。[④]

---

① 吴镇烽编《金文人名汇编》（修订本），中华书局，2006，第 40 页。
② 李学勤：《西周中期青铜器的重要标尺——周原庄白、强家两处青铜器窖藏的综合研究》，《中国历史博物馆馆刊》1979 年第 1 期。
③ 彭裕商：《西周青铜器年代综合研究》，巴蜀书社，2003，第 255 页。
④ 贾洪波：《论令彝铭文的年代与人物纠葛——兼略申唐兰先生西周金文"康宫说"》，《中国史研究》2003 年第 1 期。

李学勤、刘启益等学者认为"王姜"是康王后的意见是可信的，尤其是刘启益的研究成果更具说服力。但我们也不要认为凡是出现"王姜"的青铜器就一定是康王时期的，正如李学勤、彭裕商等学者所说的，有一部分"王姜"的青铜器应归为康王，贾洪波对穆王在位年数的考订也可备一说，究竟哪些"王姜"器要归为康王时代，为什么要归为康王时代还需要进一步研究。

"唐先生在西周铜器断代上的最大贡献是昭王铜器的认定。"[①] 其主要成果体现在《论周昭王时代的青铜器铭刻》一文中，这是继《西周铜器断代中的"康宫"问题》后的又一篇长文，也是唐兰西周青铜器断代研究的重要组成部分。此文是唐兰利用多种方法对西周青铜器进行断代的代表作，这篇长文分上、下编，上编主要对53件铜器进行断代，下编则是对断代依据的说明。下编包括两个方面，一是铭文所反映的历史事实，唐兰将53篇铭文里的时间、地点、人物、时事等材料制成表，即将器名、日辰、重要事件、重要人物、器形纹饰、出土时间地点、著录收藏列为七栏，前后器物之间是在日辰、事件还是人物上有联系一看便知，这种结构比陈梦家的分组更直观；二是对53篇铭文的综合研究，器物造型、装饰和图案，铭文中的专名、惯语、语法及文字的结构和书法等特点都被用来作为断代的依据。此时唐兰已经尝试用考古学的方法来研究青铜器的器形和纹饰，如说"师旂器的腹是下垂的，和商及周初的圆鼎口大而腹底小是不同的。唇及两耳均向外侈，也是较晚的形式。口下作一道长尾鸟纹，鸟尾分离，这种图案在成王时期是绝对不能出现的，反之，如现藏广州博物馆穆王时代的剌鼎，铭文说明'啻邵（昭）王'，却正是这种图案。寰鼎的形式图案，也基本相同，也正是穆王时器，因此，我们可以断言有关伯懋

---

① 朱德熙、裘锡圭：《评〈西周青铜器铭文分代史征〉》，载《裘锡圭学术文集》（第六卷），复旦大学出版社，2012，第37页。

父的师旂鼎，单从器形和图案来说，也应定为昭王后期，甚至是穆王初年"①。唐兰早年的青铜器断代著作重视的是铭文及史实的考证，在器形及纹饰的断代上不及郭沫若和陈梦家。20 世纪 50 年代国内院校调整，唐兰调入故宫博物院，此后一直留在故宫博物院工作，其晚年著作重视器形与纹饰与这一时期的工作是分不开的。

唐兰在这篇长文中总结了一些昭王时期青铜器铭文的特点，如"成王时是几乎没有长篇铭刻的。长篇铭刻开始于康王时代，昭王时沿袭康世，像作册矢的两铭以及作册麦尊等都是大块文章。而以很简短的铭文记载孚金，孚贝、孚戈等大抵是昭王时代的铜器"②。唐氏亦在这篇文章中修正了自己的若干观点，如将"王姜"改定为昭王后，认为昭王伐楚有两次，对夨地重做了考释等，在某些铜器的断代上也有所改变，如早期将叔卣、不寿簋等器定为康王时代，此文改定为昭王时代。唐兰晚年在不断完善自己的断代体系，其遗稿《西周青铜器铭文分代史征》将师旂鼎、小臣宅簋、沈子也簋、作册趫卣定为穆王世，这又与《论周昭王时代的青铜器铭刻》不同，有关唐兰断代观点的变化可以参考朱德熙、裘锡圭《评〈西周青铜器铭文分代史征〉》一文。

唐兰积极利用新材料，敢于否定自己的研究态度是值得学习的。唐兰在总结昭王铜器断代工作的得失时说："过去因为材料不够，又没有综合起来研究，因此，很多推测，都是很错误的，主要的是第一，认为太保就是召公奭，所以把有些铭文和史料硬安到康王末年去了。第二，是把王姜认为是昭王的母亲，康王之后，尤其荒唐的是第三，认为昭王伐楚是带了王姜去的。第四是没有弄清昭王伐楚有两

---

① 唐兰：《论周昭王时代的青铜器铭刻》，载《古文字研究》（第 2 辑），中华书局，1981。
② 唐兰：《论周昭王时代的青铜器铭刻》，载《古文字研究》（第 2 辑），中华书局，1981。

次，十六年的一次是回来了的，十九年已是第二次的伐楚。"① 正因为无保守习气所以唐兰才能在金石学领域取得骄人的成就。

唐兰与郭沫若、陈梦家在铜器断代上的分歧主要集中在成王和昭王铜器的认定上，如作册䰧卣、令尊、令方彝、旅鼎、小臣谜簋、卫簋、小臣宅簋等器，唐兰定为昭王器，而陈梦家定为成王器。从本书附表"西周青铜器断代比较"更能看出三人在断代上的分歧。从目前的研究成果看，唐兰将这些铜器断为昭王时期更可信。对于郭、陈与唐分歧的原因，张懋镕评价说："郭沫若、陈梦家等之所以把很多器定在成王时，就是太在意器物上存在的古老因素，而唐兰恰恰是注意到了器物上新因素的萌发。"② 这个评价是非常允当的。

如果说"康宫说"是唐兰早期利用铭文进行青铜器断代的核心方法，那么对昭王时代铜器的断代则是运用多种方法的综合研究，这是唐兰学术研究的一次重大变革，不过由于时代所限，唐兰未能将考古类型学的方法彻底应用到青铜器断代上来。

在昭王时代铜器的判定上，"伐楚"是一条重要原则，在此基础上再用人名系联的方法对若干铜器进行断代，如唐兰认为"明保""明公""太保"是一人，这样作册䰧卣、作册令尊、作册令彝、明公簋（唐兰称为囧工簋）、旅鼎这几件出现同一人物的青铜器必定属于同一王世。叔卣中"王姜""太保"同时出现，如此出现"王姜"这一人物的铜器又可与出现"太保"这一人物的铜器系联，系联的人物多了便形成了一组铜器。昭王时代的铜器就是这样通过系联考定出来的。这种方法一直被郭沫若、唐兰、陈梦家等学者应用，但未能上升到理论高度，随着对"王姜"身份争论的深入及西周青铜器断代研究

---

① 唐兰：《论周昭王时代的青铜器铭刻》，载《古文字研究》（第2辑），中华书局，1981。
② 张懋镕：《西周青铜器断代两系说刍议》，《考古学报》2005年第1期。

的发展，利用青铜器铭文中人物的系联来断代成为新的研究课题。

1983 年，盛冬铃发表题为《西周铜器铭文中的人名及其对断代的意义》一文。此文首先对青铜器铭文中人名的表现形式做了分析，认为西周已行谥法，列王称死谥而非生称；其次是肯定铭文中人名对铜器断代的意义。与铭文中的历日和地名相比"最重要的是人名和事迹"，盛氏提出两种研究方法，一是与文献对照，二是以某一人名为中心分组。盛冬铃所提出的这种断代方法有利于判定铜器的绝对年代，但在具体操作的时候还有许多注意事项，盛氏已注意到这一点，并在文章中提及。①

1987 年吴镇烽《金文人名汇编》出版，书中汇集先秦青铜器铭文所见人名 5228 条，2006 年出版修订本，所收人名增至 7600 多条，这部工具书同时体现了作者的断代观点，人名下都有断代信息，凡作者认为同名而实非一人的都单列字头。修订本后附有《金文人名研究》一文，这是作者 1993 年在国际周秦文化学术研讨会上宣读的论文，此文对金文中人名的种类、组成方式等做了研究，可以看作对盛文的补充。

陈絜先生在评价青铜器断代中的人物系联法时说：

> 然而还有一个问题似乎依然不被人重视，也即器铭之间的人物系联。将诸器铭文中所出现的人物进行系联，确有助于金文年代的判别，这种方法在卜辞研究中已经运用得比较纯熟，而金文断代采用这一线索大概就是受甲骨研究的影响。但是，作金文分期断代工作的学者，往往忽略关键的一点，即金文人物群与西周王世的对应关系是相对的，不可能严丝合缝、毫无偏差。这个问

---

① 盛冬铃：《西周铜器铭文中的人名及其对断代的意义》，载《文史》（第 17 辑），中华书局，1983。

题在卜辞研究中已经有了比较深入的、统一的认识，我们可以及时吸取其经验。所以，用人物群、人物组作金文年代判断，只能有一个大体选择范围，除非是铭文本身提供了明确的年代信息，或所涉及的事件在文献中有明确的记载，否则不宜用之作金文绝对年代或准确王世的标准。另外，在周代姓氏制度和人名问题还没有彻底搞清之前，这种方法的使用也应该十分慎重，否则不免张冠李戴。[①]

陈絜的评价值得注意，唐兰在确定"王姜"身份问题时的游移不定，郭沫若、陈梦家与唐兰在"王姜"身份上的认识分歧都是这种人物系联法的不足造成的，运用这种方法必须慎重，避免张冠李戴。

第四节　其他断代研究成果

唐兰主要的断代成就体现在昭王时代铜器的判定上，但这并不是他唯一的断代成果，遗稿《西周青铜器铭文分代史征》及若干单篇考释文章，在西周其他王世或春秋时期的青铜器断代上同样取得了不俗的成绩。本节按其文章发表时间的先后顺序择要介绍如下。

1. 䮭羌钟年代的考定

1931 年初，䮭羌钟于河南洛阳出土，关于其年代有周灵王二十二年（前 550）、周安王二十二年（前 380）、周威烈王二十二年（前 404）、晋烈公二十二年（前 394）四种说法。[②] 1932 年唐兰在《䮭羌钟铭考释》一文中考释说："廿有再祀者，周灵王之廿二年，晋平公

---

①　陈絜：《商周金文》，文物出版社，2006，第 119~120 页。
②　参考孙稚雏《䮭羌钟铭文汇释》，《古文字研究》（第 19 辑），中华书局，1992。

之八年也。"① 1935 年温廷敬发表文章考定䣄羌钟为周威烈王二十二年：

> 此当属诸威烈王二十二年。《水经注》二十六，东汶水注，引《竹书纪年》云："晋烈公十二年，王命韩景子、赵烈子、翟员伐齐，入长城。"烈公十二年，当威烈王十八年。然《纪年》久佚，《水经注》每多讹误，此十二年必为十六之误（六字失去下二点，后人遂误为二字耳），烈公十六年当威烈王二十二年。以此铭证之而益信。何以信之？铭称韩宗，卿大夫乃称宗或主，若在安王二十二年，韩为诸侯久矣，当称韩侯，安得称宗？其证一也。桑丘之役，乃齐伐燕取桑丘，韩、赵、魏伐齐救燕至桑丘。《史记正义》引《括地志》云："桑丘故城在易州遂城县界"三晋救燕至桑丘，道必不出长城平阴……而威烈王时之伐齐，则明为入长城，其证二也。战国诸侯用兵，其告天子者实少，而此则奉王命以出师，故战胜昭告于天子，且当韩、赵、魏三家，虽拥地自专，其名义犹为晋卿，故不得不貌受锡命于晋公。桑丘之役，同列诸侯，岂有征伐辄禀命于晋之理？其证三也。威烈王二十三年，命韩、赵、魏为诸侯，正在斯役之次年，阴虽受赂，名则为赏功之典，其证四也。②

温氏的意见引起了唐兰的重视，在 1938 年发表的《智君子鉴考》中唐兰接受了温氏的意见并补充说：

> 依余近来之意见，温氏所定之威烈王二十二年，确即作钟之

---

① 唐兰：《䣄羌钟铭考释》，《国立北平图书馆馆刊》第 6 卷第 1 期，1932 年。
② 温廷敬：《䣄羌钟铭释》，《国立中山大学研究院文科研究所历史学部史学专刊》第 1 卷第 1 期，1935 年。

年，胜于灵王、安王之说。唯轻改《竹书》之文，是其疏失，尚须加以修正耳。盖《史记·六国表》与《竹书》本多龃龉，温氏引《竹书》而以《六国表》之晋烈公纪年推之，自不能合，因而窜改其年数，则不能使人无疑矣。余考《水经·瓠子河注》引《竹书》"晋烈公十一年，田悼子卒，田布杀其大夫公孙孙，公孙会以廪邱叛于赵。田布围廪邱，翟角、赵孔屑、韩师救廪邱，及田布战于龙泽，田师败逋"。《史记·田敬仲完世家》索隐则引《纪年》："宣公五十一年，公孙会以廪邱叛于赵"。此二书所引，本是一事，惟《水经注》依《纪年》用晋烈公之年，而《索隐》则以田敬仲世家之故，改用齐宣公之年耳。然正因此参差，吾人可借以窥见《纪年》之旧，其烈公之年，当与《六国表》不同。齐宣公之五十一年，威烈王之二十一年也。在《六国表》，是为晋烈公十五年，于《竹书》为十一年，然则《竹书》所记烈公十二年伐齐入长城之事，正当于威烈王之二十二年，与钟铭所纪符合。①

"综观各家之说，屬氏编钟应作于周威烈王二十二年。温氏之说经唐兰先生补充，年代差异的疑点已经清除。"② 这一观点目前已成学界共识。③

2. 对周王㲎钟年代的考释

周王㲎钟旧称宗周钟，著录于《西清古鉴》，对其时代学者众说纷纭，郭沫若考释说："此钟余以为乃昭王所作，铭中之'㲃虢乃遣间

---

① 唐兰：《智君子鉴考》，《辅仁学志》第7卷第1~2期，1938年。

② 孙稚雏：《屬羌钟铭文汇释》，载《古文字研究》（第19辑），中华书局，1992。

③ 马承源主编《商周青铜器铭文选》（三），文物出版社，1988，第590页；汤余惠：《战国铭文选》，吉林大学出版社，1993，第11页；朱凤瀚：《古代中国青铜器》，南开大学出版社，1995，第979页。

来逆邵王'即昭王，邵王乃生号非死谥。又其'𫑡其万年，眹保四或'之𫑡亦即昭王名瑕之本字，字当从夫声，与瑕同部；如从害声，则与瑕同纽。"① 郭氏在此考释中已提及唐兰将"𫑡"定为周厉王名，但没有接受唐兰的意见。

1936 年唐兰写成《周王𫑡钟考》，此文对旧所称宗周钟进行了重新考释，指出器主就是周厉王"胡"，唐兰考释说：

> 由器制、铭辞、文字、书法、史迹五端言之，此钟之铸，决不在周初昭王之世，而必位置于厉宣时期，无可疑者。因此，余尝臆测此作者之𫑡，或即厉王之名。𫑡胡之声，固亦相转，然不过假定其有可能而已，初无确凿之证据也。
>
> 顾此后余续得重要之证明，厉王名𫑡之说，乃得确立。其端盖自𫑡字之研究肇之。
>
> 金文习见𫑡字，作𫑡、𫑡、𫑡、𫑡、𫑡、𫑡、𫑡、𫑡等形。其用法有二：一为国名，如寰鼎、录簋之𫑡，及遹�、�侯之孙�鼎之�侯是也。一为人名，如本铭及大夫始鼎、�鼎、�弔簋、�父簋、�衍簋是也。宋人误释为珊，徐同柏释录簋国名为舒，然�实从夫从害，害作�、�等形，与舍作�、�等形迥异，则舒亦误也。孙诒让释�为㜅，�为㜅，㜅、㜅一字，斯为得之。郭沫若于此铭释�，谓当从害声，甚是。而于用为国名处，误依徐说释为舒，则似未深考也。
>
> 孙诒让谓�即�之省变，说至警辟，余由是思及季宫父簋自称其器为�，其所从之�，亦即�字也。铜器之簋，铭中多作匦字，从匚古声，即经传"瑚琏"之瑚也。季宫父簋以匦为匚，则

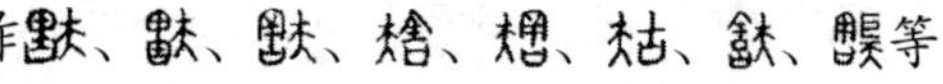

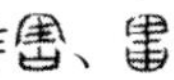

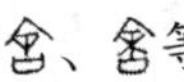

---

① 郭沫若：《两周金文辞大系图录考释》（二），科学出版社，2002，第 120 页。

猷可读为胡也。

……

由此以推本器作者之猷，亦当读为胡，无疑也。史称周厉王名胡，而此器自器制铭辞各方面判之，当在厉宣之世，则猷即厉王本名，又可无疑也。①

唐兰考释"猷"为周厉王名，定为厉王器，自此学者皆从唐说。陈梦家在《西周铜器断代》中亦接受唐说。1978 年 5 月，陕西扶风县法门公社齐家村在修陂塘时，发现西周时期的文物，其中有一件铜簋，发掘者根据唐兰的考释将其定名为猷簋。② 猷簋铭文中"我家、朕位、猷身、猷"等可证王与猷为一人。张政烺、张亚初等人在对猷簋所做的考释中也赞成唐兰的观点。③ 张政烺评价这一考释说：

先生由器制、铭辞、文字、书法、史迹五点言之，断定此器必位置于厉宣时期。铭文有"猷其万年"，猷当读为胡，即厉王本名，因改定此钟名"周王猷钟"。一时学者从之无异词。历时四十余年，一九七八年五月陕西省扶风县齐家村出土猷簋，铭一百二十四字，有"猷作朕皇考宝簋"；一九八一年二月，扶风县庄白村出土五祀猷钟，距猷簋出土地约二公里，铭八十九字，有"猷其万年"等字，三器书法相同，遂为西周铜器断代树一绝对标准，永不动摇。④

---

① 唐兰：《周王猷钟考》，载《国立北平故宫博物院年刊》，1936。
② 扶风县图博馆：《陕西扶风发现西周厉王猷簋》，《文物》1979 年第 4 期。
③ 张政烺：《周厉王猷簋释文》，载《古文字研究》（第 2 辑），中华书局，1981；张亚初：《周厉王所作祭器猷簋考》，载《古文字研究》（第 5 辑），中华书局，1981。
④ 张政烺：《唐兰先生金文论集·序》，紫禁城出版社，1995。

周厉王名的释读成为唐兰西周铜器断代研究的又一贡献，通过标准器断代法我们可以将与㝩钟有联系的铜器进行断代。

2007 年李学勤在《谈西周厉王时器伯㸓父簋》一文中介绍了新发现的厉王时器伯㸓父簋，簋铭释文如下：

> 惟王九月初吉庚午，王
> 出自成周，南征，伐𠬝（服）𨑑（子）：
> 麇、桐、遹，伯㸓父从王伐，
> 窺（亲）执讯十夫、馘廿，得孚（俘）
> 金五十匀（钧），用作宝簋，对扬，
> 用享于文祖考，用锡鼍（眉）
> 寿，其万年子子孙孙永宝用享。①

"𠬝𨑑"亦见于周王㝩钟，唐兰考释说"𠬝"乃国名，"𨑑"为人名。李学勤认为"服子"泛指隶属周朝的蛮夷方国，"宗周钟铭说的，显然同伯㸓父簋是一回事，只是簋铭写出了'服子'中三国的名字，就是麇、桐和遹，前两国见于文献"②。记载征讨桐、遹等方国的青铜器还有翏生盨和鄂侯驭方鼎，只是遹字的写法有些不同，李学勤通过㝩钟人物及事件系联，将伯㸓父簋、翏生盨和鄂侯驭方鼎定为厉王世，又继续通过铭文和器形、纹饰的系联将敔簋、弭伯簋、弭叔簋等器定为厉王世。由于可见唐兰考释出一个"㝩"字解决了一批厉王时青铜器的断代问题。

3. 宜侯夨簋年代的考释

宜侯夨簋 1954 年 10 月出土于江苏丹徒，此器一出土便受到学者

---

① 李学勤：《文物中的古文明》，商务印书馆，2008，第 299 页。
② 李学勤：《文物中的古文明》，商务印书馆，2008，第 300 页。

的重视，并对其时代和所反映的历史事实都做了深入研究。最早发表考释文章的是陈梦家，在《宜侯夨簋和它的意义》一文中，陈先生认为作器者"夨"与1929年出土的夨方彝等器中的"夨"是同一人，与宜侯夨簋同出的一组器物"它们的形制和文饰，都是西周初期的。若根据簋铭，可以定为成王时，最晚是康王时"①。在《西周铜器断代》中陈氏亦持相同观点，"作器者夨亦见于洛阳出土的令方彝、令尊和令簋。此诸器并同出的作册大方鼎在铭末都有'鸟形册'的族铭，乃是一家之器。此簋之父为父丁，与令方彝、令尊相同，而据令簋夨令曾从王东征至于炎。然则此簋的宜侯夨和令方彝、令尊、令簋的作册夨令应是同一人。但诸器铸作有先后之别"②。

郭沫若亦定宜侯夨簋为成王时，郭氏说："又往年曾出夨令簋与夨令彝，为周成王时器。彼夨令在夨令彝中亦单称夨，其父亦为父丁。然则此宜侯夨或虔侯夨与彼二器之作册夨令，当系一人。此器言'武王成王伐商'，武成皆生号而非死谥，成王生时已称成王，不能视为器出成王以后之证。"③

陈邦福、陈直等人亦主张宜侯夨簋为成王时器。④

唐兰不同意陈梦家与郭沫若的断代，他主张宜侯夨簋是康王时器，唐兰考释说：

> 宜庆簋的形制的特点，是四耳而不垂珥。商器往往不垂珥，但大丰簋已经垂珥了。宜庆簋不会比大丰簋（武王时）还早，但从它的形制、花纹，簋铭的字体书法来看，都应该在西周初期。

---

① 陈梦家：《宜侯夨簋和它的意义》，《文物参考资料》1955年第5期。
② 陈梦家：《西周铜器断代》（上），中华书局，2004，第17页。
③ 郭沫若：《夨簋铭考释》，《考古学报》1956年第1期。
④ 陈邦福：《夨簋考释》，《文物参考资料》1955年第5期；陈直：《考古论丛》，《西北大学学报》（哲学社会科学版）1957年第1期。

铭文说："□省珷王成王伐商图，徦省东国图"，"省"字是动词，"图"是图像，《国语·周语》："省其典图刑法"，文例相同。"省"既是动词，上面所缺的应该是主词，应该是人称。根据下文"王卜"和"王令"，这里应该是"王省"。周王 獣 种："王肇遹省文武堇疆土"，文例也相近。这里所说的王既然可以省珷王成王的伐商图，显然已在成王以后。西周初年，王号是可以生称的，但不能有两个王号同时生称，在成王时，武王已死，如果说武王成王连书时，成王可以是生称，那就成为一个死了的王和一个活着的王连着说了，这在文例上是不应该有的。小盂鼎说"𩁹周王、武王、成王"，作册大鼎说："公来鬯武王成王异鼎"，都是康王时的铜器，都连说武王成王，可见这是康王时期的特点。在康王以前，只说到"文武"，在康王以后，除了"文武"外，还可以说"成康"，连说武王成王，可以证明这个宜厌矢簋应在康王时期。武字写作珷，跟盂鼎一样；赏赐奴隶也跟盂鼎相近，都可以证明是康王时期的铜器。[1]

与陈、郭两人不同，唐兰认为宜侯矢簋中的"矢"就是"周章"，与令方彝中的"矢"并非一人。这一观点得到李学勤等学者的赞同，李氏说："唐兰先生认为宜侯矢不是令方尊、方彝的作册矢，也是正确的。作册矢任职成周，其器物在洛阳出土，他就葬在那里，和宜侯矢不过同名，其父又都以丁为庙号罢了。他们的身份，是悬殊的。"[2] 彭裕商补充说："关于宜侯矢，有学者认为与令方尊、方彝的矢令是一人，我们不同意这种说法。姑且不说矢令作为周王朝的作册之官是否可能封为东南滨海之地的诸侯，就以古代世官而论，其说也难以成

---

[1]　唐兰：《宜侯矢簋考释》，《考古学报》1956 年第 2 期。
[2]　李学勤：《宜侯矢簋与吴国》，《文物》1985 年第 7 期。

立。因为由本铭可知，矢在封宜之前本为虞侯，不是作册之官。其次，作册矢令和其父辈大所作之器都有相同的族氏铭文'鸟形册'，表示作册为其世官，而宜侯矢簋却没有这样的铭文，所以我们认为将二者视为一人，还缺乏充分的依据。"①

李学勤批评《西周铜器断代》中的分组方法说：

> 应当指出，这种青铜器组的方法是有一定局限的，有时会导致不妥当的推论。铭文中同样人名，有时不是同一个人；即使同一个人，也可能生存于一个以上的王世。试以文献为例，春秋时代周王卿士有"单伯"，见《春秋》经庄元年、十四年；至文十四年，又有"单伯"，"距庄十四已六十余年，当非一人"。成元年"单子"是单襄公，昭十一年"单子"是单成公，相距不久昭王二十二年的"单子"则是单穆公了。西周金文常见的"周公"、"荣伯"之类实际也是这样。假设将同样人名都列诸一王之世，特别是以几个人名辗转联系，便会把本不同时的器物"浓缩"到一起。②

陈梦家、郭沫若将宜侯矢簋的"矢"和令方尊、方彝中的"作册矢"看成一个人正是犯了李学勤所指出的错误。目前学界普遍接受了宜侯矢簋为康王世的观点，这可以从本书附表"西周青铜器断代比较"中看出来。

4. 虢季子白盘年代的考定

虢季子白盘旧以为宣王时器，如张穆《虢季白盘文跋》、方浚益

---

① 彭裕商：《西周青铜器年代综合研究》，巴蜀书社，2003，第249页。
② 李学勤：《西周中期青铜器的重要标尺——周原庄白、强家两处青铜器窖藏的综合研究》，《中国历史博物馆馆刊》1979年第1期。

《缀遗斋彝器考释》、吴云《虢季子白盘铭考》等。这些考释都是通过历朔推定法来断代的。王国维则更进一步指出"征之古器则凡纪猃狁事者，皆宣王时器"①。郭沫若提出反对意见，"此器旧以为宣王时器，然除用后起长术以事推步，及与《六月》之诗相比附外，别无它证"。郭氏定此盘为夷王时并考证说：

> 《后汉书·西羌传》"夷王衰弱，荒服不朝，乃命虢公率六师伐太原之戎，至于俞泉，获马千匹"。注云"见《竹书纪年》"。虢公即此虢季子白，太原即《禹贡》所出之太原在今山西中部。俞泉即不娶簋之西俞，《尔雅·释地》"北陵西隃、雁门是也"。此言"𑜪伐猃狁于洛之阳"谓于北洛水之东也，地望正合。②

1950 年，刘肃曾将虢季子白盘捐献给国家，并运到北京展览，这次展览掀起了讨论虢季子白盘的一个高潮，陆懋德、唐兰、高鸿缙、平卢等人皆发表了相关文章，在断代上又出现了宣王、平王等分歧。③唐兰在《虢季子白盘的制作时代和历史价值》一文中判定此器为宣王时器，虢季子白盘出土于陕西的虢地，因此唐兰推断其时代必在西周时期，不会晚至春秋，又通过铭文的书法特点判断其年代不会早到夷王时。郭沫若的观点有一定的代表性，即使现在仍有学者支持郭沫若的说法④，所以唐兰对郭氏的观点进行反驳，唐氏说：

---

① 王国维：《观堂集林》，中华书局，1959，第 602 页。
② 郭沫若：《两周金文辞大系图录考释》（二），科学出版社，2002，第 226 页。
③ 陆懋德认为是宣王时器，参见陆懋德《虢季子白盘的几个问题》，《光明日报》1950 年 4 月 26 日；《虢季子白盘研究》，《燕京学报》1950 年第 39 期。高鸿缙认为是周平王十二年器，参高鸿缙《虢季子白盘考释》，（台北）《大陆杂志》第 2 卷第 2 期，1951 年。平卢亦认为是周平王十二年器，参平卢《虢季盘时代》，（台北）《大陆杂志》第 2 卷第 2 期，1951 年。
④ 吴镇烽编《金文人名汇编》（修订本），中华书局，2006，第 379 页。

　　郭先生以为《后汉书》的虢公，就是虢季子白，也就是不娶簋的伯氏。我以为虢季子白既然称为子白，就只是公子而不是公。颐和园旧藏有虢宣公子白鼎，可以证明子白是虢宣公的儿子，和子钬是虢文公的儿子一样，当然不是虢公了。传世还有虢季子组的器，白字和帛相通，子白和子组，可能是弟兄。至于不娶簋的伯氏，应当属于伯的一族，而不是仲叔季的任何一族。例如：召伯虎簋也有伯氏，他的父亲是幽伯，土父钟说到他的父亲是叔氏。那末，如果要说到虢季，就只能称季氏，而不能称伯氏，可见不娶簋的伯氏，不会是虢季子白了。

　　《西羌传》说虢公率六师，但在盘铭里，子白只是先行。《西羌传》说"伐太原之戎，至于前泉"，无论如何，总已到山西境内（令伯吉父盘的畧虞，王玉哲先生考为太原附近的余吾是很正确的）。但盘铭只是"于洛之阳"，不管是哪一个洛水，都不合，《西羌传》说"获马千匹"，但盘铭只是"折首五百，执讯五十"。那末，从史书来看，这个盘也不在夷王时。

　　再从文体来看，虢盘是诗篇的形式，在铜器里是很突出的。"薄伐猃狁，于洛之阳"，显然是由《六月》一类的诗套出来的，我们知道彝器铭辞是比较保守的，那就决不可能在厉宣之前，雅诗还没有成熟的夷王时代，就有了这种文体。①

　　按，从青铜器铭文所反映的古代姓氏制度看，虢季子白与虢公并非一人，唐兰反对郭说的理由有一定道理，盛冬铃先生说："有些氏名，如虢季，则表明它是虢氏的分支，其得名类似春秋鲁之三桓，又如奠（郑）虢，则可能是虢氏的一支，因其先人官于王朝而居于奠

---

① 唐兰：《虢季子白盘的制作时代和历史价值》，载《唐兰全集》，上海古籍出版社，2015，第818页。

（周穆王都郑），所以在原先的氏名之上又加一'奠'字以示区别。"①
盛氏的观点是十分正确的，子白是名，虢季是氏，虢季子白与虢公并
非一人是很清楚的。张穆、方浚益等人的断代结论是正确的，但其所
用方法有问题，他们使用的"四分周术"方法并不合西周历法，此次
推定虢季子白盘得出正确的结论只是碰巧。高鸿缙、平卢两人之所以
将虢季子白盘推定为平王世也是因为所用之历朔法有问题。

"夏商周断代工程"的重要任务之一便是金文历谱的构拟，断代
工程所构拟的西周金文历谱将虢季子白盘纳入宣王十二年，可以看作
对唐兰观点的一次肯定，目前这一结论已被学者普遍接受，我们从本
章比较表中就能看出。

5. 何尊的年代

何尊于 1963 年在陕西宝鸡市出土，《文物》1976 年第 1 期发表了
唐兰、马承源等人的研究文章，有关何尊年代的讨论至此展开。器铭
中"惟王初𨨶宅于成周""惟王五祀"成为争论的焦点，同时也是判
断何尊年代的关键。唐兰在《𨨶尊铭文解释》一文中认为"惟王初𨨶
宅于成周"是成王迁都到成周并考释说：

> 周武王灭了殷王朝以后，就有建都洛阳一带的意图。《逸周
> 书·度邑解》说："自雒（即洛字，下同）汭延于伊汭，居易无
> 固，其有夏之居。我南望过于三涂，北望过于岳鄙，顾瞻过于有
> 河，宛瞻延于伊雒，无远天室"。就提出由雒汭到伊汭，适宜于
> 建都的规画。后来，《尚书·召诰》记载太保召公先去"相宅"，
> 看建在那里合适。在三月五日戊申他到了洛水旁卜宅，从占卜中

---

① 盛冬铃：《西周铜器铭文中的人名及其对断代的意义》，载《文史》（第 17 辑），中华书局，
1983。

定下了地址就开始经营。三月七日庚戌，太保命令"攻位于洛汭"，就是在洛河北面建筑临时的王宫，可见这是依照武王的遗命行事的。新发现的这篇铭文里引武王在克大邑商以后，廷告于天说："余其宅兹中国，自之义民"，意思是"要建都于天下的中心，从这里来统治民众"，和文献资料完全符合。这是一个很重要的证据，对西周初期历史的研究有很大帮助。①

唐兰认为"惟王五祀"是成王亲政后五年并做考释说：

此器作于成王亲政后五年，这是一件重要的史料。《史记·周本纪》和《尚书大传》都有周公摄政七年，反政成王的记载。《尚书·洛诰》篇末说："在十有二月，惟周公诞保文武受命惟七年"，显然记的是周公摄政第七年年终时事。而篇中周公对成王说："王肇称殷礼，予齐百工，伻从王于周，予惟曰庶有事，今王即命曰记功宗，以功作元祀。"而成王的答词说："公明保予冲子。公称丕显德，以予小子扬文武烈，奉答天命，和恒四方民。居师惇宗将礼，称秩元祀，咸秩无文"。就是周公要召集百官，举行归政于成王的典礼，让成王举行第一次的"殷礼"，就把这一年称为"元祀"。而这篇铭文的记事是"惟王五祀"，那就是成王五年了。照《尔雅·释天》的说法，殷朝人称"祀"，周代只称为"年"，但在铜器铭文里，西周初期，经常称"祀"，据现有的材料说，这篇铭文所记成王五祀，是最早的了。过去历史学家都认为周公摄政七年并不包括在成王在位年数之内，现在知道从"元祀"以后才是成王亲政后的纪年，这个问题就得到证实了。②

---

① 唐兰：《冠尊铭文解释》，《文物》1976年第1期。
② 唐兰：《冠尊铭文解释》，《文物》1976年第1期。

　　唐兰晚年又认为"惟王五祀"既有可能是"成王四年"又可能是
"成王五年"，"当更详考"①。不过唐兰始终认为周公摄政的七年并不
包括在成王纪年之内。

　　关十"䵼"字我们在第二章已经讨论过，这里只讨论"惟王五
祀"的问题。各家对此有不同的意见，主要原因就在于周公摄政是否
包含在成王纪年之内，与唐兰观点不同的有马承源，马氏说：

　　　　铭文纪年"隹（惟）王五祀"，是成王五年。按照历史记载，
　　成王营造成周洛邑有二说，一是七年，见《尚书·洛诰》，一般
　　历史著作多采用这一说法；二是五年，见《尚书大传》"周公摄
　　政，一年救乱，二年伐殷，三年践奄，四年封卫侯，五年营成
　　周。"这个记载，和尊的纪年相符。周公摄政，纪年应该还是成
　　王，但《尚书·洛诰》中周公返政成王时，成王有"惇宗将礼，
　　称秩元祀"的话，这个元祀不是纪年，一般的理解是大祀。所以
　　这"五祀"是武王死后成王即位的第五年，而不是周公摄政时有
　　元年，返政时又有成王元年。②

　　另有一种调和的说法认为："《何尊》的五祀或是摄王五年，而
《洛诰》写成在'周公致政成王'以后，用成王七年。"③
　　赞成周公摄政包含成王纪年的学者要多一些，如严一萍、杨宽
等。④虽然各家对"惟王五祀"的具体年代还有不同意见，但他们大

　　①　唐兰：《西周青铜器铭文分代史征》，中华书局，1986，第79页。
　　②　马承源：《何尊铭文初释》，《文物》1976年第1期。
　　③　张政烺：《何尊铭文解释补遗》，《文物》1976年第1期。
　　④　严一萍：《何尊与周初的年代》，载编辑委员会编《董作宾先生逝世十四周年纪念刊》，（台
　　　　北）艺文印书馆，1978；杨宽：《释何尊铭文兼论周开国年代》，《文物》1983年第6期。

都承认何尊为成王时器，首先提出何尊非成王时器的学者是李学勤，他将何尊与德方鼎联系起来研究，最终得出结论说："《尚书》中的《召诰》，前人有成王五年、七年两种说法。但即使《召诰》时在成王五年，同何尊铭也是无法吻合的。据《召诰》，召公在三月戊申到达洛地，卜宅经营。至乙卯日，周公至洛。甲子日，周公用书命庶殷诸侯，兴建新邑。所以，在三月份不能有周王来成周，四月丙戌也还不能有什么京室，这是十分明显的。成王至新邑，事在七年，见于《洛诰》。"李学勤亦不赞同成王改元的说法，李氏认为《洛诰》中的"元祀"都应释为"大祀"，所以认为"何尊的五祀既然不能是成王五年，就只能是康王的五年了"①。受此影响的还有王恩田，其《"成周"与西周铜器断代——兼说何尊与康王迁都》一文亦将何尊定为康王器。由于误释何尊中的"迁""禀"及德方鼎中的"郊"，李学勤将何尊定为康王器是站不住脚的，目前学者公认其为成王标准器。

　　由于篇幅所限，本文不能一一介绍唐兰的断代成果，唐氏究竟有多少断代成就被学术界所认同，我们可以从本书比较表中得出结论，从本节介绍的五篇与断代有关的文章已可窥见唐兰在青铜器断代上所使用的方法及取得的成就。

第五节　小结

　　本章主要分析了唐兰在西周青铜器断代领域所取得的成就，通过分析我们发现，唐兰的学术研究紧随时代步伐，即使晚年仍在收集青铜器材料，关注新的考古发现。《西周青铜器铭文分代史征》写于其

---

① 李学勤：《何尊新释》，《中原文物》1981 年第 1 期。

逝世前的三年内，这部遗稿所收西周青铜器之多、材料之新都足以说明唐兰用功之勤。通过分析我们还发现唐兰早期和晚期在断代方法上是有不同的，早年的"康宫说"注重的是铭文自身所反映的时代特征，晚年在《论周昭王时代的青铜器铭刻》中已经开始重视类型学方法，从他不断修订自己的断代结论的行为可以看出，他是一个毫无保守习气的学者。

郭沫若"标准器法"使青铜器断代研究走上科学的道路，其开创之功不可磨灭，而唐兰、陈梦家等为完善这一方法所做的贡献也是值得肯定的，在利用铜器铭文确定"标准器"方面，唐兰的贡献最大争议也最多，其主要贡献是确定了"标准器"的三个定点：一是"康宫说"，凡有"康宫"字样的铜器都是康王以后器；二是昭王伐楚原则，铜器铭文中有"南征""伐楚"字样的必是昭王时器；三是考定"㝬"为周厉王名，这一原则将器主为㝬的铜器都定为厉宣时代。虽说成绩是主要的，但也并不是说唐兰在西周青铜器断代研究方面没有缺点。他本人常用历朔推定铜器年代，如在考定虢季子白盘的年代及厉王在位年数时便应用了这种方法，唐氏自己亦推定过武王克商的年代，可是他自己并没有建立一套关于西周金文历谱的理论。在西周青铜器断代研究方面，唐兰过于注重铭文内容，对花纹形制重视不够。在利用传世文献的时候，唐兰常常为了论证自己的观点而否定文献记载（这一点将在后面的章节中提到），这些都是他的不足之处。

从整个西周青铜器断代的历史看，"标准器法"在判断铜器绝对年代上的作用是不可替代的。继唐兰的"康宫说"之后，又有学者提出若干断代标准，如刘雨的《金文中的䄍祭》，刘氏认为"䄍祭乃是新死之父祔入宗庙的祭礼"，"凡记䄍祭之器应为某王元年之器"[①]。王

---

① 刘雨:《金文中的䄍祭》,《故宫博物院院刊》1998 年第 4 期。

恩田《"成周"与西周铜器断代——兼说何尊与康王迁都》一文认为"凡是铭言'成周'者则属康王及其以后作器"①。这些新发现的原则是否成立还需要进一步研究，不管怎么样这种尝试对西周青铜器的断代研究来说是有益的。从学术发展的角度看，未来西周青铜器断代的重点工作仍是类型学研究，正如李学勤所说：

> 过去由于条件的所限，我们的青铜器分期工作不能以考古学的材料为基础，主要是对金文本身作研究。现在考古材料多了，我们可以用考古学的方法，特别是考古类型学的方法对青铜器进行研究和排队。所以，在"夏商周断代工程"中，我们为了将工作做得好一点，特别请中国社会科学院考古研究所几位专门研究青铜器的专家（王世民、张长寿、陈公柔三先生），对西周青铜器中有重要铭文和对年代学研究有关系的部分做一个研究。研究的要求就是不要管文字的内容和关系，严格地按照考古类型学的方式来研究。这项工作已经结束，1999 年出了一本非常重要的书——《西周青铜器分期断代研究》。可是它的成功也给我们带来一个非常大的问题，就是它证明了过去我们主要从金文的角度来研究的结果有很多地方不对，而且这种不对常常超出我们的想象，发现了很多错误。这就给我们一个启示，即金文的研究一定不能脱离考古学的研究，而且一定不能违背考古类型学、层位学的分期方法。
>
> ……
>
> 青铜器研究上有几个问题要特别做，其一是青铜器分期工作。经过国内外很多学者的努力，中国青铜器分期的基本框架业

---

① 引自张光裕、黄德宽主编《古文字学论稿》，安徽大学出版社，2008，第 54 页。

已建立。在分期的方法论上，应强调把考古学的类型学研究放在首位，再以古文字学等去论证和细化。①

正如李学勤所说，过去的青铜器断代过于依赖铭文，由于不同学者对铭文内容的理解不同，断代结论也随之出现分歧，通过附表"西周青铜器断代比较"，我们可以看出学者在某些器物的断代上还存在巨大的分歧。虽说经过了几代学者的努力，我们在西周青铜器断代领域取得了巨大成绩，但是与已取得的成就相比，面临的困难并未减少。

西周青铜器分期断代研究不仅涉及铭文的释读，还涉及考古学方法的应用，同时这一研究方向又与传世文献关系密切。文献记载的歧异是断代意见出现分歧的原因之一，一个"康宫说"便涉及西周宗庙制度、昭穆制度等。今天，反对"康宫说"的学者利用的证据仍然是传世文献，而这种证据本身又存在释读的分歧。与其在文献记载上争论不休，不如换一个角度来思考这个问题，假如考古学方法支持"康宫说"，那我们为什么不能反过来利用这一学说来研究西周时期的宗庙制度和昭穆制度呢？这样的研究值得努力，也希望将来西周青铜器分期断代研究成熟之后有人从事这一工作。

---

① 李学勤：《古文字与古文明：21世纪初的认识和展望》，《东岳论丛》2005年第2期。

第四章

利用青铜器铭文来研究古代史

　　清代已经有学者利用金文来研究《说文解字》，但直到王国维才真正利用古文字材料来研究古代史。王国维在清华大学的讲义《古史新证——王国维最后的讲义》是这方面的代表作。这部著作提出了影响深远的"二重证据法"，王氏云："吾辈生于今日，幸于纸上之材料外更得地下之新材料，由此种材料我辈固得据以补正纸上之材料，亦得证明古书之某部分全为实录，即百家不雅驯之言亦不无表示一面之事实。此二重证据法惟在今日始得为之。虽古书之未得证明者不能加以否定，而其已得证明者不能不加以肯定可断言也。"① 王氏之后，郭沫若、于省吾等都在古史新证领域取得了巨大成就，如郭沫若的《中国古代社会研究》《两周金文辞大系》，于省吾《双剑誃诸子新证》《双剑誃尚书新证》等。这些都是利用古文字材料来研究古代历史文献的代表作，唐兰评价郭沫若说："郭沫若同志把十五年史趞鼎的龏王定为共王，匡卣的龏王定为懿王，是十分重要的发见，并用铭文补周史的先例。"②

　　唐兰金石学研究的轨迹是：《说文》—金文—甲骨文—古文字学

---

① 王国维：《古史新证——王国维最后的讲义》，清华大学出版社，1994，第2~3页。
② 唐兰：《永盂铭文解释》，《文物》1972年第1期。

理论—古代史。可以看出，文字学理论及古史研究才是他古文字研究的终极目的。对于古文字的工具性，唐兰曾说："我们不妨把古文字做考古的一种工具，但不要忘记他们在文字学上占有的重要的位置。"① "我国上古历史，文献资料很贫乏，但在西周青铜器铭文中往往记载着许多重要历史事件，又常涉及社会、政治、经济、法律、军事、文化等各个方面，这种第一手资料，远比书本资料为重要。四十多年前，郭沫若同志对西周铜器断代，有过重要贡献。其后，新资料日益丰富，……用青铜器铭文进一步研究西周史，已具有很好的条件，可以提到日程上来了。"② 唐兰在文字考释方面推崇孙诒让，在利用古文字材料研究古代史方面则推崇王国维。唐氏在为《古史新证》所作的序中说："夫考据之学必虚己以待证，搜集材料而不徒骋其说，新证既出，材料既富，不须穿凿新奇，而自有创获，则王先生《古史新证》其选也。先生之说王亥、王恒、上甲、报乙、报丙、报丁之属，所释之文字既皎然可信，而其见于故书若《山海经》、《汲郡纪年》、《天问》、《世本》、《吕览》、《史记》等书，又彰彰可据，故其说既出，四海景从，于以开发明古史之先轨。此与吴大澂、孙诒让之研究古文字堪媲美矣。疑古之说方盛，学者羞道虞夏，先生独举甲骨所载殷之先世与夏同时，且金文盛道禹迹，与《诗》符合，可知两周学人咸信有禹，不仅儒墨也。此其证据明确而不轻下断语，诚后学之楷模焉。"③

唐兰早年曾在北京大学讲金文及古籍新证，但没有留下有关古籍新证的文字资料。唐兰利用金文材料研究古史的论著大多已收录在

---

① 唐兰：《古文字学导论》（增订本），齐鲁书社，1981，第 134 页。
② 唐兰：《用青铜器铭文来研究西周史——综论宝鸡市近年发现的一批青铜器的重要历史价值》，《文物》1976 年第 6 期。
③ 《唐兰全集》，上海古籍出版社，2015，第 411~412 页。

《唐兰先生金文论集》中，而其遗稿《西周青铜器铭文分代史征》则是一部系统利用青铜器铭文来研究古代史的著作，本章主要以这两部书为基础来分析唐兰在古史研究方面的成就。

第一节　利用金文资料考证古代地理

金文中屡见地名及方国名，考释其地之所在是金文研究的一项重要任务。唐兰熟悉传世典籍，所以在考释金文地理方面取得了重要成就，本章所选取的例子或是唐兰的创见或是其意见对正确考释有所帮助，举例如下。

1. 考释金文中的孤竹国

1973 年 3 月 6 日，辽宁省喀喇沁左翼蒙古族自治县的北洞，先后发现了相邻近的两处青铜器窖藏①，北洞一号坑出土的一件罍（《集成》15·9810）有铭文为"父丁，■■亚凭"，唐兰将其隶定为"父丁■冉凭亚"，认为是商代后期器，虽未能正确释出铭文的第三、四字，但从唐氏的考释中可以看出，他认为这两个字应该是地名，他说："从文献上考察，这个地区，在商代属于孤竹国，也就是伯夷、叔齐的老家，现在从出土实物可以得到证明了。"在文末的注释中又对孤竹的地望做了详细的考释，唐氏说：

> 《汉书·地理志》辽西郡令支县下说："有孤竹城"，应劭注"故伯夷国"。清《一统志》"令支故城今迁安县西"，又"孤竹

---

① 辽宁省博物馆、朝阳地区博物馆：《辽宁喀左县北洞村发现殷代青铜器》，《考古》1973 年第 4 期；喀左县文化馆、朝阳地区博物馆、辽宁省博物馆、北洞文物发掘小组：《辽宁喀左县北洞村出土的殷周青铜器》，《考古》1974 年第 6 期。

山在卢龙县西，孤竹城在其阴。"据《尔雅·释地》觚竹是北荒，《逸周书·王会解》有孤竹、不令支，《国语·齐语》、《管子》和《史记·齐世家》都记载齐桓公伐孤竹事。今河北省迁安县附近的古孤竹城，可能是孤竹国的一个都邑，而孤竹国的国境决不止此。清吕调阳的《汉书地理志详释》则说："（今喀喇沁左翼）旗南八里有故龙山城，盖即令支城也。……又旗东北二十五里有元利州城，盖志所云孤竹城。"汪士铎《水经注图》所附《汉志释地略》则以喀喇沁左翼为《汉书·地理志》的辽西郡文成县。今按喀左在迁安东北，离迁安不到三百里。这种属于四荒的国家，还在游牧情况下，地广人稀，喀左应属孤竹是无疑的。①

唐兰虽未能正确释出罍铭中的第三、四字，但从他的考释中可以看出，他认为这两个字与古代的孤竹国有关，如果从这一思路出发本可以用推勘法释出这两个字，可惜唐兰没有把握这个机会。

张震泽先生释■为竹，认为字形像竹叶，读■为册，意为策告，张先生将此器铭文释为竹册。② 李学勤认为第三字■是从子从曰，上左从瓜得声，应隶定为晉，此字的瓜旁与《说文》中的"瓜"字及战国玺印中"瓜"字的偏旁写法相近，第四字■与作为偏旁的"竹"字相近，所以李先生释此二字为"孤竹"。③ 这一意见已经得到学术界的认可。金文中的"孤竹"还见于亚窦鼎（《集成》04·2033）："亚窦孤竹㠯"、亚窦父丁卣（《集成》10·5271）："亚窦宦孤竹父丁。"后来李先生又对孤竹国进行深入研究，《试论孤竹》一文从传世文献、考古材料等方面对孤竹国的记载进行了全面梳理，最后得出结论：

---

①　唐兰：《从河南郑州出土的商代前期青铜器谈起》，《文物》1973 年第 7 期。
②　张震泽：《喀左北洞村出土铜器铭文考释》，《社会科学辑刊》1979 年第 2 期。
③　晏琬：《北京、辽宁出土铜器与周初的燕》，《考古》1975 年第 5 期。

"孤竹、令支及山戎都是今河北、辽宁间的古代土著民族。商、周两朝在此都曾建立诸侯国,传入了中原的文化。商朝分封有中心在卢龙的孤竹国,周初分封有中心在北京的燕国,对当地少数民族进行统治。"李学勤认为唐兰所说"今河北省迁安县附近的古孤竹城,可能是孤竹国的一个都邑,而孤竹国的国境决不止此"是非常有见地的。①

按,唐兰虽未能考释出孤竹二字,但其将铭文内容与文献中的孤竹相联系的结论却是非常正确的。

2. 金文中的伐奄

禽簋(《集成》07·4041)铭:"王伐🔲侯,周公谋,禽祝,禽又啟祝;王赐金百孚,禽用作宝彝。"郭沫若考释第三字说"即楚之异文,从林去声"②。陈梦家释为奄。

唐兰早年认为"'萘'应读为'盖'(林和艹通用,去和盍通用)"③。与陈梦家的意见基本相同。晚年唐兰对字形做了详细分析:"萘即盍字。甲骨文从艹之字多变为从林,如:莫可作綦之类,其例甚多。去字下从🔲,或从凵,乃器形,与皿同义,所以去与盍通,隶书盍字即从去作盍。盍国名,古书多作奄。盍、奄声近通用。"④

按,读"盖"为"奄"是毫无疑问的,关键是字形的考释。唐兰晚年对"奄"字形体的解释更合理一些。通过对奄字的考释,文献中周初伐奄的记载得到了金文材料的证明,陈、唐二人都利用这些出土的金文材料和传世文献做了对比研究,从而证明文献记载的可靠。唐兰的另一贡献在于将西周的伐东夷分成两次,"第一次是成王时期,那是和周公一起去的。《尚书序》说:'成王东伐淮夷,遂践奄'"。

① 李学勤:《试论孤竹》,《社会科学战线》1983年第2期。
② 郭沫若:《两周金文辞大系图录考释》(二),科学出版社,2002,第40页。
③ 唐兰:《西周铜器断代中的"康宫"问题》,《考古学报》1962年第1期。
④ 唐兰:《西周青铜器铭文分代史征》,中华书局,1986,第38页。

"第二次伐东夷则是昭王时期"①。这样一来，西周记载有"伐反夷"的铜器大都可归为昭王时代。

　　陈、唐二人的考释成果已经成为定论，大部分学者的学术研究接受了这一观点，如《商周青铜器铭文选》《西周青铜器年代综合研究》等。

3. 考释彧簋中的地名械林

彧簋（《集成》08·4322）铭文有地名"▨林"，唐兰考释说：

　　械字原作畵，下从▨，即周字。畵林即械林，大概由于在周原一带，所以从周。《左传》襄公十四年记晋国伐秦，"济泾而次……至于械林"。是械林在泾水之西。《汉书·地理志》右扶风雍县有械阳宫，昭王起。清《一统志》说："械阳宫在今扶风县东北。"或说在宝鸡附近。械阳宫的名称，应与械林有关。那末，械林旧地当在今扶风、宝鸡一带。当时秦国都在雍，在今凤翔县南，宝鸡县北，晋兵本想攻雍，而逗留在械林，可证。《史记·郑世家》索隐引《世本》："桓公居械林，徙拾。"《汉书·地理志》京兆有郑县。注："周宣王弟郑桓公邑。"臣瓒注："周自穆王以下，都于西郑，不得以封郑桓公也。"颜师古注则说："穆王以下，无都西郑之事，瓒说非也。"按臣瓒曾见《竹书纪年》，所说穆王都西郑，本不误。但以京兆的郑县（今陕西省华县）为穆王所都则是错了。《竹书纪年》说："穆王所居郑宫、春宫。"铜器中如免觯、大簋等都说"王在奠（郑）"，都证明穆王曾居郑，但这个郑并不是后来的京兆郑县。《史记·秦本纪》："德公元年，初居雍城大郑宫。"正义引《括地志》"岐州雍县南

───────────────

①　唐兰：《论周昭王时代的青铜器铭刻》，载《古文字研究》（第2辑），中华书局，1981。

七里故雍城，秦德公大郑宫城也"。这个大郑宫应是穆王郑宫的旧址。雍县故城在今凤翔县南，那末，西郑本在凤翔至扶风一带，郑桓公始封之郑，是在泾西的棫林。后来才迁到京兆郑县，可能就是《世本》所说的"徙拾"。东周后又迁到新郑，到秦武公"县杜郑"时则是以郑桓公所迁之地为郑县，不是始居的棫林了。后人不知道西郑原在泾河之西，又不知道京兆郑县不是郑桓公始封之地，而误以郑县（今华县）当作棫林，就和《左传》所说棫林的地理不合了。①

戒鼎有"王用肇吏（使）乃子戒，率虎臣御滩（淮）戎"语，戒簋有"戒率有司、师氏奔追御戎于棫林，博（搏）戎獸"语，二器所记当为一事，铭文或称戎或称淮戎。唐兰考释"淮戎"说：

> 滩戎是滩地的戎。或以为是淮夷，非是，淮夷从来不称戎。此器的戒还年轻，也不能统率大军，远征淮夷。戒簋说："追御戎于棫林。"棫林在今陕西泾河西，滩戎居地当不远。那末，滩戎是住在焦获的戎，滩字应该读为濩。古代获字就写作隻，殷虚卜辞的禯祭，可以作禖，用两手捧鸟来祭；可以用一只手，作禖；也可以不从又，只作裑。此外还有不少例子可以说明隻字可读为蒦。因此，滩字可读为淮，也可读为濩。焦获古书也作焦护，周代的大泽，在渭水北，是猃狁所居之地，见《诗·六月》和《尔雅·释地》。获、护和濩并可通用。猃狁是戎，见：《诗·出车》

---

① 唐兰：《用青铜器铭文来研究西周史——综论宝鸡市近年发现的一批青铜器的重要历史价值》，《文物》1976 年第 6 期。

和不娶簋。那末，滩戎是猃狁前身无疑。[①]

1973 年陕西兰田发现一件㦰叔鼎（《集成》05·2767），1978 年陕西武功出土㦰叔㦰姬簋（《集成》07·4062）。卢连成和罗英杰考释说："陕西兰田出土㦰叔鼎，武功今又出土㦰叔为其女伯媿所作的媵器，两地出土器物互相印证，可知㦰戎一支西周晚期已定居在陕西关中地区，很有可能即在今兰田县。㦰作为戎狄一支与周人杂居在泾水、渭水流域，时而结成同盟，时而为仇仇。……《国语·周语》第一篇也谈到穆王伐犬戎之事，此举正合扶风县所出伯戔簋铭。此簋铭记伯戔在年轻时搏伐戎㦰于臧林，㦰应即为媿姓之戎，臧林即棫林，有可能在今凤翔县雍棫阳故地。"[②] 这一考释赞成唐兰的观点。

录㦰卣铭文有"淮尸（夷）敢伐内国"的记载，学者指出㦰簋与录㦰卣中的㦰为一人，而录㦰卣铭文记载淮夷入侵，王令㦰戍卫的事情。李学勤认为"淮夷也可称淮戎"[③]。古代蛮夷戎狄皆指中原以外的民族，析言则南蛮东夷西戎北狄有别，浑言则同。㦰所作铜器多次记录王或王姐姜或伯懋父的赏赐，也许这不同的赏赐对应的是不同的战功。唐兰强调㦰簋中的"滩戎"是"獌戎"而与录㦰卣"淮夷"不同正反映了这一点。裘锡圭评论唐兰的考释说："他认为《左传·襄公十四年》的棫林应在今扶风、宝鸡一带，可能也是有道理的，但是他没有注意到，在《左传》里，除了在今陕西境内的棫林之外，还有一个在今河南中部的棫林，㦰簋的棫林完全有可能是后者而不是前者。"[④]

---

① 唐兰：《用青铜器铭文来研究西周史——综论宝鸡市近年发现的一批青铜器的重要历史价值》，《文物》1976 年第 6 期。

② 卢连成、罗英杰：《陕西武功县出土楚簋诸器》，《考古》1981 年第 2 期。

③ 李学勤：《从新出青铜器看长江下游文化的发展》，《文物》1980 年第 8 期。

④ 裘锡圭：《说㦰簋的两个地名——棫林和胡》，载《古文字论集》，中华书局，1992，第388 页。

如果彧所作器物记录的是异时异地之事，那么唐兰对棫林的考释是可信的。

4. 对虞侯的考释

宜侯夨簋（《集成》08·4320）铭文中的"虞"字或释"虔"，或释"虎"，唐兰考释说："第四行'虞'字，各家都释成'虔'，如果是虔，下半应该从文。这个字上从虍，下从矢，矢字头向左倾，头部中间为锈所隔断，但笔画很清楚。从矢虍声，应该是虞字的早期写法。"①

关于"虞"字的释读本书第二章已提及，此不赘述。本铭中的虞侯改封到宜，而文献中周章之弟封虞之后并无改封的记载，因此唐兰认定本铭中的虞就是吴。不过唐兰的观点后来又有了变化，他在《西周青铜器铭文分代史征》中说："虞侯夨（即周章）迁侯于俎，由他的弟仲继为虞侯，这在当时是惯例。俎在今江苏省丹徒地，向南发展到今无锡与苏州等地是很容易的，那么，俎国就是后来的吴国是无可疑的。"②看得出唐兰此时认为虞侯夨是由北虞迁来后改封为俎侯的。唐兰后期的观点与董楚平不谋而合，董氏说：

> 先秦时，虞吴字通，已成定论。问题是作为国名，虞、吴是否也可通假。就谫陋所知，北虞可以称吴，南吴不可称虞，西周、东周皆然。南吴从不称虞，众所周知，黄文也已说过，这里只谈北虞可以称吴。西周恭王时器《师酉簋》："唯王元年正月，王在吴，格吴太庙。"阮元说："古籍周王无适吴事，此吴古虞字也。"（《积古斋钟鼎彝器款识》卷六）当时中原与南吴之间被淮夷所隔，周王不可能到达南吴。北虞传世之器有《吴姬匜》、《吴

---

① 唐兰：《宜侯夨簋考释》，《考古学报》1956年第2期。
② 唐兰：《西周青铜器铭文分代史征》，中华书局，1986，第158页。

尨父簋》；《伯頵父鼎铭》曰："伯頵父作朕皇考犀白吴姬宝鼎。"
《石鼓文》"吴人邻亙"。这些吴字都指北虞（详拙著《吴越文化
新探》第一四六页）。再看文献，《汉书·地理志》称北虞为北
吴。但南方之吴从不称虞，亦不称南虞。究其原因，是北虞早于
南吴。在未有南吴时，北虞称吴不会引起混乱。在虞可称吴既成
习惯以后，直到春秋时候，南方之吴虽已名满天下，这习惯还沿
袭难改。相反的，出现南吴时，已有北方之虞，为了不致混乱，
吴不便称虞。《史记》说北虞由南吴分封出来，事实是南吴由北
虞分封出来。①

按，董氏的意见是非常正确的，如果本铭中的虞是南吴，就会存
在两个问题："一、在古代文献与金文中，北虞常称吴，南吴绝无称
虞之例，详见上文注十。说虞即南吴，与此通例矛盾，缺乏地名根
据。二、既然是在南吴境内近距离迁徙，周王何必亲省'伐商图'与
'口国图'？"② 这也正是李学勤及唐兰早期观点存在的问题。③

5. 楚非淮夷考

令簋（《集成》08·4300）铭"唯王于伐楚伯"。郭沫若考释说：
"楚即淮夷，淮、徐初本在淮水下游，为周人所迫始溯江而上至于鄂
赣。"④ 陈梦家定此器为成王时器，但不同意郭将楚释为淮夷。⑤ 唐兰
对郭沫若的观点进行了驳斥：

---

① 董楚平：《吴越徐舒金文集释》，浙江古籍出版社，1992，第11~12页。
② 董楚平：《吴越徐舒金文集释》，浙江古籍出版社，1992，第19页。
③ 李学勤观点参看其《宜侯夨簋与吴国》一文。李氏坚持虞即吴字并说：周章是吴国事实上
的始封之君，簋铭"虞（吴）公"很可能是他，而夨是辈分相当于康王的熊遂。
④ 郭沫若：《两周金文辞大系图录考释》（二），科学出版社，2002，第24页。
⑤ 陈梦家：《西周铜器断代》（上），中华书局，2004，第30~31页。

据我们所知楚和淮夷是两回事。据《史记·楚世家》，楚的先世是鬻熊，与文王同时，鬻熊的曾孙是熊绎，在成王时，"封熊绎于楚蛮，封以子男之田，姓芈氏，居丹扬"。所以《左传》昭公十二年楚灵王说："昔我先王熊绎与吕伋、王孙牟、燮父、禽父并事康王。"但"熊绎"在周初的地位是很低的，楚灵王所说不过是夸耀先世来装门面罢了。所以右尹子革的回答就说："昔我先王熊绎辟在荆山，筚路蓝缕以处草莽，跋涉山林以事天子，惟是桃弧棘矢以共御王事。"《国语·晋语八》也说："昔成王盟诸侯于岐阳，楚为荆蛮，置茅蕝，设望表，与鲜卑守燎，故不与盟。"由此可见：（1）楚国本来就在荆山，所以又叫做"荆"，又叫做"楚荆"或"荆楚"。（2）在成王封诸侯时，楚也曾被封，但地位很低。（3）成王为"岐阳之蒐"时，大会诸侯，楚国也到会，但也因地位太低，没有写到盟书上去。（4）熊绎在康王时代，在周王朝任过职。由此可以证明：（1）楚不是淮夷；（2）楚本不在山东；（3）成王时楚很弱小；（4）成王时没有伐过楚。①

按，若成王周公有"伐楚"之事，《尚书》《左传》等史籍为何没有记载？近年发现的柞伯鼎（《文物》2006 年第 5 期 68 页图 1）铭有"才（在）乃圣且（祖）周公䚊又（有）共于周邦，用氏无殳，广伐南或（国）"语。朱凤瀚认为此铭所记载的是"周公广伐南国"一事。② 黄天树、季旭昇两位学者认为铭文中"广伐南国"的主语并非周公而是来犯之戎，来犯之戎即"氏无殳"，"用"应训为"因"③。

① 唐兰：《西周铜器断代中的"康宫"问题》，《考古学报》1962 年第 1 期。
② 朱凤瀚：《柞伯鼎与周公南征》，《文物》2006 年第 5 期。
③ 季旭昇：《柞伯鼎铭"无殳"小考》，载张光裕、黄德宽主编《古文字学论稿》，安徽大学出版社，2008，第 31~39 页，黄天树的观点见季氏引文。

黄天树通过分析多友鼎、禹鼎、不其簋、史密簋、应侯视工鼎中"广伐"的文例，认为"广伐"的主语皆为来犯之戎敌，黄说是可信的。如此则柞伯鼎并没有记载周公南征。目前来看唐兰认为成王时并没有伐过楚，令簋铭文中的"伐楚"就是文献记载中的"昭王南征"是非常正确的，令簋为昭王时器，这一断代已被大多数学者认可了。①

6.《洛阳金村古墓为东周墓非韩墓考》

20 世纪二三十年代在洛阳金村古墓出土大批珍贵文物。马衡、唐兰释读出驫羌钟"赏于韩宗"之"韩"字后，学者皆认为金村古墓为韩墓。唐兰对此早有怀疑，1946 年发表《洛阳金村古墓为东周墓非韩墓考》一文，认为金村古墓为东周墓。唐兰先生这一结论是通过金村铜器系联得出的：

> 《善斋吉金录》任器中有二壶，铭曰"徝公左师"者，亦当是金村所出之器。盖其旁记左尊州，及十九爰四孚廿九□等语，辞例字体、书法，与上述各壶如出一手也。……《善斋吉金录》尚有一东周左师壶，铭云："廿九年十二月为东周左师尊壶。"《战国式铜器之研究》亦有一壶，铭文字体全同，唯左师两字作皆有为异。梅原末治据传说云出寿州。余考此两壶之字体书法，又与徝公左师壶及金村诸方壶相同，因悟此亦当出于金村。……
>
> 余既根据铭文辞例、字体、书法，转辗印证，而知东周左师壶为金村器，乃恍然悟金村八古墓当即是东周墓，既非韩墓亦并非晋墓也。②

---

① 参见《商周青铜器铭文选》《西周青铜器年代综合研究》等。

② 唐兰：《洛阳金村古墓为东周墓非韩墓考》，载《唐兰全集》，上海古籍出版社，2015，第668 页。

朱德熙又为唐兰的考证补充了两条证据：

> 　　唐兰先生的说法是完全可以相信的。这里只想补充两点，《洛阳故城古墓考》图版187著录一个鼎，铭曰"□公左师重再三乎七乇"，"公"上缺字很可能就是"徸"字，而"左师"一语正和东周左师壶相同，这是联系金村诸壶与东周左师壶的有力证据。其次，徸公器除唐兰先生所引一壶外，据我所知，"三代"12·16尚有一壶，铭曰"徸公左师左佰卅四"，另有一鼎，铭曰"徸公左师"，见"尊古斋金石集"（清华大学藏拓片）。①

洛阳金村古墓为东周的观点一直被认为是正确的，直到李学勤先生提出了反对的意见。李学勤认为金村出土的驫羌钟及令孤君嗣子壶的铸作时代都在东周君始封之前，而"金村墓Ⅴ所出的一件铜盘，口沿上有某君铭文。这座墓的墓主，可能是周朝的封君、王的宗室或者大臣"。"应该指出，金村所出文物，有一些显然是周王室所有的器物。"李学勤最后得出结论说："金村墓葬群不是秦墓、韩墓，也不是东周君墓，而是周朝的墓葬，可能包括周及附葬臣属。"② 李学勤的观点很快被孙稚雏、朱凤瀚等人接受，并认为是目前最为妥当的。③

按，唐兰、朱德熙所提到的"左师"应释为"左官"，参看《战国铜器铭文中的食官》一文。唐兰和朱德熙先生认为"东周左官壶"为金村所出是很正确的，而李学勤在文章中未提及"东周左官壶"，如果否定洛阳金村墓为东周墓，那么此器中的"东周"该如何解释

---

① 朱德熙：《洛阳金村出土方壶之校量》，《北京大学学报》（人文科学）1956年第4期。
② 李学勤：《东周与秦代文明》，上海人民出版社，2007，第23~24页。
③ 孙稚雏：《驫羌钟铭文汇释》，载《古文字研究》（第19辑），中华书局，1992；朱凤瀚：《古代中国青铜器》，南开大学出版社，1995，第980页。

呢？此外《集成》09590 收录一件金村出土的厨宫左官方壶，其铭为"左佝五十三，徝（厨）宫左（官）"。此铭中的"左官"可与"东周左官壶"系联，而其"左佝五十三"中的序号又可与金村出土的四斗甾客钫等相系联，这又是一条"东周左官壶"为金村所出铜器的有力证据，因此，我们认为洛阳金村古墓定东周墓为宜。

第二节　对古代典章制度的研究

金文所反映的历史事实往往可以与传世文献相印证，其真实性又是传世文献无法比拟的，金文涉及古代的土地制度、诉讼制度、册命制度、职官制度等。相关的论著有李零的《西周金文中的土地制度》《西周金文中的职官系统》，张亚初、刘雨的《西周金文官制研究》，陈汉平的《西周册命制度研究》，等等。唐兰虽未有这方面的专著，但在其文章中却常有重要的发现，这些成果或已成定论，或为他人的研究提供了便利，无论对与错，其利用金文资料来研究西周史的努力都值得我们肯定。

1. 金文中的西周土地制度

西周金文中土地的割让、转移和交换主要见于以下各器：①裘卫盉（《集成》15·9456）记载矩伯从裘卫处取瑾璋，价值八十朋，答应"舍田十田"，又取赤琥和皮革制品，价值二十朋，"舍田三田"。不过在交换的过程中出现了一点问题，矩伯没有及时付田给裘卫，裘卫将其告到伯邑父、荣伯、定伯、琼伯、单伯五大臣处，最后解决了争议。②五祀卫鼎（《集成》05·2832）记载裘卫状告邦君厉未能及时交付土地的事件。③九年卫鼎（《集成》05·2831）记载裘卫与矩伯的土地交换。④倗生簋（《集成》08·4264）记格伯与倗生的土地交换。

唐兰研究这些铭文之后说：

这部分资料之所以重要，在于它们记下了租田易地的详细情节是过去所不知道的。西周是我国奴隶制社会的最后一个王朝，西周王朝从建立到覆灭，有一个漫长的过程。儒家歌颂文武成康，事实上，康王以前，还是建立时期，许多典章制度是沿袭殷代的。昭穆两代，有了很大发展。昭王南征，为了掠夺铜；穆王西征，为的交换玉；这些活动是着重在经济方面的。法家管仲说："昔我先王昭王穆王世法文武，远绩以成名"（见《国语·周语》），不说成康而说昭穆，可见周朝的政治经济制度，很多是昭穆时代建立起来的。昭穆两代连续远征，在历史上尽管起过一定的作用，但是奴隶制政权的基础更加摇摇欲坠了。奴隶主贵族们醉心于向外掠夺，田地荒芜了，奴隶减少了，积蓄耗尽了，遇到灾荒就出现抢粮一类的事。可是在另一方面，出现了新的农业经营者，他们招募了流散奴隶，诱骗了贫苦的自由民，进行了大规模农业生产。由于利用青铜农具和较进步的农业技术，比旧的农业生产有较多的收获，在三百篇里的农业诗曾经吹嘘这种新的经营方法。因此，这些新的农业奴隶主们就千方百计地谋求扩大耕地面积，租田就是这样兴起的。旧的奴隶主贵族自己既不经营农业，对荒芜的田地不甚爱惜，诉讼失败，愿意把田地转让；得到一些小便宜，当然愿意把田出租。看来，当时的政府是容许甚至参与的，这就使新的农业奴隶主们有扩大耕地的机会。这样就把奴隶制国家原来的农业制度完全破坏了。奴隶制国家原来是靠奴隶主们派奴隶代耕国家的公田来作为主要收入的，所以王畿千里，称为甸服，甸服诸侯，是替王种田的，是王的佃户。现在奴隶主贵族们大都不经营农业，当然很少派奴隶去耕公田了。而新的农业奴隶主的大部分田地是租来的，不是王赏的，就没有助耕公田的义务，国家的收入就越来越少了。所以到了西周后期，厉王就要"革典"（见《周语》），把助耕公田的制度取消，而代之以十分取一的彻法，所谓"周人百亩而彻"，实际已是西周后期的制度了。

从卫的三件铜器铭文，可以看到他在三年时间里租到田一千七百亩，后来又要到了一个林眚里，显然是这种新兴的农业奴隶主。他又叫裘卫，可能是原来任司裘一类的小官而以官为氏的。他不是大贵族，在四件铜器里只有卫盉说到文考惠孟，其余就只说文祖考或文考，他的家世大概不是很显赫的。但是他拥有贵重的玉器，豪华的车马，大量的裘和皮，俨然是富商巨贾。西周中叶（约公元前十世纪），出现这类人物，以及租田、典田等事，这和封建社会中的若干现象，已经十分类似了。①

虽然唐兰将卫盉中的"贾"字误释为"贮"，解释为租田，却不影响他利用裘卫器来研究西周的土地制度。唐兰侧重利用这些青铜器铭文资料来研究西周奴隶制下土地制度的变化，他注意到的是这种历时的变化，这种变化就是奴隶制瓦解而封建制度建立。

青铜器铭文所反映的土地交易手续包括勘查疆界，有些还要"析券"，而勘查疆界时往往会有王朝大臣参加。这就使很多学者侧重研究青铜器铭文本身所反映的土地制度，如李学勤讨论了"土地转让的原因与法律程序""土地转让的地界与契券"两个问题。② 李氏通过对

---

① 唐兰：《用青铜器铭文来研究西周史——综论宝鸡市近年发现的一批青铜器的重要历史价值》，《文物》1976 年第 6 期。
② 李学勤：《西周金文中的土地转让》，《光明日报》1983 年 11 月 30 日。

卫盉、五祀卫鼎、九年卫鼎、师永盂、大簋、格伯簋和散氏盘的研究，将西周时的土地转让细分为赏赐、交易和赔偿三类。此后李零也写文章讨论金文中反映的西周的土地制度。① 不过李零只是将李学勤的观点做了进一步的扩展而已。

2. 研究金文中的耤礼

令鼎（《集成》05·2803）铭曰"王大耤农于諆田"。郭沫若在《两周金文辞大系图录考释》中并未解释"耤"字。② 杨树达在疏通铭文大意时说："此铭记王亲耕藉田，礼毕，飨其臣下；飨讫，王射，有司与师氏小子会射。"③ 可能是"耤农"二字容易认识吧，在考释令鼎铭文的学者中只有唐兰对"耤"字做了解释，唐氏说：

> 耤字卜辞本作耤，象一人持耒，以一足踏耒，使耒尖入土，用以耕耤的形状。此铭和薛氏钟鼎款识，并加昔字为声符，作耤，其后又省去孔旁（即人形）而作耤字。《说文》"帝耤千亩也。古者使民为借，故谓之耤"，已经完全失去图画文字的原意了。耤本是原始农业的一种耕种方法，《汉书·文帝纪》引臣瓒说："藉谓蹈藉也"是比较接近原意的，但以为是皇帝亲自耕种的解释就不对了。由于奴隶制社会，土地是最高统治者所占有的，他把土地赏赐给大大小小的奴隶主贵族，作为他们的私田时，是要求这班奴隶主派出其奴隶们，无偿地耕种统治者还占有的土地，称为公田，大约赏赐给奴隶主们十亩，就得让他们派奴隶们来替他耕种一亩。这种劳役制，实际上是等于后世的抽税。《诗经·韩奕》"实亩实籍"等，"税也"就是用后世制度来解释

---

① 李零：《西周金文中的土地制度》，载《学人》（第2辑），江苏文艺出版社，1992。

② 郭沫若：《两周金文辞大系图录考释》（二），科学出版社，2002，第78~79页。

③ 杨树达：《积微居金文说》（增订本），中华书局，1997，第1~2页。

的。但表面上好象是借用臣下的力量，所以《礼记·王制》说"古者公田籍而不税"，注说："藉之言借也。借民力治公田。"因此，耤字可解释为借，而许多汉儒包括许慎在内，解释为"使民如借，故谓之耤"。恰恰是把因果颠倒了。《国语·周语》："宣王即位不藉千亩。"千亩本是地名，后世礼学家就说成天子自己种一千亩的田，说是一种礼节。其实当时的奴隶主中的最高统治者，尽管也摆摆样子，装模作样的去推一下土，就算是他也亲自耕种过，但其所籍田数决不止千亩。载簋说："王曰：载！令汝作司徒，官司耤田。"可见耤田是奴隶制社会中一种地租制度，搜刮财富（主要是粮食）的办法，所以这个任务是由司徒来管的。（耤田制度要有簿册，所以籍字可以解释为簿籍。）《周礼·甸师》说"掌帅其属而耕耨王籍，以时入之，以供粢盛。"可以看到封建社会初期编《周礼》这本书的人已经不懂得西周奴隶社会的籍田是什么了。这里说"王大耤农于諆田"，说的是耤农不单纯是耤田，显然是要农夫去种田，他只去检阅或者是视察一下，而不是他自己举行藉田的仪式。既然说是大耤，可见不会有田数的限制的。再从下文看，明是耤农而王却在举行射礼，更可以说明藉田只是一种要别人耕种而去征收粮食的办法，不是一种固定的示范性的仪式。[①]

令鼎中"耤田"在后世典籍中或写作"藉田"，或写作"籍田"，其义一也。令鼎的记载并未引起学者过多的注意，如上文提到的郭沫若和杨树达。有些学者注意到铭文中的"耤田"与古代的"籍田之礼"有关，但也只是拿令鼎的铭文与文献相互印证，如日本学者白川

---

① 唐兰：《论周昭王时代的青铜器铭刻》，载《古文字研究》（第2辑），中华书局，1981。

静说:"'大藉农于諆田'者,想必是一次超越常礼的盛大藉田仪式。所谓藉田,是为期收获祭祀用的粢盛,而每年例行的仪式。相当日本的'悠纪'与'主基'之礼仪。然而此次举行的藉田,似乎不同于寻常的礼数。事后,这位奉事于藉田之礼的令,获臣三十家的赐与。"①

在研究西周史的学者中,杨宽的观点与唐兰最为接近,杨氏概括"籍礼"的性质说:

> "籍礼"具有监督庶人从事无偿劳动的性质,十分明显。当开始作行礼的准备、禝把行礼日期报告国王时,就说"王其祗袚,监农不易",明确地指出行"籍礼"的目的在于"监农不易"。王引之解释说:"易当读为慢易之易,易者轻也……监农不易者,民之大事在农,监之不敢轻慢也"(《经义述闻》卷二〇)。虢文公谈"籍礼"时,确曾说过"民之大事在农",又曾说"王事唯农是务",好像当时"籍礼"的举行,确是为了"民之大事在农",其实这完全是幌子,我们只要从他们对庶人的监督如此严厉,就可明白。所谓"监农不易",就是要对庶人的农业劳动严加监督,丝毫不得放松。当"籍礼"举行时,"王耕一坂,班三之",所谓"亲耕"完全是象征性的仪式,贵族们如此象征性地耕一坂或几坂,却要"庶人终于千亩",把"籍田"上全部艰苦的农业劳动自始至终地负担起来,十分明显,贵族就是要通过这样一种仪式,强制庶人进行无偿劳动。而且在行礼完毕后,还要普遍通告贵族去监督庶人耕作,要司寇去责罚"土不备垦"的庶人;更要派出各级官吏四出巡查,天子也要亲率大臣出外大巡查。不仅在春耕时要如此进行监督,耨耘时,收获时,都

---

① 〔日〕白川静:《金文的世界:殷周社会史》,温天河、蔡哲茂译,(台北)联经出版事业公司,1999,第83页。

要如此。不难看出，当时天子诸侯举行"籍礼"的实际目的，不仅在于强迫庶人在天子及诸侯的"籍田"上作无偿劳动，更重要的是要迫使庶人在所有贵族的田地上作无偿劳动。[①]

唐兰认为"耤田"是"一种要别人耕种而去征收粮食的办法"，而杨宽则认为"籍礼""具有监督庶人从事无偿劳动的性质"，唐、杨二人的观点在本质上是相同的，裘锡圭先生亦赞成杨宽对"籍礼"性质的判断。[②] 唐、杨二人分别从金文资料和文献资料的角度来探讨"耤田"，仍得出相同的结论，可见他们的观点是可信的。

3. 金文中所反映的西周宗庙制度

文献记载有说"天子五庙"的，如《礼记·丧服小记》说："王者禘其祖之所自出，以其祖配之而立四庙。"有说"天子七庙"的，如《礼记·王制》说："天子七庙，三昭三穆与太祖之庙而七；诸侯五庙，二昭二穆与太祖之庙而五；大夫三庙，一昭一穆与太祖之庙而三；士一庙。"历代学者为此争论不休。唐兰在论述"康宫原则"时力主西周时采用"五庙制"。"五庙制"到底是不是西周时期的实际情况，唐兰的观点是否可信，我们将就这个问题做一讨论，为了论述的方便，再次将唐兰论述的要点引录如下：

关于宗庙数字的说法，汉朝以后，分歧很多，这里不去讨论。从上文已经说过的，我们可以看见京宫里是五庙，太王、王季、文王、武王和成王，是一个始祖和二昭二穆。但康王以后，忽然改了，变为昭王是昭，穆王是穆了。这就证明了康王的庙必

---

① 杨宽：《西周史》，上海人民出版社，2003，第270~271页。
② 裘锡圭：《关于商代的宗族组织与贵族和平民两个阶级的初步研究》，载《古代文史研究新探》，江苏古籍出版社，1992，第322页。

然是独立的，不在"京宫"以内的，证明了康王在周王朝的宗庙里面是作为始祖的。宋代的朱熹做过《周九庙图》，不明白这一个道理，因而从成王以后，还是按照那个昭穆排下去，因而把康王排成昭，昭王反而排为"穆"，而穆王反而排为"昭"了，这种排法，显然是很可笑的。清代王筠作《说文句读》在"佋"字下引颂鼎、颂壶、颂簋等的"王在周康昭公，旦，王格太室"，和裹盘的"王在周康穆宫，旦、王格太室"，说："则一王之庙，自有昭穆之宫，与文为穆、武为昭无涉。故吴彝曰：'王在周成太室'，智鼎曰：'王在周穆王太□'，是知庙制亦如明堂有九室，《月令》孔疏非诬。谓之昭宫穆宫者，宫即庙也。"尽管他对西周宗庙制度不很清楚，但能根据金文，把"康宫"解释成为康王之庙，基本上是正确的。

根据金文资料，文王、武王并不是作为永远存在的两个祧庙，而是属于"京宫"里面的。康王以后列入康宫，但在宣王时，康宫里也是五庙，即：康宫、昭宫、穆宫、夷宫、厉宫，而不见共王、懿王、孝王等，可见共、懿等王，已经是祧，而被附入"昭宫"或者"穆宫"里去了。那末，所谓祧的意义和汉朝人的说法是不同的。西周祭祀可能还有更远的始祖，如后稷、公刘等。在金文里没有见到，但就是"京宫"和"康宫"的并列，每一宫内实际都包含五宫，两昭两穆，而并没有什么七庙九庙之说，这都是汉朝以来学者所不知道的。[①]

与唐兰持相同观点的学者不在少数，如杨宽便说"看来五庙之说比较正确，七庙乃是后来扩大的说法"[②]。

---

①　唐兰：《西周铜器断代中的"康宫"问题》，《考古学报》1962 年第 1 期。
②　杨宽：《西周史》，上海人民出版社，2003，第 430 页。

　　文献记载的分歧导致"五庙制"与"七庙制"的争论颇多，在没有考古材料证明之前，唐兰利用金文资料主张"五庙制"的观点并不能让所有人信服。20 世纪 80 年代，考古新发现为解决这一争论提供了新证据。1981 年至 1984 年初，在陕西省凤翔县马家庄，发掘了秦雍城春秋中晚期秦国宗庙遗址。马家庄一号建筑的总体布局，与史籍记载的诸侯宗庙布局大体相同。有三个平面结构相似而又各不相连的单体建筑。每座建筑四周均有散水相围，其中又以墙塉分隔成若干区间，可见是同一房屋覆盖而具有复合性的多功能整体建筑。每个建筑内各区间分别具有宗庙中的祭祀、燕射、接神、藏祧的功能。大量祭祀的存在更为该建筑的宗庙性质提供了证明。该建筑内的朝寝建筑为太祖庙，其左前方的建筑（东厢）为昭庙，右前方建筑（西厢）为穆庙，北端的亭台建筑为祭祀、祷祠的亡国之社。[①] 雍城的秦国宗庙遗址反映的是"太祖加上一昭一穆"的"三庙"，由此可以推知天子应为"五庙"。

第三节　对金文材料中古代史实的研究

　　唐兰一直致力于中国古代史的研究，晚年更是积极用各种新材料来研究中国文明的起源问题，本节将讨论相关问题。

　　1. 对厉王在位年数的推定

　　关于厉王的在位年数，学者间存在多种不同的意见，《史记·周本纪》《文献通考》等文献认为厉王在位三十七年。章鸿钊认为"自共王至厉王，非仅凭文献所能详，无已，惟有从后世金文求之，方免

---

　　① 陕西省雍城考古队：《凤翔马家庄一号建筑群遗址发掘简报》，《文物》1985 年第 2 期；韩伟：《马家庄秦宗庙建筑制度研究》，《文物》1985 年第 2 期。

蹈臆测之失，而或足补史文之阙疑焉。"章氏据金文考定厉王在位为十五年。① 荣孟源完全认同章鸿钊的意见。② 日本学者新城新藏认为厉王在位年数限于十八年以下、十四年以上，假定为十六年。③ 陈梦家与新城新藏观点相同，认为"周厉王在位年数应在十四年以上，十八年以下，约为十五、十六、十七年，今取折衷之数定为十六年"④。戚桂宴认为厉王即位后十六年奔彘，十七年以后他已不在镐京。厉王奔彘后十四年死去，奔彘前后的通年为三十年。⑤ 刘启益、马承源定厉王在位为三十七年。⑥ 我们再来看看唐兰的考证：

> 《史记·十二诸侯年表》是从共和开始的，共和以前的年代本没有定说，据《史记·卫康叔世家》说："顷侯厚赂周夷王，夷王命卫为侯，顷侯立，十二年卒，子釐侯立。釐侯十三年周厉王出奔于彘，共和行政焉。"这里尽管没有指明顷侯的厚赂周夷王是哪一年，但可以看出周厉王的奔彘不会在三十七年。假定顷侯元年相当于夷王元年，那末奔彘在厉王九年，假定顷侯元年相当于夷王十六年，那末，厉王奔彘在二十四年。厉王时代的铜器铭刻有许多是纪年的，如：师𩵦簋是元年，颂鼎是三年，无𦨶簋是十三年，克盨是十八年，克鼎是二十三年，伊簋是二十七年，

① 章鸿钊：《中国古币析疑》，科学出版社，1955，本章据《西周诸王年代研究》引录。

② 荣孟源：《试谈西周纪年》，载《中华文史论丛》第1辑，上海古籍出版社，1980。

③ 〔日〕新城新藏：《周初之年代》，沈璿译，《东洋天文学史研究》（第2编），中华学艺社，1933，本章据《西周诸王年代研究》引录。

④ 陈梦家：《西周年代考·六国纪年》，中华书局，2005，第44页。

⑤ 戚桂宴：《厉王在位年考——兼论西周诸王在位年数问题》，《山西大学学报》（哲学社会科学版）1979年第1期。

⑥ 刘启益：《伯宽父盨铭文与厉王在位年数》，《文物》1979年第1期；又见氏著《西周纪年铜器与武王至厉王的在位年数》，载《文史》（第13辑），中华书局，1982；马承源：《西周金文和周历的研究》，载《上海博物馆集刊——建馆三十周年特辑》，上海古籍出版社，1983。

襄盘是二十八年，鬲攸从鼎是三十一年等；可以看到厉王的在位年数至少有三十一年，可见厉王尽管奔彘，共和尽管行政，纪年却没有变动。厉王纪年与宣王纪年之间，不应该另外加出共和十四年的年数，即共和的年数要算在厉王年数之内。据鬲攸从鼎厉王在位至少要有三十一年，假定厉王就死在三十一年，那末奔彘应该在十七年；假定如前面所说厉王奔彘最迟可到二十四年，那末，厉王在位可以到三十八年。总之，厉王在位年数，包括共和行政在内，最少是三十一年，最多也不过三十八年。①

唐兰的这一推断虽未明确考定厉王的在位年数，但他所得的结论得到了刘启益、马承源等人研究成果的证明，也被"夏商周断代工程"的研究成果认可。断代工程将晋侯苏钟定为厉王时器，并在报告简本中说"今据晋侯苏钟，可知厉王在位应超过 33 年"。《夏商周断代工程 1996—2000 年阶段成果报告简本》又考定善夫山鼎说："鼎的历日不合于宣王，考虑到其形制、纹饰接近于厉末至宣初的颂鼎，其时代应属厉王。由此可证《周本纪》载厉王三十七年奔彘说可信。"②

2. 对中国古代使用青铜农器的研究

在中国古代是否使用青铜农具的问题上，学者有不同的观点。如陈梦家先生说："殷代的铸铜技术业已极为成熟，当时是可以制造青铜农具的，青铜农具当然远胜于蚌石制的。其所以不造，乃由于当时的农业生产者还是奴隶阶级，连粗糙的石制收获具还要集中管理，当然不容许他们用金属农具的。当时的王室，为了要巩固他们的统治，

---

① 唐兰：《西周铜器断代中的"康宫"问题》，《考古学报》1962 年第 1 期。
② 夏商周断代工程专家组：《夏商周断代工程 1996—2000 年阶段成果报告简本》，世界图书出版公司，2000，第 23 页。

就大量地用青铜制造兵器。"① 以陈梦家为代表的反对中国古代使用青铜农具的学者不在少数。②

唐兰是反对陈梦家的意见的，在当时发掘品较少的情况下，唐先生据传世文献和考古发现论证中国古代早在商周时期就已经开始使用青铜农具了。众所周知春秋时期已经使用铁制农具了，唐兰则进一步考证春秋时期在使用铁制农具之前曾使用青铜农器，唐氏说：

> 我们知道，春秋时代北方国家的铜确实是很贵重的，所以管仲代齐桓公出的主意是："美金"——即青铜——用以铸造剑戟等兵器，"恶金"——即铁——用以铸造"鉬夷"、斤、斸等农器，这样，齐国的兵器就大为充足。从这段故事，我们可以看出齐国的农器本来是用青铜铸造的，为了充实兵器而改用铁来铸造，这是一个大变革，结果是铁器时代的开始。但是在当时别的地方农具还是用青铜来制造。《周礼》考工记里有六种"攻金之工"，那就是筑氏、冶氏、凫氏、栗氏、段氏和桃氏，其中"段氏"是做"农器"的。郑玄《周礼注》说"铸器"是"田器，钱铸之属"。田器是种田用的工具，"钱"是铲子，"铸"是锄头。从这里我们可以看出考工记时代，农器中的铲子锄头等是用青铜制造的。考工记又说"粤无铸。……粤之无铸也，非无铸也，夫人而能为铸也"。郑玄的解释是"人人皆能作是器，不必

---

① 陈梦家：《殷虚卜辞综述》，中华书局，1988，第549页。

② 于省吾：《从甲骨文看商代社会性质》，《东北人民大学人文科学学报》1957年第2、3期合刊；于省吾：《驳唐兰先生"关于商代社会性质的讨论"》，《历史研究》1958年第8期；黄展岳：《近年出土的战国两汉铁器》，《考古学报》1957年第3期；陈文华：《试论我国农具史上的几个问题》，《考古学报》1981年第4期；陈文华：《关于夏商西周春秋时期的青铜农具问题》，《农业考古》2002年第3期；赵世超：《殷周大量使用青铜农具说质疑——与陈振中等同志商榷》，《农业考古》1983年第2期；张万钟：《从侯马出土的工具范试论青铜农具的铸造与使用》，《中国历史博物馆馆刊》1997年第1期。

国工。粤地涂泥，多草藏而山出金锡，铸冶之业，田器尤多"。这里所说的"粤"，就是吴越的"越"，即现在浙江一带，因为产铜多，用铜来做农器也特别多。

从上面的事实，我们可以说春秋时代曾经普遍地用青铜作农器。齐桓公时代（公元前7世纪）才用铁器，以后铁器普遍地发展，就很少用青铜农具了。[①]

关于春秋时期使用铁制农具的记载是很明确的，要想由此推论西周时期使用青铜农器则要在文献考证上下一番功夫，唐兰在《诗经》《管子》等文献的只言片语中发现了一些线索，唐氏考证说：

> 西周时代也是用青铜作农器的。《诗经》周颂臣工篇说"命我众人，庤乃钱镈，奄观铚艾。"毛苌《诗传》解释为"庤、具，钱、铫，镈、鎒，铚、获也"。郑玄《毛诗笺》说："教我庶民，具女（汝）田器"。臣工篇是西周早期作品是无可怀疑的，这里所说的是奴隶主命他手下的众人把铲子、锄头和镰刀等农器预备出来。《诗经》的良耜篇说到的农器有"畟畟良耜"和"其镈斯赵，以薅荼蓼"，那末，当时的农器除耜以外，有钱、镈、铚、艾等。毛苌《诗传》用铫和鎒来解释钱和镈，这是用战国、秦、汉时的通名来代替西周时的古名称。《管子》轻重乙篇说"一农之事必有一耜、一铫、一镰、一鎒、一椎、一铚，然后成为农"，跟《诗经》里所说的农器差不多。《管子》禁藏篇说："推引铫鎒以当剑戟"，轻重己篇说"铫耨当剑戟"，《庄子》外物篇"铫鎒于是乎始修"，《晏子》"执铫鎒以蹲行畎亩之中"，《战国策》

---

① 唐兰：《中国古代社会使用青铜农器问题的初步研究》，《故宫博物院院刊》1960年第2期。

齐策，"操铫耨与农夫居陇亩之中"，《秦策》："无把铫推耨之势"，都把铫耨联在一起，耨在汉朝人称为鉏，所以《盐铁论》申韩篇说"犀铫利鉏，吾谷之所利而间草之所害也"，又把铫跟鉏联在一起来说了。由此可见西周的"钱、镈"，战国、秦、汉时称为"铫、耨"，古代农器的变化是很缓慢的，这只是名称的不同而已。①

由于学者对同一文献有不同的理解，单从文献记载来讨论这个问题并不能使人信服，所以唐兰又举出传世或发掘的"钱"、"斤"或"镈"作为论据。

随着青铜农具在考古发掘中的不断发现，支持唐兰观点的学者纷纷加入这个问题的讨论之中。② 李学勤是其中的代表人物。《文物》1980 年第 8 期发表了几批长江下游地区新发现的青铜器，其中金属农器有浙江永嘉发现的春秋末至战国时期的铜铲、铜臿、铜耨、铁臿；苏州城东北发现的东周时期的铜锛、铜锄、铜斤、铜镰、铜犁形器；安徽贵池发现的春秋晚期至战国早期的铜斧、铜铲、铜耨、铜蚌镰、铜锯等。李学勤考察这些农具之后说：

> 农具的种类比较多样。三角形的耘田器，有的简报命名为耨，其形制可上溯到江、浙新石器时代的石制耘田器，显然富于地方特色。贵池的铜"蚌镰"，和现在农村中仍在使用的爪镰同形，可以握在手中割取高粱一类作物的穗。贵池出现这种工具而

---

① 唐兰：《中国古代社会使用青铜农器问题的初步研究》，《故宫博物院院刊》1960 年第 2 期。
② 陈振中：《殷周的铚艾——兼论殷周大量使用青铜农具》，《农业考古》1981 年第 1 期；张鸣环：《商周没有大量使用青铜农具吗？——与陈文华同志商榷》，《农业考古》1983 年第 2 期；王克林：《殷周使用青铜农具之考察》，《农业考古》1985 年第 1 期。

江、浙没有，可能由于作物品种有所区别。

时代比这三批早的，前面提到的仪征破山口青铜器里，就已有一件青铜镰，著录于《江苏省出土文物选集》。这些材料表明，在长江下游，青铜农具的使用相当普遍，种类较多，而且有着比较长久的历史。这对古代经济史的研究，无疑有重要的意义。①

后来李学勤又进一步说：

由各种迹象来看，以往我们对中国古代文明发展高度的估计，恐怕在一些方面也显著地偏低了。

比如，关于生产工具的发展问题，历史学界长期流行的看法是，由于青铜稀少珍贵，同时奴隶缺乏劳动的积极性，只能使用笨重的木制或石质的工具，中国古代不存在较多的青铜农业工具。最近发表的在安徽、江苏、浙江等省发现的青铜器窖藏，却证明东周时期存在着种类相当多的青铜农具。这一类农具以前也出土过，1973年作者在南京博物院便见到有一大批。在清华大学的藏品中，还有一扇铸作铜镰用的铜范，一次可以制成十几柄镰刀。因此，在我国古代社会里，青铜农具确曾得到比较普遍的应用。②

李学勤在《东周与秦代文明》中亦讨论了青铜农具的问题，并得出结论说"东周时代的青铜农具并不像有的人所说只有零星的发现，

---

① 李学勤：《从新出青铜器看长江下游文化的发展》，《文物》1980年第8期。
② 李学勤：《重新估价中国古代文明》，载《新出青铜器研究》（增订本），人民美术出版社，2014，第9页。

而是已有相当多的材料"①。不过问题的症结在于出土的青铜农具与出土的石制、骨制农具相比数量少得多，如陕西省长安县张家坡西周居住遗址和墓葬中，出土了约 600 件工具，其中只有一把铜斧和一柄铜刀。② 陈梦家等学者也是基于此才反对中国古代曾普遍使用青铜农具的。

为了解决这一矛盾，唐兰解释说"春秋以后，青铜农器已都改铸为其他器物"，"过去学者们对工具、农器很不注意，收藏家也不搜集"③。李学勤也在研究安徽和江、浙出土的农具时说："这种窖藏，内涵器物种类庞杂，多已敝旧残毁，与铜料一起储存，显然是准备销熔的处理品。这证明青铜农具在不堪再用时即予回炉。同时，古代礼制不以农具随葬，在墓葬里很难寻到它们的踪迹。这正是我们过去很少发现青铜农具的原因。"④

杨宽关于青铜农具的论证更有启发意义：

> 　　西周时代已有钱、镈、铚等带有金属锋刃的农具，是很显然的。究竟这些农具所带的金属锋刃，是铁制的呢？还是青铜制的呢？现在我们还不能确切断定西周时代已有铁农具，因为无论在考古发掘中，在古文献中，都还没有铁农具存在的真凭实据。如果这时农具的锋刃是青铜制的，青铜比较贵重，当然不可能像冶铁技术发展后铁农具那样普遍。但是我们要知道，古代农具的金属锋刃和后世农具很不相同，仅仅在锋刃的边缘上有一条金属包着，这种情况直到战国秦汉间铁农具相当普遍流行时，还大都如

---

① 李学勤：《东周与秦代文明》，上海人民出版社，2007，第 187 页。
② 中国科学院考古研究所编著《沣西发掘报告》，文物出版社，1962。
③ 唐兰：《中国古代社会使用青铜农器问题的初步研究》，《故宫博物院院刊》1960 年第 2 期。
④ 李学勤：《从新出青铜器看长江下游文化的发展》，《文物》1980 年第 8 期。

此。古人使用的带有金属锋刃的农具，除了锋刃边缘上镶有一条金属锋刃外，农具整个是用坚韧的木材制成的。……由于古代农具只是在锋刃边缘上有一条金属镶包着，所需的青铜是很少量的，那么，我们说西周时代的农具中已有相当数量的有青铜锋刃的农具，如钱、镈、铚之类存在，应该是没有什么问题的。[①]

按，杨宽的意见是非常正确的，长沙马王堆三号汉墓出土一件铁口木耒，其图如下：

铁口木耒（长一百三十九点五厘米，三号墓填土中出土）

由这件铁口木耒我们可以判断，在更早的西周时期，在生产力已经得到很大发展的情况下，农业劳动一定会使用青铜农具，只是青铜

---

① 杨宽：《西周史》，上海人民出版社，2003，第229~230页。

是很贵重的金属，先民只是在农具的刃口包裹一层金属，这样既节省了青铜资源，又可提高生产效率。唐兰判断中国古代曾经使用青铜农具的观点是完全成立的。墓葬中发现大量的石制、骨制农具可能是多种原因造成的，如这些器物是前代流传下来的，在尚可使用的情况下没有必要销毁，这些农具可以与青铜农具共存；另外青铜可以熔掉制成其他器物，而石制和骨制工具则不具有这一优势。

唐兰在出土实物不多的情况下据传世文献及少量文物就做出中国古代曾大量使用青铜农具的判断是超越同时代学者的，是有先见之明的。不过唐氏认为"中国古代社会的使用青铜农器，是从青铜时代一开始就开始的，比商代要早得多"①，这一结论有些过激。

第四节　用金文材料来写西周史

传世文献中有关西周的史料并不多，其中包括《尚书》中的《周书》；《诗经》中的《周颂》、《大雅》、《小雅》和《豳风》；还有就是春秋战国以后史料中追述的西周史事，如《国语·周语》《史记·周本纪》；等等。

传世文献资料的匮乏使得学者们开始关注西周金文所反映的西周史事，如本章中提到的王国维、郭沫若等皆曾利用金文材料来研究西周史，李零、刘雨、陈汉平等人对西周土地制度、职官制度、册命制度等亦有深入研究，但是这些研究还只是专题式的，只是就某一问题做了专门研究。想要对西周史有全面的了解还需要一部系统的《西周史》，这样一部书需要充分利用传世文献、金文材料、考古材料，但

---

① 唐兰：《中国古代社会使用青铜农器问题的初步研究》，《故宫博物院院刊》1960 年第 2 期。

是将这些材料结合起来写一部西周史并不是一件轻松的事，在唐兰的《西周青铜器铭文分代史征》（以下简称《史征》）问世之前还没有人做过这样的尝试。

唐兰在《论周昭王时代的青铜器铭刻》的结束语中说："补充西周史是今后研究铜器铭刻的新的重大任务。司马迁在两千多年前写的《史记·周本纪》所依据的史料，贫乏得太可怜了。我们如果把全部西周铜器都整理了，以大量的可靠的地下史料为根据，结合文献资料，写出一部新的比较详尽的西周史，难道不是值得一做的巨大工作吗？"[1] 正是在这一思想的指导下，唐兰"本打算作整个西周铜器的研究，搜集铭文近千篇，从武成到宣幽，分十二王"。《史征》便是这一宏伟计划的产物。《史征》的写作始于 1976 年，到 1978 年末，完成了穆王以前各卷，1979 年唐先生突然病发去世，未能完成全稿。

《史征》在每一卷的卷首都有一个"总论"。如在武王下说："西周铜器，应断自武王伐纣始。"接下来就是对武王伐纣年代的考定，唐兰考定公元前 1075 年为伐纣年，这一结论是在文献研究的基础上得出的。"总论"之后是系于该王世的铜器，如武王时代附有利簋和朕簋，每一铜器都有铭文释文、注释、说明及附录同一人所做器。我们节选"成王"总论来分析一下《史征》的特色，"总论"首先是对成王纪年的考定：

> 周初记载最多，但周公死后，记载就少了，虽有成王将死时的一篇《顾命》，但成王时的史事，还是很不清楚。
>
> 周公摄政至七年而止，《洛诰》的十二月戊辰，前人都认为是摄政七年的最后一日，那末，《逸周书·皇门解》所说"维正

---

① 唐兰：《论周昭王时代的青铜器铭刻》，载《古文字研究》（第 2 辑），中华书局，1981。

月庚午，周公格左闳门，会群臣"，就应是成王即正元年的正月
二日了。《立政》说："周公若曰：'拜手稽首告嗣天子王矣。'"
又说："呜呼！孺子王矣。"显然是致政时的话。《世俘解》说：
武王在戊辰这天祭了文王以后立政，可见成王立政就是成王
即政。①

其次是将有关铜器铭文系于"成王"纪年之下，并对铭文涉及的
历史事件进行考证，如：

> 宾尊和宾卣说："乙卯，王命保和殷东国五侯，征兄六品。"
> 又说："遘于四方，迨王大祀，祇于周，在二月既望。"当是成王
> 即政以后的一件大事，成王元年正月己巳朔，二月朔是丁亥，二
> 月既望乙卯是二月十七日。此保即《书序》所说"召公为保"之
> 保，殷东国五侯当是：卫侯、宋侯、齐侯、鲁侯与丰侯，都是殷
> 与东国之地。《三统历》说："成王元年正月己巳朔，此命伯禽俾
> 侯于鲁之岁也。"是命鲁侯在此年。《左传·僖公四年》管仲说
> "昔召康公命我先君大公"，可见齐侯的命辞是召公宣读的。宾尊
> 和宾卣所记是包括命保在内的，所以说"征（诞）兄（贶）六
> 品"，就是说有六份赏赐。
> ……
> 新近出土的𠕛尊说"唯王初迁宅于成周"，是成王确实迁都
> 到成周了。铭中所记的事，是五年四月丙戌，可见迁都在成王五
> 年的春季。这个新发现是十分重要的。《公羊传·隐公五年》说：
> "自陕而东者，周公主之，自陕而西者，召公主之。"陕字是郏鄏

---

① 唐兰：《西周青铜器铭文分代史征》，中华书局，1986，第52页。

之郊字之误。王城郊鄙是当时天下的中心，王城以东，由周公即君陈来管理，王城以西，由召公即君奭来管理，成王的宅成周，实际是在王城，是统摄全局的。

……

太保簋说："王伐录子聑，戫厥反，王降征命于太保。太保克敬亡谴。"这是十分重要的，王已伐录子而返，然后给太保下征命，这个命令显然不是战斗的命令，而只是叫他北去而已！所以太保只要能够恭敬，不受谴责就行了。于是"王永太保锡，休余土，作兹彝对命"。所锡土地的人，可能是他的儿子。小臣艅鼎说"召公甎匽（燕）"，说明他是到过燕国的。召公的子孙就成为周王朝的北方守卫者，就被封为燕侯。[①]

最后是利用传世文献勾勒"成王"时代的史实。在"成王"的"总论"中，唐兰引用了《诗经》《尚书》《国语》《左传》等多种文献，可以说凡与成王有关的文献都征引到了。由于传世文献记载分歧颇多，唐兰便运用金文资料对某些文献做出不同以往的解释，如其考证封"霍侯"一事说：

《书序》说："康王命作册毕分居里成周郊，作《毕命》。"郑玄注说："今其逸篇有册命霍侯之事，不同与此序相应。"按《汉书·律历志》引《三统历》说："康王十二年六月戊辰朔，三日庚午，故《毕命丰刑》曰：'惟十有二年六月庚午朏，王命作册丰刑。'"当即郑玄所说"册命霍侯之事"，"刑"字应是"册"字之误。西周铜器铭中所记"命书"很多，都是派史或内

---

① 唐兰：《西周青铜器铭文分代史征》，中华书局，1986，第52~58页。

史册命，师艅簋由作册内史册命，师晨鼎、免簋、走簋、休盘，则都由作册尹册命，可证。此作册丰所册命者即霍侯。按武王克殷时"禽霍侯"，见《逸周书·世俘解》，此为殷末霍侯。克殷后，"建管叔于东，建蔡叔、霍叔于殷，俾监殷臣"。这时武王已把霍叔封在霍了。《史记·管蔡世家》说"封叔处于霍"，索隐说是"河东霍县"，在今山西省霍县。管蔡反周，霍叔显然也有罪，但当较轻。成王时封建诸侯，蔡叔子蔡仲已复封为蔡侯，霍叔自然也应当复封。那末，此逸篇封霍侯是成王时事，错简在康王时的《毕命》下了。这也可以证明成王封建诸侯并不是一时的事。[①]

我们从以上所择引的几段文字中可以看出《史征》的特点，在某一王世下不仅有这一时期的青铜器铭文材料，还有从传世文献中总结出来的重要史实。遗憾的是《史征》是一部未完稿，还有许多不完善之处，如昭王的"总论"篇幅就很短，不过《论周昭王时代的青铜器铭刻》的"前言"及下编对昭王时的重要事件有详细的考证。

目前已有多部西周史著作出版，如许倬云《西周史》、杨宽《西周史》、尹盛平《西周史征》。这些著作都吸收了最新的考古研究成果，在研究方法上更科学，不过这些著作都侧重于西周社会制度的研究，与唐兰的《史征》是不同风格的作品。

第五节　小结

利用出土的新材料来研究古代史一直是史学界和古文字学界的课

---

① 唐兰：《西周青铜器铭文分代史征》，中华书局，1986，第59页。

题，随着新材料的不断发现，前人的观点或得到证明或被否定。前辈学者的观点无论对错都推动了学术的发展。

唐兰早年关注的还只是金文中的地理历史问题，晚年则将注意力转到中国古代文明起源诸问题上。唐先生晚年写成了《中国古代社会使用青铜农器问题的初步研究》《怀念毛公鼎、散氏盘和宗周钟——兼论西周社会性质》《从河南郑州出土的商代前期青铜器谈起》《用青铜器铭文来研究西周史——综论宝鸡市近年发现的一批青铜器的重要历史价值》《关于夏鼎》《中国青铜器的起源与发展》等论文，这与他早年注重考证的风格是截然不同的。

在探讨中国古代文明起源的问题上，唐兰的优势是很明显的，一是熟悉传世文献，二是熟悉青铜器及铭文材料。唐兰的不足是未经过专业的考古学训练。虽然唐兰在故宫博物院工作了很长时间，有机会接触更多的实物材料，但他仍不能摆脱传统史学和小学的束缚。在研究中国古代文明起源时，他的某些观点往往比较激进，如"中国古代社会的使用青铜农器，是从青铜时代一开始就开始的，比商代要早得多"[1]。"在铜器发展的过程中，以中国的历史情况论，跟一般的说法相反，在我国，是先发明冶炼青铜，一直到很晚才冶炼红铜，即纯铜的。"[2]

从目前的研究成果看，青铜器及其铭文材料只能作为研究古代史的补充，考古发掘的各种物质文化遗存以及传世文献才是全面了解中国古代史的钥匙。在古代史的研究中，既要重视青铜器及其铭文所反映的历史事实，又要认清它的局限性，毕竟青铜器铭文在释读等环节还存在分歧。

---

[1]　唐兰：《中国古代社会使用青铜农器的初步研究》，《故宫博物院院刊》1960 年第 2 期。
[2]　唐兰：《中国青铜器的起源与发展》，《故宫博物院院刊》1979 年第 1 期。

第五章

唐兰金石学研究的得与失

唐兰的金石学研究成就包括金文考释、西周铜器断代以及古史新证。在具体研究中，唐兰所使用的研究方法及得出的研究结论既有值得肯定的地方也有值得反思的地方。本章主要讨论唐兰在学术研究上的得与失，我们将唐兰学术研究成功的原因归结为四点：一是精通《说文》但不迷信《说文》；二是科学的考释方法；三是熟悉传世文献；四是无保守习气。唐兰学术研究的不足之处是研究领域太宽，一事未毕又启新端。下文展开具体分析。

第一节　精通《说文》但不迷信《说文》

《说文解字》是中国语言文字学最重要的经典著作，文字学、训诂学及音韵学皆将其奉为瑰宝。后世学者围绕《说文解字》的研究主要有两个分支，一是关于六书理论的研究；二是给《说文解字》做注疏。宋代郑樵在《通志·六书略》中提出了六书相兼说，这是六书理论的一次重大进展。郑樵可以说是六书理论研究的代表人物。清代段玉裁《说文解字注》、桂馥《说文解字义证》以及王筠《说文句读》

《说文释例》和朱骏声《说文通训定声》是影响最大的《说文解字》注释著作。段、桂、王、朱是注解《说文解字》的代表人物。

唐兰长期致力于《说文解字》研究，其研究成果是比较全面的。在无锡国学专修馆学习期间，唐兰曾作《说文注》四卷。今唐兰遗稿中有《唐氏说文解字注》《说文解字笺正》《读说文记》三种。这些遗稿虽是未完稿，但我们仍可据此了解唐兰在《说文解字》研究领域所取得的成果。

据遗稿《唐氏说文解字注》的整理说明，此稿即重新找回的《说文注》的二、四两卷。此稿重在校勘，间下己意。其体例是每条下出《说文解字》原文，再出校勘和集解，某些条目出音均（即音韵）、发明两项。如芥字条先出《说文解字》原文"芥，辛菜也。从艸，介声"，再出校勘：

> 各本无"辛"字，《广均》："辛菜名。"（作"名"者，《说文》"也"字，他书多作"名"）与《字林》合，据补。《篇》："菜名。"《五经文字》次"苟"后"蕨"前。①

唐兰引书多用简称，用字亦与今日不同。如《广均》即《广韵》，《篇》即《玉篇》。在为芥字做校勘之后，唐兰出集解云：

> 《字林》同。兰按：《急就》作"介"，颜本作"芥"。汉印有"芥"字。②

此书体例，若字头曾在《诗经》《楚辞》等古代韵文中作韵脚，

---

① 唐兰：《唐兰〈说文〉遗稿》，上海古籍出版社，2018，第144页。
② 唐兰：《唐兰〈说文〉遗稿》，上海古籍出版社，2018，第144页。

则在字头下列音均一项，如"蔚"字下出音均云："《蓼莪》：蔚、瘁。《侯人》：荟、蔚。"①

书中的发明皆是作者的创获，如"莿"字下作者将《说文解字》原文校改为："莿，草木刺也。从艸，束声。"唐兰发明云：

> 《释草》："莿，荆。"注："草刺针也。"《广疋》②："莿，刺箴也。"《方言》："凡草木刺人，北燕、朝鲜之间谓之莿，自关而西谓之刺，江湘之间谓之棘。"兰按："许用《方言》义，与郭异也。许义'莿'为动字，刺也。'荆'为静字，束也。'束'下云：'木芒也。'则许据《尔疋》③本盖当作'荆，刺'。《玉篇》'荆'下说：'芒也。草木针也。'或时《疋》本犹作'荆'与？"④

束、莿、荆、刺四字反映的是文字的孳乳现象。唐兰从词性的角度来区别莿与荆，其结论是可信的。束本是象形字，其意为木芒，名词。束是莿、荆、刺三字的源头。早期汉语本是名动同形，如雨既是名词又是动词。束是木芒，又可指木芒引发的"刺"的动作，刺是束动词词性的分化字。分化之后，束与刺分工明确，前者是名词，后者是动词。根据《方言》的记载，莿与刺都是动词。以此类推，束与荆皆为名词。今本《尔雅》"莿，刺"，本不误，后人已多不明此四字的区别。

《说文解字笺正》本是唐兰写作计划"古文字学七书"中的一种。今所见遗稿亦是未完稿。与《唐氏说文解字注》相比，此书引甲骨金

---

① 唐兰：《唐兰〈说文〉遗稿》，上海古籍出版社，2018，第76页。
② 即《广雅》。
③ 即《尔雅》。
④ 唐兰：《唐兰〈说文〉遗稿》，上海古籍出版社，2018，第60页。

文汉印等古文字材料以证《说文》。此书体例明显受吴大澂《说文古籀补》的影响。此书往往将文字演变历史制成图表，这是受当时学术风气的影响。下图是书中所载皇字的演变：

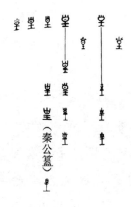

唐兰据此将皇字本义释为日光。①

《读说文记》是整理者所定书名。据整理说明，《唐氏说文解字注》始作于 1921 年，《说文解字笺正》作于 1936 年，《读说文记》写于 1945 年。二十余年间三次注《说文解字》，可见唐兰于此学用力之勤、用功之深。晚出之《读说文记》在具体文字的注释上也远超前作。我们以示字为例做一比较。《说文解字》："示，天垂象，见吉凶，所以示人也。从二。三垂，日、月、星也。观乎天文，以察时变，示神事也。"《说文解字笺正》出注云：

"示"，依小徐。大徐作"示"，非。卜辞作"丅"、"示"、"示"、"示"、"示"、"示"、"示"等，金文偏旁作"示"、"示"。许说"天垂象"云云，章太谈说本义"即三辰之'辰'"，均非。郑樵谓"象旗旐之形"，周伯琦谓"即今'旗'字"，亦非。字

① 唐兰：《唐兰〈说文〉遗稿》，上海古籍出版社，2018，第 260 页。

本作"丅"，当是石几之类，可以荐祭物者。①

《读说文记》的体例是先引前人成说，再出己意。有关"示"字的考释文字较长，我们分段分析一下，首先在"示"字下，唐兰引用了徐灏《说文解字注笺》和王筠《说文释例》的观点：

> "示"但从"上"，而以三垂象日月星，是以意为之耳，恐非法也。宋郑樵《六书略》："示，音祈，象旗斿之形。"元周伯琦《六书正讹》："㫃即今'旗'字，象飞斿之形，借为神祇字。古者号令于民以旗召集，又取义为昭示字。"此二说皆新异，然《周礼》神祇字皆作"示"，是其音本与"旗"同。（兰按，"祇"巨支切，"旗"渠之切，诸氏不知古音，妄说耳。）阮氏《钟鼎款识》古文"祈"作"𥛬"，则从"示"之字义通乎"㫃"。㫃者，旗斿也。古者画三辰于旗，神明之象在焉。此"三垂象日月星"之说所由昉乎？旗以象神祇，铭旌以依人鬼，其义一而已矣。（徐《笺》）
>
> 《释例》以古文"㲋"所从"一"为地，"巛"与"气"同义，乃流动充满凑地而出之状也。"斿"或作"𣃠"。②

徐、王二人的意见比较有代表性，唐兰引用以为介绍。接下来唐兰从形、音、义三个方面对"示"进行考释：

> 兰按："示"古作"丅"、"𠄌"、"㲋"、"朩"，不象旌旗，许

---

① 唐兰：《唐兰〈说文〉遗稿》，上海古籍出版社，2018，第239~240页。
② 唐兰：《唐兰〈说文〉遗稿》，上海古籍出版社，2018，第239~240页。

说尤不可安。

　　按：“宗”从“宀”下“示”，卜辞所谓“示”多即“宗”也（如“霍示”即“霍宗”），“示”又即“主”字（如“示壬”、“示癸”即“主壬”、“主癸”）。“祏”从“示”、“石”，“宗庙主也，《周礼》有郊宗石室。一曰大夫以石为主”，则“示”当为“主”初文也。凡从“示”之字，如“福”（𥛝），象灌酒于示；“祭”，象陈肉于示；“叙”，象陈木于示；“𣪊”，象陈贝于示；“禣”，象陈鸟于示；“崇”，象陈金于示；则古之示，或类祭坛也。《礼器》“大夫、士棜禁”，注：“如今方案。隋长，局，高三寸。”《士冠礼》“有禁”，注：“承尊之器也。”《乡饮酒礼》“斯禁”，注：“禁之切地无足者。”《士昏礼》“有禁”，注：“所以庋甒者。”按“禁”象“示”在“林”中，则示形如案可知。①

　　此段考释结合甲骨文金文中“示”字的形体特征及传世文献中“禁”字的古注，指出“示”的本义是陈放物品的“案”。根据甲骨文用例，唐兰指出示与宗、主为一字。接下来的三段文字，唐兰从语音角度分析了示、视、神、祇之间的关系：

　　“示”，神至反。《儒行》以“示”、“死”、“致”为韵，是古音在脂部也。《诗》“视民不佻”，郑笺：“视，古示字。”《曲礼》“常视毋诳”，注：“视，今之示字。”《士昏礼》“视之牸肇”，注：“视乃正字，今文作示。”按“视”即从“示”声，古音亦在脂部。《易》“寘于丛棘”，《周礼》：“朝士”注“示于丛棘”，范宁引作“示”。《诗·鹿鸣》“示我周行”，郑笺：“示，当作

---

① 唐兰：《唐兰〈说文〉遗稿》，上海古籍出版社，2018，第319页。

真。"又郑注《中庸》："示，读如'寘诸河干'之'寘'。""寘"则由真部转入脂部者，则"示"当为脂部无疑矣。

古时天神地祇人鬼均为示，然殷周之际金文已见百神。"示"之为"神"，由脂而真也。《周礼》天神地示人鬼犹作"示"，《说文》作"祇"，则由脂入支也（"祇"巨支切，犹"祁"渠脂切耳）。此盖如"视"或作"眡"，从"氏"声矣（又作"眠"，从"氏"声，然"氏"、"氏"亦本一字）。章太炎以"示"变为"祇"，由脂旁转支部，"祇"次对转真而为"神"，何其迂曲而可笑也。

……

"示"孳乳为"视"，其重文为"眠"，乃读入支部者。故有"题，显也"，"睨，迎视也"，盖"氏"、"是"同音也。故《左传》"提弥明"，《史记》作"示眯明"也。①

这一段文字实际在讲"示"的孳乳与分化。正如教与学是一个行为的两个方面一样，视与示是一个行为的施受双方。唐兰认为示的本义是陈放祭品的"案"，其本义是名词。"案"的功能是展示祭品，所以"示"又有了展示这一动词词性。我们在"第一章"中引入了造意与实义两个训诂学术语。我们认为"案"是示的造意，"展示"则是实义。示的造意只是实义的具体化，这个造意并没有在文献中使用过。正如塵的造意是鹿奔跑所扬起的尘土，但在文献中塵只作尘埃讲，非专指鹿奔跑所扬起的尘土。陈列的祭品是供天神地祇及人鬼享用的，所以示又可指代神祇。这种词义的孳乳在汉语中是很常见的，如柴本指小段的木材，焚柴而祭亦称柴，后为祭祀的柴造专字祡。

---

① 唐兰：《唐兰〈说文〉遗稿》，上海古籍出版社，2018，第319~320页。

　　然"示"字转为"主"，则在侯部矣。又为"宗"，则在冬部矣。此与音变轨迹似不尽同，或周前古音"示"本不在脂部邪？"辰"在真部（脂之阳声），而"农"在冬部，"辱"在屋部（侯部入声），其嬗变与此正同。更俟详考。①

　　示有两条孳乳路线：一条孳乳出视祇神；另一条是孳乳出主宗。示本像陈放祭品的案，当案被专用于陈放某一神祇的祭品的时候就引申出"神主"之"主"。陈放在室内的主即成了宗。示的两条孳乳路线是以示的不同读音为基础发展出来的，即示的初始形体是多音多义词。在文字的造形阶段就存在一字多音义现象，这是研究文字学必须承认的客观事实。

　　除专门注释《说文解字》的遗稿外，唐兰在金石文字的考释中亦对《说文解字》多有订正。在遗稿出版前，学者最熟悉的还是这部分考释，下文择要介绍如下。

　　1. 训"天""元"为首

　　唐兰说："'天'是人首的意义。""'元'也当人首的意义。"② 唐兰训"元"为"首"的意见已被研究《说文》的学者所接受，如董莲池在"元"字下加按语说："唐兰云：'元本作𠂀，元，首也。'（《古文字学导论》）其说甚是。'元'之本意是人头，《左传·僖公三十三年》'狄人归其元，面如生'；《孟子·滕文公上》'勇士不忘丧其元'并是其证。许训'始也'是其引申义。"③ 季旭昇在其著作中也采纳了唐兰的观点。④

---

① 唐兰：《唐兰〈说文〉遗稿》，上海古籍出版社，2018，第318~319页。
② 唐兰：《古文字学导论》（增订本），齐鲁书社，1981，第232页。
③ 董莲池：《说文解字考正》，作家出版社，2005，第1页。
④ 季旭昇：《说文新证》（上），（台北）艺文印书馆，2002，第3页。

按，唐兰训"元"为"首"无疑是正确的，文献中也有例证。但将"天"亦训为"首"不妥。我们从"元""天""人""大"诸字的古文字字形，尤其是金文字形中比较象形的写法可以看出，表示抽象概念的"天"与"大"都作正面人形，而"元"和"人"表示一般名词，皆作侧面人形，这似乎是一条规律。由此可知"天"训为头顶、"元"训为"首"才是二字的本义。明确了"元"可以训为"首"之后，我们可以纠正文献中的一个错误。《山海经·海外西经》"形天与帝至此争神，帝断其首，葬之常羊之山，乃以乳为目，以脐为口，操干戚以舞"。"形天"一词在不同的版本中有"形夭""刑夭""刑天"等不同写法。袁珂校注曰："依义刑天长于形天。天，甲骨文作ﾠﾠ，金文作ﾠﾠ，□与●均象人首，义为颠为顶，刑天盖即断首之义。"① 袁氏的不足是，将"天"训为"首"并没有文献上的证据，我们根据唐兰训"元"为"首"的意见，认为此处的"形天"当为"刑元"之误。

2. 纠正《说文》"井"误为"开"的错误

唐兰在考释邢侯簋（《集成》08·4241）时说："井侯是邢国之侯。《说文》：'郑地邢亭，从邑井声。'而另出邢字说：'周公子所封，地近河内怀，从邑开声。'是错的。凡刑、形、鈃、荆等字，《说文》都说是开声，都是把井字错写成开字而误。"②

按，唐说至确，季旭昇补充说："刑字是从荆字分化出来的"，"'刑'、'荆'应该是同一个字。目前可靠的文字材料中并未见到有从'开'的'刑'字，所有的材料中，'刑'（荆）都是从'井'的，直到东汉才出现'刑'的写法，它的左旁写成'开'并不从'开'，

---

① 袁珂：《山海经校注》（增补修订本），巴蜀书社，1993，第 258 页。
② 唐兰：《西周青铜器铭文分代史征》，中华书局，1986，第 161 页。

《说文》小篆的'刑'字应该是个讹形"①。董莲池未对"刑""荆"等字做说明。由"荆""刑"等字从井得声可以推知"形""鈃"等字也都从"井"声，《说文》的字形一定是讹误。

3. 释"求"字的本义

唐兰在考释《甘肃考古记》所载的一件陶尊上的符号时说：

> 中间还有一个六足的虫形，是"求"字，也就是"蝵"的原始字。《说文》："蝵，多足虫也。"或体作"蛬"，这是后人已不知道"求"字就是多足虫的形象，所以加上虫或蚰的偏旁。《说文》把"求"字反当做了"裘"字的古文，学者间早都知道是错的，就只不晓得，"求"就是《周礼·赤发氏》注的肌求，也就是多足虫的"蝵"，这个字正象"蠼螋"的形状。②

裴锡圭在《释"求"》一文中亦指出："'求'大概是'蝵'的初文，求索是它的假借义。"③ 唐兰虽未能考释出甲骨文中的"求"字，但其对"求"字本义的解释却是十分正确的，董莲池在《说文解字考正》卷八"裘"字下亦认为"求"的本义是多足虫，是"蝵"字的初文。④ 季旭昇亦有相同意见。⑤

唐兰并不满足于为《说文》做校订，不满足于一文一字的考订，他的最终目的是利用金石文字材料来建立新的文字学理论。这也是他有别于其他古文字学者的一个重要特点，遗憾的是许多写作计划未能完成。我们在他的文章和论著中还能看到他的一些观点。如唐兰说：

---

① 季旭昇：《说文新证》（上），（台北）艺文印书馆，2002，第351页。
② 唐兰：《中国文字学》，上海古籍出版社，2001，第57页。
③ 裴锡圭：《释"求"》，载《古文字论集》，中华书局，1992，第60页。
④ 董莲池：《说文解字考正》，作家出版社，2005，第334页。
⑤ 季旭昇：《说文新证》（上），（台北）艺文印书馆，2002，第33~34页。

"《说文》里常讲到省形或省声，但往往是错误的，因为凡可以称'省'，一定原来有不省的字，而《说文》里所说，大都不合这个原则。"① 唐兰的这一说法虽然太过绝对，但却看到了问题的关键，省形省声在文字演化过程中存在的错误比较多。陈世辉指出《说文》中的省声有很多是正确的，其中一部分是声符的繁复写法经过简化，在指出原来声符时用"省声"，如"融，从鬲蟲省声，蟲，籀文不省"。有些是声符有部分省略，但不是重复的部分，如"徽"从"系微省声"；但还有一部分用"省声"来区别字的读音，如"隓""随""隋""墯"等字基本声符都是"隋"，因为汉代这些字的读音已有分歧，所以只得用同一声符的不同"省声"字来表示它们读音的区别。同时陈文也指出《说文》省声的一些错误，如将象形的"贞""黍"等字误为省声，将会意的"事""段""皮"等字误为省声，将"斋""梨"等共享偏旁的字误为省声等。② 省形例子虽不多，但除了"星""晨"等少数正确的例子外也有不少的错误，裘锡圭先生对省形和省声都有所评述，可以参看。③

唐兰指出古文字中"凵"字多作"廿"形与人口之"口"无别，认为"鲁""晋""古""喜""合"等字都是从"廿"，《说文》皆误，最后得出结论"凡从曰从甘的字，大都从凵卢形的口变来，《说文》从人口误"④。按，唐说有一定道理，《甲骨文字典》在"鲁"字下注释说："从鱼从廿，廿象坎。"⑤ 董莲池解释说："鲁"，"初本借'鱼'字，后由'鱼'加区别符号廿分化而成。"⑥ 季旭昇解释"鲁"字说：

---

① 唐兰：《古文字学导论》（增订本），齐鲁书社，1981，第223页。
② 陈世辉：《略论〈说文解字〉中的"省声"》，载《古文字研究》第1辑，中华书局，1979。
③ 裘锡圭：《文字学概要》，商务印书馆，1988，第164页。
④ 唐兰：《古文字学导论》（增订本），齐鲁书社，1981，第245页。
⑤ 徐中舒主编《甲骨文字典》，四川辞书出版社，1998，第383页。
⑥ 董莲池：《说文解字考正》，作家出版社，2005，第137页。

"鲁是鱼的分化字"，"甲骨文从'鱼'，'口'形为分化符号"①。从古文字形体看，将ㅂ看成区别符号或器皿形都讲得通，但《说文》认为"鲁"字从"白"是错了，而"古""喜""合"等字下所从口与"鲁"字情况相同。

唐兰指出"《说文》例的反人为匕，反正为乏等，在古文字里是不适用的"②。按，中山王器中乏字作𠂆，就是将正字上面一笔写成斜画而已，"正字作横划而乏字作斜划，大概是取非正即乏之义"③。匕字甲骨文金文作𠤎、𠤎形，本是饭匙的象形，《说文》对乏、匕二字的解说均不可信，董、季二人对乏、匕二字都做出了正确的解释。

唐兰指出："凡𠂊形可加足形而作𨀥，所以从𠂊和从𨀥通用。后来𠂇变𡕒，所以《说文》把许多人形的字，截归夂部，这是错误的。"④按，唐兰所说至确，其所举"致""夋""夏"等字中所加"止"形并无区别意义的作用。古文字中人字及加"止"的人形在作为偏旁使用时是没有分别的，《说文》将其割裂是错误的。

《说文解字》中省形、省声及反文的解说多不正确，唐兰看出了许慎的错误，但他自己又将结论绝对化，这是他的不足。正因为认识到了《说文解字》在训释及理论上的不足，唐兰决定要建立一套新的文字学理论体系，这就是我们在"第一章"部分提到的"三书说"。

据整理者统计，《唐氏说文解字注》存 17.7 万余字，《说文解字笺正》存 3.4 万字，《读说文记》存 4 万字。⑤ 只有具备深厚的古文字

---

① 季旭昇：《说文新证》（上），（台北）艺文印书馆，2002，第 263 页。
② 唐兰：《古文字学导论》（增订本），齐鲁书社，1981，第 168 页。
③ 汤余惠：《略论战国文字形体研究中的几个问题》，载《古文字研究》（第 15 辑），中华书局，1986。
④ 唐兰：《古文字学导论》（增订本），齐鲁书社，1981，第 239 页。
⑤ 唐兰：《唐兰〈说文〉遗稿》，上海古籍出版社，2018，第 229、306、419 页。

学修养的学者才会利用《说文》而不迷信《说文》。唐兰的金石学研究因精通又不迷信《说文》而更加精彩。

第二节　科学的考释方法

唐兰在总结自己及前人考释古文字经验的基础上将古文字的考释方法归纳为四种，并总结出若干文字学规律，通过对这些方法和规律的分析，我们可以看出唐兰的金石学研究是在科学方法的指导下开展的，这些考释方法对于今天的古文字研究仍有重要指导意义。

唐兰总结出的古文字考释方法有对照法、推勘法、偏旁分析法和历史考证法。我们在"第一章"已经介绍过，现在我们再举例说明科学的考释方法在指导金石学研究方面所具有的重要意义。

对照法是历史最悠久的古文字考释方法，宋人在考释金石文字的时候已经广泛使用了。王、隹、月、日以及干支用字等基本是利用对照法考释出来的。甲骨文发现伊始，对照法仍然是最常用的考释方法。随着考古工作的开展，可供学者对照的文字资料数量大增。20世纪30年代以后，尤其是50年代以来，大批甲骨、金文、盟书、简牍、帛书、玺印、货币、石刻篆文出土，这使比较的范围越来越广。有一些传抄古文如《汗简》《古文四声韵》，一度被人蔑视，后经研究证明，传抄古文确有不可否定的学术价值，也可被用来作为比较对照的材料。

经过多年研究，学术界已经充分肯定了传抄古文的价值。如曾宪通在为《传抄古文字编》所作的序中说："我们曾将《汗简》所收古文同出土材料相较，发现郭书征引的古文与出土材料相合，或虽存在差异，然符合自然之流变者约占40%；这一部分虽不及总数之半，但却是《汗简》书中最可靠和最有价值的部分，这一部分的古文不但有流传至今的《说文》古文、三体石经古文和碧落碑文可资参证，而且有大量的地下出土材料可以印证，特别是那些早年所传而后世失佚的古文，每每见于当今出土的先秦文字，这就更加有力地证明它们确有来历，绝非杜撰。"①

　　对于今天的学者来说，对照法的应用范围已经越来越广，不再局限于《说文》或《古文四声韵》等传抄古文与出土古文字的对照了。随着新出土古文字资料的增加，可以对照的材料越来越多，我们将其大致分为以下两种情况。

　　一是古文字材料与传世文献的对照，适用于有传世本可供对照的古文字资料。在这种对照中，可以知道某些形体难识的字相当于传世本中的哪个字，如此便会对它的字义或词义有一个总体把握，在研究通假字盛行的战国文字时，这种方法很管用。马王堆帛书《老子》有甲、乙两种本子，郭店楚简《老子》有甲、乙、丙三种本子，这几个本子都可以与传世本相对照，所以在文字考释上有很多优越的条件。裘锡圭先生特别谈到这个问题，下面引用裘先生所举的例子来说明②：

　　　　郭店《老子》甲6号简："智（知）足之为足，此**死**足矣。"今本（指王弼本）46章作："故知足之足，常足矣。"马王堆帛书甲本"常"作"恒"（乙本此字残去），应是《老子》原貌，此字后因避汉文帝刘恒讳而改作"常"。《说文·十三下·二部》："恒，常也。……**死**，古文恒从月，《诗》：'如月之恒。'"简文**死**字写法与《说文》"恒"字古文相合。楚简"恒"字大都如此

---

① 曾宪通：《〈传抄古文字编〉序》，载《中国文字学报》（第1辑），商务印书馆，2006。
② 裘文中原篆用△代替，本章引用时补出。

写。严格说，此字实应释作"互"，读为"恒"。楚简"恒"字有加"心"旁者（出处同上），可证。①

这样的例子还有很多，如郭店《老子》甲本1号简中⿰字三见，但与今本相对应的字都作"绝"，裘先生将其分析为"以刀断丝"，《说文》小篆错误地将刀形断开。又如裘锡圭先生在考释"覝惻"为"盗贼"等文字时都是应用了对照法。

二是多种古文字资料之间的对照。随着古文字资料的不断发现，同一字在不同的材料中多次出现，这就为对照提供了条件。马王堆汉墓曾出土《老子》，郭店也有《老子》出土；郭店简有《缁衣》，上博简也有《缁衣》，虽是同一部书但其文字却有出入，或同音假借，或是文字异构，用这些不同版本互相校勘，可以对字形做出新的或更合理的解释。这种对照除了对释字有帮助外，主要考察的是用字上的规律或特点。如今本《缁衣》郭店简作"兹衣"，上博简作"紒衣"，说明"才"与"兹"读音相近，李学勤据此考查了简帛及铜器铭文中的若干"兹"与"才"，并将上海博物馆藏亢鼎铭"才五十朋"，裘卫盉"才八十朋"中的"才"读作"值"，认为是用贝币计算价格。② 其实唐兰也曾注意到这一点，他在裘卫盉"才"字的注释下说："原作'才'。才字和裁字古书常通用。《广雅·释言》：'裁，制也'，有量度决断的意思。此处用为作价。"③ 唐兰的这一观点未得到学者重视，今李先生申论之，可见唐兰确有超过前人的卓识。利用简帛资料考释金文的例子也不少，例如陈剑据郭店《缁衣》中⿰（简文用作述

---

① 裘锡圭：《以郭店〈老子〉简为例谈谈古文字的考释》，载《郭店〈老子〉——东西方学者的对话》，学苑出版社，2002，第26~27页。

② 李学勤：《说"兹"与"才"》，载《古文字研究》（第24辑），中华书局，2002。

③ 唐兰：《陕西省岐山县董家村新出西周重要铜器铭辞的译文和注释》，《文物》1976年第5期。

或仇）字将金文中习见的"▨匹"之"▨"释为"述"。①

学者在研究中往往是将各种材料放在一起进行对照的，包括甲骨文、金文、简帛、传世文献、传抄古文等。如郭店《缁衣》简26"▨公之顾命云"，李学勤据《礼记》及《逸周书·祭公》认为此字从"慧"得声应读为"祭"，金文中出现的"▨公"之"▨"也应是"慧"字，"▨公"即祭公。②

对照法是一种很实用的方法，但相互对照的字形有时并不完全相同，需要进行比较分析才能得出正确的结论。正如唐兰所指出的那样，"应用这种方法时，得知道古文字里有些变例，像：反写，倒写，左右易置，上下易置等。不然往往因为写法不同，狠容易识的字，都变成难识了"③。如徐王粮鼎中的"鱼"字长期被误释为"庶""番"等字，吴振武先生指出这个字是反书的"鱼"字，从而解决了这个难题。④刘钊则在《古文字构形学》中专门讨论了甲骨文中的各种"倒书"情况。⑤

在考释古文字的过程中，第一步就是查《说文》，希图认定某个字相当于《说文》中的哪一个字，这就是对照法。但是，现实告诉我们，已出现的古文字，以《甲骨文编》《金文编》《战国文字编》为例，其中所收字半数以上不见于《说文》。而《说文》所收录的9000多字，至今仍有部分未在古文字资料中出现。所以，新发现的古文字，要想从《说文》中一一查到，根本不可能。除了查《说文》，还得查其他字书、韵书、传抄古文、传世文献等，其结果并不一定比查

---

① 陈剑：《据郭店简释读西周金文一例》，载《北京大学中国古文献研究中心集刊》（第2辑），北京燕山出版社，2001。
② 李学勤：《释郭店简祭公之顾命》，《文物》1998年第7期。
③ 唐兰：《古文字学导论》（增订本），齐鲁书社，1981，第167页。
④ 吴振武：《说徐王粮鼎铭文中的"鱼"字》，载《古文字研究》（第26辑），中华书局，2006。
⑤ 刘钊：《古文字构形学》，福建人民出版社，2006，第9~22页。

《说文》理想，此时即便利用对照法也无计可施。这时就需要别的方法。

除了"对照法"以外，学者所常用的方法，就是"推勘法"。"有许多文字是不认识的，但由寻绎文义的结果，就可以认识了。"①

宋代学者根据铭文辞例之"十寅""十申""十午""十戌"，释"十"为甲字，确凿无疑。又如金文有𠂤字，不见于传世文献，清人根据铭文辞例，寻绎文义，指出即伯叔之叔，也是很有道理的。再如，秦公簋有"𤖝囿四方"一语，第一字不识，因而这一句读不通。后来有学者发现《诗·大雅·皇矣》有"奄有四方"一语，与秦公簋一语辞例相同，因而把不认识的一个字读为奄。又如金文里地支的𠤕字，是一千年来的一个哑谜，由于甲骨干支表的发现，我们可以推勘出来了。从字形来看，金文此字应是"子"字，但用作地支字则是"巳"字。不过，"虽然，由这种方法认得的文字，不一定可信，但至少这种方法可以帮助我们去找出认识的途径"②。

推勘法在文字考释中发挥着重要作用，所以唐氏指出："和对照法一样重要的推勘法，在目前还是不可缺的。"③唐兰用推勘法成功释读了金文中的"幽衡""朱衡""黹纯"等常用语④，这一成果如今已成定论，可见推勘法的重要意义。但也正如唐氏所论述的那样，"推勘法只能使我们知道文字的一部分读音和意义，要完全认识文字，总还要别种方法的辅助"。所以他在最后强调说："在研究的时候，千万不可抛开了文字的形体"，否则"好像学画的人，专画鬼魅一样"，"是走不通的"。⑤

---

① 唐兰：《古文字学导论》（增订本），齐鲁书社，1981，第170页。
② 唐兰：《古文字学导论》（增订本），齐鲁书社，1981，第170页。
③ 唐兰：《古文字学导论》（增订本），齐鲁书社，1981，第171页。
④ 唐兰：《古文字学导论》（增订本），齐鲁书社，1981，第173页。
⑤ 唐兰：《古文字学导论》（增订本），齐鲁书社，1981，第175页。

　　对偏旁进行系统的分析，可以说始于许慎。他在《说文解字》中把合体字解释为"从某从某""从某某""从某某声"，这就是在分析偏旁，即说明某一个字是由哪些偏旁构成的。他把《说文》所收小篆分为540部，即以偏旁为线索，把9000多个小篆按部统属进去，可以说是系统分析。由于许慎的分部统属，学者比较清楚地看到，汉字虽多，构成汉字的偏旁却数量有限。这在汉字研究史上是一大贡献。

　　偏旁分析是金石考释的基础，不过直到清代的孙诒让才自觉地运用这种方法来考释古文字。唐兰则将这种考释方法上升到理论的高度，总结出偏旁分析法，至此，古文字研究才有了科学方法的指导。据唐氏研究，宋人也用过分析偏旁的方法，但不多见。清代乾隆、嘉庆、道光、咸丰时的学者，"对于《说文》，很少人敢有诽议，所以在那时候的古文字，只够做《说文》的辅翼罢了"。"所以只偶尔举金文来比较篆文。"到了同治、光绪时的学者，"才知道古文字的真价值是超《说文》的"，因而"古文字学就日渐昌大起来"，"要用金文来补正篆文了"，如吴大澂的《说文古籀补》。"在这一个趋势里，孙诒让是最能用偏旁分析法的。"① 唐氏经过仔细考察，把孙氏的方法概括为："是把已认识的古文字，分析做若干单体——就是偏旁，再把每一个单体的各种不同形式集合起来，看它们的变化；等到遇见大众所不认识的字，也只要把来分析做若干单体，假使各个单体都认识了，再合起来认识那一个字。这种方法，虽未必便能认识难字，但由此认识的字，大抵总是颠扑不破的。"② 唐兰指出："古文字的研究，到孙诒让才纳入正轨。他的精于分析偏旁，和科学方法已很接近了。"③

　　唐兰是非常重视偏旁分析法的，在《古文字学导论》一书中偏旁

---

① 唐兰:《古文字学导论》(增订本)，齐鲁书社，1981，第178页。
② 唐兰:《古文字学导论》(增订本)，齐鲁书社，1981，第179页。
③ 唐兰:《古文字学导论》(增订本)，齐鲁书社，1981，第183页。

分析又分为上下两篇，上篇介绍偏旁分析法，下篇则对应用此法提出了几点注意事项。

①"用这种方法时，最要紧是把偏旁认清楚。"如西周金文有一个▦字，即糫字亦即"耤"字，所从之▦，孙诒让误认作姻（《名原》下第 25 页）唐氏指出："这是笔划略近的字混淆了。"①

"偏旁释定了，不能改读。"如金文兮仲钟第三器有▦字，孙隶定作镖是正确的，很明显是从金禀声，但孙氏却要说成是"墙之省变"（《古籀余论》第 12 页）唐氏以为这"是把文字来徇自己的成见"。②

②"若干偏旁所组合成的单字，我们得注意他的史料；假使这字的史料亡缺，就得依同类文字的惯例，和铭词中的用法等，由各方面推测；假如无从推测，只可阙疑。"③

唐兰是应用偏旁分析法的高手，在"偏旁分析"下编，他运用此法成功考释出甲骨文中的"斤"及从"斤"的一组字，这一成果已被学术界所接受。1934 年《殷虚文字记》作为北京大学讲义印行，此成果更是运用偏旁分析的佳作，书中将同一偏旁之字做一系列的考证，所获颇多。值得注意的是，在分析偏旁时一定要注意偏旁的差异，哪怕是微小的差异，不然则差之毫厘，谬以千里。误释一偏旁，则从此偏旁诸字的考释皆误。

偏旁分析法在应用过程中也会遇到困难。"这种方法固然是科学的，但有两桩缺点。第一，这种方法很难应用到原始的单体文字，因为有些原始文字，和后代文字的连锁是遗失了的。第二，愈是分析得精密，窒碍愈多，因为文字不是一个时期发生的，而且不是一成不变的，假使严格地认定一个型式，那么，在别一个型式下面所组成的

---

① 唐兰：《古文字学导论》（增订本），齐鲁书社，1981，第 184 页。
② 唐兰：《古文字学导论》（增订本），齐鲁书社，1981，第 185 页。
③ 唐兰：《中国文字学》，上海古籍出版社，2001，第 187 页。

字，就无法认识了。"① "文字的型式有时是长时期固定的，有一时是不断地在流动的，偏旁分析利于研究固定的型式，而流动型式，非考证历史不可。我们要把古文字学建设为一种科学，这两种方法是不能缺一的。"② 由此，他进一步提出了历史考证法，即在利用偏旁分析法的同时，注意到文字的历史，即古文字的发生和演变。尤其是在精密地分析了文字的偏旁之后，还不能认识、断定或者还有某些疑问时，更得去追寻其历史。"偏旁分析法研究横的部分，历史考证法研究纵的部分，这两种方法是古文字研究里的最重要部分，而历史考证法尤其重要。"③ 其实，从以往成功的古文字考释来看，横的部分和纵的部分经常是相互交替着进行的。唐兰还指出："历史考证法是狠复杂而繁难的，每一个字有他自己的历史，每一小组文字，或相近的文字，在演变时有共同的规律。"④ 历史考证法不仅有助于考释古文字并认识其发展的历史，也有利于总结古文字演化中的各种规律。

对照法、偏旁分析法和历史考证法是考释字形的方法，是古文字研究的第一步。如果要确定字形在上下文中的意义，还需要判断形体与其所代表的词之间的关系。至于字形在具体语言环境中到底是使用引申义还是文字的假借，需要借助训诂学的知识进一步研究。相比较而言，推勘法能够直接判断字形所代表的词性或词义，但形体结构不能一时明了，有时我们需要由结论去推导形体结构。所以说推勘法与其他三种方法并不在同一个平面。对照法、偏旁分析法和历史考证法是释字的，推勘法是释词的。

唐兰同时代及其以后的学者都总结过古文字的考释方法，但唐兰

---

① 唐兰：《中国文字学》，上海古籍出版社，2001，第196页。
② 唐兰：《中国文字学》，上海古籍出版社，2001，第201页。
③ 唐兰：《中国文字学》，上海古籍出版社，2001，第198页。
④ 唐兰：《中国文字学》，上海古籍出版社，2001，第201页。

所总结的四种古文字考释方法是最基本的方法。有学者将训诂学中因声求义的方法引入古文字考释中来，如冯时《中国古文字学概论》有"审音求义"这一古文字考释方法。冯先生说：

> 对古文字的考释至少包括两个层面的工作，第一是解决字形问题，第二则是解决字义问题。因为先秦时代假借字流行，有时字形问题的解决并不意味着我们可以同时完成对其字义的探求。对于一些字形结构传承有序的文字，由于我们已经了解了它的读音，因此据假借而求本字并不算是困难的事情，但这充其量只能是对文字使用方法的研究。然而某些仅于历史上某一时期或某一阶段使用的文字，我们其实根本无法借助后代的字书求证它的字形，在这种情况下，定准文字的读音，通过审音的方式探求字义，便成为解决古文字形义关系的重要方法。显然，由于文字是通过语音完成它的表意功能，这意味着确定文字的读音无论对于未识字义的揭示还是假借字字意的诠解，都是十分重要的工作。[①]

我们认为因声求义和推勘法解决的都是字义问题，并不能算是古文字的考释方法。我们将冯先生的说法修改为"出土文献的考释至少包括两个层面的工作"也许更合理。

我们通过一个例子来说明"因声求义"的作用。《尚书·无逸》"文王受命惟中身，厥享国五十年"，其中"中身"二字的含义众说纷纭不得其解。赵平安先生根据战国古玺"忠信"写作"中身"这一现象论证《尚书·无逸》中的"中身"亦当为"忠信"。[②]"中身"通假为"忠信"不难理解，只要掌握基础的古音理论就可以了。但能够利

---

① 冯时：《中国古文字学概论》，中国社会科学出版社，2016，第 173 页。
② 赵平安：《新出简帛与古文字古文献研究续集》，商务印书馆，2018，第 359~365 页。

用战国玺印提供的信息来校读《尚书·无逸》，赵平安先生可谓凿破混沌，发前人之所未发。赵先生的考释十分精彩。

在科学的古文字考释方法的指导下，唐兰先生的金石学研究取得了令人瞩目的成就。直到今天，这些考释方法对青年学者的古文字研究仍有指导意义。

第三节　熟悉传世文献

熟练地应用文献是唐兰金文研究的另一大特色，在唐兰的笔下，文献是为我所用，并不拘泥于传统训诂学的解释。如《尚书·金縢篇》："既克商二年，王有疾弗豫。二公曰：我其为王穆卜。"历代注疏均训"穆"为"敬"，唐兰则解释说："过去都不懂得'穆卜'是什么意思，其实就是说要卜武王的'穆'。二公认为武王的病已经好不了了，所以要卜下一代。"[①] 又如《尚书·君奭》："文王蔑德降于国人。"注疏多训"蔑德"为"精微之德"。孙星衍则读"蔑"为"散"，训"蔑德"为"妙德"。于省吾《尚书新证》说："按《甘誓》威侮五行。王引之谓威当作灭，蔑之假借是也。……二字形极相似。此言文王蔑德降于国人，即文王威德降于国人也。是威讹为灭又假为蔑。"[②] 唐兰则说："在字义上，蔑和伐在周代古书里常通用。《尚书·君奭》'文王蔑德'，蔑是形容词。郑玄注'蔑小也'是错的。周公要用文王之德来为教，怎么用小德呢？伪孔安国传说是'精微之德'，也很牵强。孙星衍《尚书今古文注疏》把蔑读为散，散与媺通，亦美也。转了许多弯而解为文王美德，不知道这里的蔑，应读作伐。

---

① 唐兰：《西周铜器断代中的"康宫"问题》，《考古学报》1962 年第 1 期。

② 于省吾：《尚书新证》，中华书局，2009，第 231 页。

《小尔雅·广诂》'伐，美也'本是很容易理解的。《逸周书·祭公解》'追学于文武之蔑'，蔑是名词。孔晁注把蔑解为微德，是所谓'增字解经'，蔑可以训微，怎么能是微德呢？在这里把蔑训为灭、末、无、轻等义都是讲不通的。只有读作文武之伐，才讲得通。《左传》庄公二十八年和《国语·晋语一》都说'且旌君伐'，注'功也'，也是名词，文例正相同。"①

古文字研究必须重视传世文献，唐兰说过："研究古文字者，往往不注意书本里的材料，这是很错误的。地下材料，文字多的像甲骨和铜器，都有文体的限制，所用的文字老是这一套，所以有些文字，几可说永不会被发现的，这种缺点，只有书本上的材料才能弥补。没有这部分材料，就不能做有系统的研究。"②

2000年之后，《上海博物馆藏战国楚竹书》《清华大学藏战国竹简》《安徽大学藏战国竹简》等大批竹简资料陆续公布，其中包含大量先秦古书。以清华简为例，《系年》的内容可与《左传》对读，如果不熟悉传世文献，光凭电脑检索是很难做出有深度的研究的。马楠《清华简〈系年〉辑证》将简文与《左传》《国语》等多种传世文献对勘，可以说是出土文献与传世文献对勘的代表作。

裘锡圭先生在《谈谈地下材料在先秦秦汉古籍整理工作中的作用》一文中指出：

> 在传世先秦秦汉古籍的整理工作中，地下材料所能起的作用可以粗分为两方面：一，有助于研究古籍的源流，包括古籍的成书时代和过程、资料来源以及篇章的分合变化等问题。二，有助

---

① 唐兰：《"蔑厤"新诂》，《文物》1979年第5期。
② 唐兰：《古文字学导论》（增订本），齐鲁书社，1981，第143~144页。

于古籍的校读，如校正文字、阐明词义文义等等。①

校读古籍是古文字研究的任务之一，于省吾先生的新证系列是代表作。重视传世文献是于省吾、唐兰等老一辈学者的优良学风，值得我们学习。

第四节　无保守习气

学术研究不仅需要广博的知识，还要有科学的研究态度。唐兰先生思想开明，在学问上勤于探讨。朱德熙先生回忆说："先生所以能有开明的思想和科学精神，一个重要的原因是他博览群书。他不仅读古书，也读现代人写的书，而且还读过大量的翻译作品。说到这里，我不禁想起先生两次学外语的情形。第一次是在昆明自学英语，已经达到能看书的程度。那时候昆明满街都是专供美国大兵看的袖珍本英文书。先生有一次告诉我，他花了很大的劲搜齐了一套（大概有好几百本）。第二次是解放初，那时先生已经是五十多岁了，又开始自学俄语，据说也到了能看书的程度。"②

唐兰是无保守习气的，他自己说过：

一个人的力量是有限的，认识是有局限性的，过去我对王姜伯懋父等诸问题上有若干错误的认识，现在所研究的，难免又有新的错误。我不愿趋于保守，敢于把这部分的研究公开发表，就

---

① 裘锡圭：《谈谈地下材料在先秦秦汉古籍整理工作中的作用》，载《古代文史研究新探》，江苏古籍出版社，1992，第45页。

② 朱德熙：《纪念唐立厂先生》，载《古文字研究》（第2辑），中华书局，1981。

是希望许多同志共同来研究，使得这样的巨大工作能够早一些完成，我的一些错误也容易发现和纠正。只要我们每一次的研究，能对过去的东西有所突破，对历史研究有些贡献，这份劳力就不是白费的。①

他不仅吸取当时学者的观点，还常常修改自己的意见，如唐兰早期考定"王姜"为康王后，晚年又改为昭王后。② 当然有时也会将正确的意见修改错了，如《宜侯夨簋考释》将▨隶定为"宜"，而到了《史征》中则改释为俎，并考释说："▨本是大俎的形状，像一间房屋，其中有一横格，上下都可以放肉。而▨则是在俎中放了肉的形状。《说文》俎字却把肉形写在俎形左旁，已失去原来意义了。"③ 唐兰认为俎、宜是一字分化，商周时只有俎音，战国时期变为宜音。三年癲壶铭文中有▨字，于豪亮先生将其释为"俎"④，至此"宜"与"俎"字的分别便十分清楚了，唐兰已见过癲组铜器，但未能认识到"宜"与"俎"的区别，或是认识到而未及写出，总之，唐兰晚年将原本正确的隶定修改错了。

正由于唐兰在学术研究上不保守，所以不受条条框框的限制，他在《古文字学导论》的自序中说："我这本书，狠愿意有人指摘其中的错误，但有一事得预先声明。我所叙述的例证中，深明音韵学的人也许要指出若干条在音韵学上是讲不通的。著者音韵学的知识极浅，不免有错误的地方。但在另一方面，著者没有给音韵学里许多规律所束缚，或更能适合于上古音的研究，正和研究古文字而不为六书说所

---

① 唐兰：《论周昭王时代的青铜器铭刻》，载《古文字研究》（第2辑），中华书局，1981。
② 《西周铜器断代中的"康宫"问题》中定"王姜"为康王后，《论周昭王时代的青铜器铭刻》《西周青铜器铭文分代史征》中定为昭王后。
③ 唐兰：《西周青铜器铭文分代史征》，中华书局，1986，第155页。
④ 于豪亮：《说俎字》，载《于豪亮学术文存》，中华书局，1985，第77~81页。

束缚一样。"① 唐兰突破传统音韵学的束缚释读出卜辞中的"艰"字便是这段话的最好注解。

最后我们再谈一谈唐兰在学术研究上的局限和不足。第一，唐兰曾自己总结说："又好为长篇巨制，而多无成功。至于一篇既竣，不敢轻出，反复详审，或经数载，犹未刊定。"② 《西周铜器断代中的"康宫"问题》《中国古代社会使用青铜农器问题的初步研究》《关于夏鼎》等论文都是长篇巨制，正因为如此，唐兰的许多研究成果未能完成。如他计划的唐氏"古文字学七书"便只完成了《古文字学导论》一部。

第二，唐兰兴趣爱好太过广泛，除了古文字方面的文章外，他还发表过《敦煌所出唐人杂曲》（1929 年 11 月 12 日，《商报文学周刊》第 6 期）、《白石道人歌曲旁谱考》（1931 年 10 月，《东方杂志》第 28 卷第 20 期）、《论古无复辅音凡来母字古读如泥母》（1937 年 4 月，《清华学报》第 12 卷第 2 期）、《郑庠的古韵学说》（1946 年 11 月 27 日《大公报》文史周刊第 7 期）等词曲、音韵学方面的文章，晚年又将注意力转移到中国古代文明的研究上，这些兴趣爱好分散了他在古文字研究上的精力，使他的许多计划未能完成。

第三，在对待传世文献的态度上有些随意。例如在考证"王姜"这一人物时曾说："穆王的生母固然可以是房后，但昭王即位以后，就未必还以房后为王后了。或者房后已死，就可以有继室；或者房后被黜，就可以另立新后。"③ 这种口气完全是猜测，没有科学依据。唐兰晚年又认为"王姜"即是"房后"，并认为"房国当亦是姜姓"，

① 唐兰：《古文字学导论》（增订本），齐鲁书社，1981，第 12~13 页。
② 唐兰：《天壤阁甲骨文存并考释》，上海古籍出版社，2016，第 4 页。
③ 唐兰：《论周昭王时代的青铜器铭刻》，载《古文字研究》（第 2 辑），中华书局，1981。

"姓氏书都不大可靠"①。这种没有确切证据而轻易否定文献的做法是不可取的。

与郭沫若、陈梦家相比，唐兰既没有留过学，也没有上过大学，但是深厚的国学功底使得他在古文字研究领域取得了令人瞩目的成就，我们分析唐兰在金文研究中的得与失是为了总结其治学的经验和吸取教训。

唐兰在《古文字学导论》中曾提出研究古文字的六条戒律，这六条戒律今天看来仍有教育意义，今录于此作为本书的结束语：

（一）戒硬充内行　凡学有专门。有一等人专喜玩票式的来干一下，学不到三两个月，就自谓全知全能，便可著书立说。又有一等人，自己喜欢涉猎，一无专长，但最不佩服专家，常想用十天半月东翻西检的工夫做一两篇论文来压倒一切的专家。这种做学问，决不会有所成就。

（二）戒废弃根本　在前面我已经讲过研究古文字必须有种种基础知识，并且还要不断地研究，尤其要紧的是文字学和古器物铭学。有些人除了认识若干文字，记诵一些前人的陈说外，便束书不观，这是不会有进步的。

（三）戒任意猜测　有些人没有认清文字的笔画，有些人没有根据精确的材料，有些人不讲求方法，有些人不顾历史，他们有了主观的见解，随便找些材料来附会，这种研究一定要失败的。

（四）戒苟且浮躁　有些人拿住问题，就要明白。因为不能完全明白，就不惜穿凿附会。因为穿凿得似乎可通，就自觉新奇

①　唐兰：《西周青铜器铭文分代史征》，中华书局，1986，第197~198页。

可喜。因新奇可喜，就照样去解决别的问题。久而久之，就构成一个系统。外面望去虽似七宝楼台，实在却是空中楼阁。最初，有些假设，连自己也不敢相信，后来成了系统，就居之不疑。这种研究是愈学愈糊涂。

（五）戒偏守固执　有些人从一个问题的讨论，牵涉到别的问题，因而发生些见解，这种见解本不一定可靠，但他们却守住了不再容纳别说。有些人死守住前人成说，有些人回护自己旧说的短处。这种成见，可以阻止学问的进步。

（六）戒驳杂纠缠　有些人用一种方法，不能彻底，有时精密，有时疏阔，这是驳杂。有些人缺乏系统知识，常觉无处入手，研究一个问题时，常兼采各种说法，连自己也没明了，这是纠缠。这种虽是较小的毛病，也应该力求摆脱。①

---

① 唐兰：《古文字学导论》（增订本），齐鲁书社，1981，第 272~275 页。

附表

西周青铜器断代比较①

器名	唐兰	郭沫若	陈梦家	刘启益	彭裕商	王世民	通鉴	铭文选	集成
利簋	武王	—	—	武王	成王	武王	武王	武王	武王
天亡簋	武王	武王	武王	武王	武王	成王	早期	武王	早期
周公作文王方鼎	周公	—	—	成王	—	—	早期	—	早期
渚嗣土迭簋	周公	—	成王	成王	成王	成王	早期	成王	早期
康侯丰鼎	周公	—	成王	成王	成王	成王	早期	成王	早期
作册睘鼎	周公	—	—	成王	成王	—	早期	成王	早期
小臣单觯	周公	武王	成王	成王	成王	—	早前	成王	早期
禽鼎②	周公	成王	—	成王	—	—	—	—	—
禽簋	周公	成王	成王	成王	成王	成王	早前	成王	早期
大祝禽方鼎	周公	—	成王	成王	成王	成王	早期	成王	早期
犅劫尊	周公	—	成王	成王	成王	早期	早期	成王	早期
塱方鼎	周公	—	成王	成王	成王	成王	早期	成王	早期
新邑鼎	周公	—	成王	成王	成王	—	早后	—	早期
鸣士卿父戊尊	周公	—	成王	成王	成王	—	早期	早期	早期
保尊	成王	—	成王	—	成王	成王	早期	成王	早期
保卣	成王	—	武王	康王	成王	成王	成王	成王	早期

器名	唐兰	郭沫若	陈梦家	刘启益	彭裕商	王世民	通鉴	铭文选	集成
臣卿鼎	成王	—	成王	成王	成王	早期	早期	早期	早期
臣卿簋	成王	—	—	成王	成王	早期	早期	—	早期
德方鼎	成王	—	成王	成王	成王	成王	早期	成王	早期
德鼎	成王	—	成王	成王	成王	成王	早期	成王	早期
德簋	成王	—	成王	成王	成王	—	早期	成王	早期
叔德簋	成王	—	成王	成王	成王	成王	早前	成王	早期
𪔂尊	成王	—	—	成王	成王	成王	早前	成王	早期
□卿方鼎③	成王	—	成王	成王	成王	—	—	—	—
大保簋	成王	成王	成王	成王	成王	成王	早期	成王	早期
献侯鼎	成王	成王	成王	成王	康王	成王	早期	成王	早期
勏𣪊作丁侯鼎	成王	—	—	成王	康/昭	—	早期	—	早期
应公鼎	成王	—	成康	穆王	早期	—	早后	早期	早期
北伯𣪊尊	成王	—	—	—	—	—	早期	—	早期
北伯𣪊卣	成王	—	—	—	康王	—	早期	早期	早期
帝蒦鼎	成王	—	—	—	—	—	商晚	—	殷
延盘	成王	—	—	—	—	早期	早期	—	早期
小臣𪔂鼎	成王	—	成王	—	成王	—	早前	成王	早期
堇鼎	成王	—	—	成王	成王	成康	早前	成王	早期
圉卣	成王	—	—	成王	成王	—	早前	早期	早期
圉方鼎	成王	—	—	成王	成王	成康	早前	早期	早期
伯矩鬲	成王	—	—	成王	成王	早期	早前	成王	早期
伯矩鼎	成王	—	—	成王	成王	—	早期	—	早期
复作父乙尊	成王	—	—	康王	康王	早期	早前	成王	早期
复鼎	成王	—	—	康王	—	早期	成康	成王	早期
攸簋	成王	—	—	昭王	昭王	早期	成康	成王	早期

器名	唐兰	郭沫若	陈梦家	刘启益	彭裕商	王世民	通鉴	铭文选	集成
中作且癸鼎	成王	—	成王	—	—	—	早期	—	早期
亚景侯父乙盉	成王	—	—	—	—	早期	成康	成王	早期
匽侯盂	成王	—	成王	康王	康王	—	早期	成王	早期
匽侯盂	成王	—	成王	—	—	—	早期	—	早期
娶方鼎	成王	—	—	—	—	—	商晚	成王	殷/早
孝卣	成王	—	—	—	—	—	商晚	—	殷
征作父辛角	成王	—	—	—	—	—	商晚	—	早期
小子夫父己尊	成王	—	—	—	—	—	商晚	—	殷
凤作且癸簋	成王	—	—	—	—	—	商晚	—	早期
橐妇觚	成王	—	—	—	—	—	商晚	—	殷
黾妇爵	成王	—	—	—	—	—	商/早	—	殷/早
斑父丁簋	成王	—	—	—	—	—	早期	—	早期
珥方鼎	成王	—	—	—	—	—	早期	早期	早期
贤簋	成王	东周	—	—	—	中期	中期	中期	中期
歼作父辛器	成王	—	成王	—	—	—	早期	—	殷/早
亳鼎	成王	—	成王	—	—	—	早期	—	殷
乍盂	成王	—	—	—	早期	—	早期	—	早期
□作康公罍	成王	—	—	—	—	—	早期	—	早期
蔡尊	成王	—	成王	—	—	—	中前	—	早/中
盂爵	康王	昭王	成王	昭王	—	—	早期	康王	早期
高卣	康王	—	—	—	—	—	早期	—	早期
大保方鼎	康王	—	康王	康王	康王	成王	早前	成王	早期
大保卣	康王	—	—	—	—	—	早前	—	早期
成王方鼎	康王	—	康王	康王	康王	康王	康王	—	早期

292

器名	唐兰	郭沫若	陈梦家	刘启益	彭裕商	王世民	通鉴	铭文选	集成
作册大方鼎	康王	—	—	康王	康王	康王	早前	—	早期
王七祀壶盖	康王		—	—	—	—	早前		早期
史兽鼎	康王	—	成康	康王	昭王	—	早期	早期	早期
先兽鼎	康王	—	—	—	—	—	中前	—	早期
斎父丁鼎	康王		—		—	—	早期	—	早期
臣栯残簋	康王	—	—	—	成王	—	早期	成王	早期
大史辵甋	康王	—	康王	—	康王	—	早期	康王	早期
大保鼎作宗室方鼎	康王			—	早期	—	早后		早期
儒方鼎	康王				早期		早后		
大保方鼎	康王	—			—	—	早后		早期
穌父辛爵	康王	—		—	—	—	早期	—	早期
伯害盉	康王	—	康王	昭王	昭王	—	早后	康王	早期
害鼎	康王	—	康王	昭王	昭王	康王	早后	康王	早期
燕侯旨作父辛鼎	康王	—	—	—	康王	—	成康	成王	早期
匽侯旨鼎	康王	周初	—	康王	康王	康王	早期	成王	早期
鲁侯熙鬲	康王	—	康王	康王	康王	康王	早期	康王	早期
鲁侯爵	康王	东周			—	—	早期	成王	早期
鲁侯盉盖	康王			—	—	—	早期	中期	中期
宜侯夨簋	康王	—	成王	康王	康王	康王	早期	康王	早期
焂作周公簋	康王	康王	成康	康王	昭王	早期	早期	康王	早期
焂簋	康王	—	康王	康王	穆王		早期	昭王	早期
史喈簋	康王	康王	—	康王	康王	康王	康王	康王	早期
雍伯鼎	康王	—	—	—	早期	—	早期	早期	早期
隬作父乙尊	康王	—	成康	—	—	—	早期	早期	早期

器名	唐兰	郭沫若	陈梦家	刘启益	彭裕商	王世民	通鉴	铭文选	集成
大盂鼎	康王	康王	康王	康王	康王	康王	康王	康王	早期
小盂鼎	康王	康王	康王	康王	康王	康王	康王	康王	早期
叔夨方尊	康王	—	—	成王	昭王	—	早期	—	早期
叔夨方彝	康王	—	—	成王	昭王	昭王	早期	—	早期
乙未鼎	康王	—	—	—	—	—	商/早		早期
夲簋	康王	—	成王				早期		早期
曆方鼎	康王	—	—	—	早期	—	早前	中期	早期
作册翻卣	昭王	成王	成王	康王	昭王	—	昭王	昭王	早期
矢令方尊	昭王	成王	—	康王	昭王	昭王	早期	昭王	早期
矢令方彝	昭王	成王	成王	康王	昭王	昭王	早期	昭王	早期
明公簋	昭王	成王	成王	成王	昭王	—	早期	康王	早期
旅鼎	昭王	成王	成王	成王	成王	成康	康王	康王	早期
御正良爵	昭王	—	—		康王	—	早期	成王	早期
叔簋	昭王	—	成康	康王	康王	—	康王	—	早期
噴鼎	昭王	成王	成王	昭王	昭王	—	早期	康王	早期
员卣	昭王	成王	—	昭王	穆王	—	早期	昭王	早期
员方鼎	昭王	成王	—	昭王	穆王	早期	早后	昭王	早/中
旟鼎	昭王	—	—	康王	昭王	—	康王	昭王	早期
厚趠方鼎	昭王	成王	—	昭王	穆王	昭王	早期	昭王	早期
翩鼎	昭王	—	成康	昭王	昭王	—	早期	昭王	早期
小臣夌鼎	昭王	—	—	—	—	—	早期	—	早期
令鼎	昭王	成王	—	—	昭王	—	早期	昭王	早期
献簋	昭王	康王	成王	康王	康王	康王	早期	康王	早期
敔爨方鼎	昭王	—	成王	康王	昭王	康王	早后	早期	早期
小臣謎簋	昭王	成王	成王	穆王	昭王	康王	早期	康王	早期
寇鼎	昭王	成王	成王	康王	昭王	—	中前	康王	中期

器名	唐兰	郭沫若	陈梦家	刘启益	彭裕商	王世民	通鉴	铭文选	集成
吕行壶	昭王	成王	—	穆王	昭王	—	早期	康/昭	早期
叔趯土斧	昭王	—	—	—	—	—	晚期		西周
御正卫簋	昭王	成王	成王	穆王	穆王	康王	成王	昭王	早期
卫鼎	昭王	—	—	—	穆王	—	中期	—	中期
麦方尊	昭王	康王	—	康王	昭王	—	早期	康王	早期
井侯方彝	昭王	康王	—	—	康王	—	早期	康王	早期
麦盉	昭王	康王	—	康王	昭王	—	早期	康王	早期
麦方鼎	昭王	康王	—	康王	昭王	—	早期	康王	早期
士上尊	昭王	成王	—	成王	昭王	早期	早期	—	早期
士上卣	昭王	成王	—	成王	昭王	昭王	早期	昭王	早期
士上盉	昭王	成王	成王	成王	昭王	昭王	早期	昭王	早期
交鼎	昭王	—	成王	—	—	—	早期	—	殷
启卣	昭王	—	—	昭王	穆王	—	早期	孝王	早期
师艅鼎	昭王	—	—	昭王	—	—	早后	—	中期
师艅尊	昭王	—	懿王	昭王	—	—	早后	孝王	中期
不栺方鼎	昭王	—	—	昭王	中期	中期	昭王	—	中期
啓作且丁尊	昭王	—	—	昭王	—	—	早期	孝王	早期
小子生尊	昭王	—	成康	昭王	昭王	—	早后	昭王	早期
犾駿簋	昭王	昭王	—	昭王	昭王	—	昭王	昭王	中期
犾駿觥盖	昭王	—	—	昭王	—	—	早期	—	早期
過伯簋	昭王	昭王	—	昭王	—	—	早期	昭王	早期
霡簋	昭王	昭王	—	昭王	昭王	早期	早后	昭王	早期
作册夨令簋	昭王	成王	成王	康王	昭王	康昭	早期	昭王	早期
召尊	昭王	—	成王	—	昭王	昭王	昭王	昭王	早期
召卣	昭王	—	成王	康王	昭王	昭王	昭王	昭王	早期
不寿簋	昭王	—	恭王	—	—	中期	早期	昭王	中期

续表

器名	唐兰	郭沫若	陈梦家	刘启益	彭裕商	王世民	通鉴	铭文选	集成
息伯卣	昭王	—	成王	康王	昭王	—	早期	—	早期
中方鼎	昭王	成王	—	成王	昭王		昭王	昭王	早期
中瓶	昭王	成王	—	成王	昭王		早后	昭王	早期
中觯	昭王	成王	—	成王	昭王		早期	—	早期
鸤叔鼎	昭王	—	—	—	昭王		昭王	昭王	早期
中方鼎	昭王	成王	—	成王	昭王		早期	—	早期
遣尊	昭王	成王	—	康王	昭王	昭王	早后	昭王	早期
遣卣	昭王	成王	成王	康王	昭王	昭王	早期	昭王	早期
作册睘卣	昭王	成王	成王	康王	昭王	昭王	早期	昭王	早期
作册睘尊	昭王	—	—	康王	昭王	昭王	早后	昭王	早期
折方彝	昭王	—	—	康王	昭王	昭王	昭王	昭王	早期
作册折觥	昭王	—	—	康王	昭王	昭王	昭王	昭王	早期
作册折尊	昭王	—	—	康王	昭王	昭王	昭王	昭王	早期
相侯簋	昭王	—	—	—	早期	—	早期	早期	早期
保侃母簋盖	昭王	—	康王	成王	昭王		早期	—	早期
剌鼎	穆王	穆王	穆王	穆王	穆王		中前	穆王	穆王
趞簋	穆王	穆王	—	—	夷王	—	中期	穆王	中期
师旂鼎	穆王	成王	康王	穆王	穆王	康王	中前	康/昭	早/中
小臣宅簋	穆王	成王	成王	穆王	昭王		早期	康王	早期
𢼱簋	穆王	—	恭王	—	穆王		中期	—	中期
沈子它簋盖	穆王	昭王	康王	—	昭王		早期	康王	早期
作册魃卣	穆王	—	成王	康王	昭王	早期	早期	早期	早期
甗簋	穆王	—	昭王	—	中期		中期	—	中期
客簋	穆王	—	昭王	—	中期		中期		
君夫簋盖	穆王	穆王	—	—	晚期		中期	中期	中期
效父簋	穆王	—	—	—	成王	—	早前	早期	早期

器名	唐兰	郭沫若	陈梦家	刘启益	彭裕商	王世民	通鉴	铭文选	集成
乃父鼎	穆王	孝王	—	—	—	—	早期	—	早期
吕方鼎	穆王	穆王	—	穆王	穆王	—	穆王	穆王	中期
貉子卣	穆王	东周	康王	—	—	—	早后	中期	早期
己侯貉子簋盖	穆王	东周	康王	—	—	—	中前	中期	中期
命簋	穆王	—	—	—	穆王	中期	中前	早期	早/晚
窑鼎	穆王	—	—	—	中期	—	中前	中期	中期
窑簋	穆王	—	—	—	中期	—	中前	中期	中期
帅佳鼎	穆王	—	—	—	—	—	中前	—	中期
章伯取簋	穆王	—	昭王	—	穆王	—	早后	—	早期
毛公旅方鼎	穆王	—	康王	—	中期	—	早期	中期	早期
班簋	穆王	成王	成王	穆王	穆王	早期	中期	穆王	早期
孟簋	穆王	—	康王	穆王	—	恭王	中期	—	早期
静簋	穆王	穆王	成康	穆王	穆王	穆王	中前	穆王	早期
静卣	穆王	穆王	成康	穆王	穆王	—	中前	穆王	早期
小臣静卣	穆王	穆王	成康	穆王	昭王	—	早期	穆王	未收
遹簋	穆王	穆王	穆王	穆王	恭王	穆王	穆王	穆王	穆王
井鼎	穆王	—	—	—	穆王	—	中前	中期	早/中
小臣传簋	穆王	—	—	—	昭王	—	早期	昭王	早期
史懋壶	穆王	懿王	—	懿王	中期	—	中期	恭王	中期
免尊	穆王	懿王	懿王	懿王	中期	懿孝	中前	懿王	中期
免簋	穆王	懿王	懿王	懿王	中期	懿孝	懿王	懿王	中期
免簠	穆王	懿王	懿王	—	中期	—	中期	懿王	中期
免盘	穆王	懿王	懿王	懿王	中期	懿孝	中期	懿王	中期
大簋	穆王	—	恭王	孝王	厉王	—	中晚	夷王	中期
长由盉	穆王	—	穆王	穆王	恭王	穆王	中前	穆王	中期

器名	唐兰	郭沫若	陈梦家	刘启益	彭裕商	王世民	通鉴	铭文选	集成
守宫盘	穆王	懿王	懿王	懿王	中期	中期	中前	懿王	中期
逥父癸方彝盖	穆王	—	—	—	—	—	商晚	—	殷
农卣	穆王	—	—	—	穆王	—	中前	—	中期
效卣效尊	穆王	孝王	康王	孝王	穆王	中期	早后	恭王	中期
	穆王	孝王	康王	孝王	穆王	中期	早后	恭王	早期
庚嬴卣	穆王	康王	康王	穆王	穆王	早期	中前	康王	早期
庚嬴鼎	穆王	康王	—	穆王	穆王	康王	穆王	康王	早期
陵贮簋	穆王	孝王	—	—	—	—	早后	早期	中期
段簋	穆王	昭王	—	—	—	中期	懿王	懿王	中期
竞卣	穆王	穆王	康王	穆王	穆王	中期	中前	穆王	早期
御史竞簋	穆王	—	康王	穆王	穆王	—	中前	—	早期
伯遅父鼎	穆王	—	—	—	中期	—	中晚	—	中期
县妃簋	穆王	穆王	—	—	穆王	—	中期	穆王	中期
寏鼎	穆王	穆王	—	穆王	穆王	早期	中期	穆王	中期
遹甀	穆王	穆王	康王	穆王	穆王	—	中前	穆王	中期
稿卣	穆王	穆王	—	穆王	穆王	—	中前	穆王	中期
臤尊	穆王	穆王	—	穆王	穆王	中期	穆王	穆王	中期
仲竞簋	穆王	—	—	穆王	—	—	晚期		晚期
彔戜卣	穆王	穆王	—	穆王	穆王	—	中前	穆王	中期
伯戜簋	穆王	穆王	—	穆王	—	—	中前		中期
彔作辛公簋	穆王	穆王	—	穆王	—	—	穆王	穆王	中期
彔簋	穆王	—	—	—	穆王	—	中前	—	早期
彔伯戜簋盖	穆王	穆王	—	—	—	—	中期	穆王	中期
善鼎	穆王	穆王	—	—	中期	—	中期	中期	中期
曶壶盖	穆王	孝王	—	—	晚期	—	中期	孝王	中期

续表

器名	唐兰	郭沫若	陈梦家	刘启益	彭裕商	王世民	通鉴	铭文选	集成
守宫诸器	穆王	懿王	—	—	中期	—	早后	懿王	早期
弭叔师察簋	穆王	—	—	孝王	厉王	懿孝	中后	懿/孝	晚期
噩侯鼎	穆王	夷王	孝王	夷王	厉王	—	晚期	厉王	晚期
噩侯簋	穆王	夷王	孝王	—	—	—	晚期	—	晚期
遣叔吉父盨	穆王	—	—	—	晚期	—	中期	—	中期
㦰方鼎	穆王	—	—	穆王	穆王	穆王	穆王	穆王	中期
㦰方鼎	穆王	—	—	穆王	穆王	穆王	穆王	穆王	中期
㦰簋	穆王	—	—	穆王	穆王	穆王	穆王	穆王	中期
廿七年卫簋	穆王	—	—	穆王	孝夷	穆王	穆王	穆王	中期
师虎簋	恭王	恭王	恭王	孝王	厉王	懿王	懿王	懿王	中期
吴方彝盖	恭王	恭王	恭王	孝王	厉王	懿王	中前	懿王	中期
师瘨簋盖	恭王	—	恭王	懿王	厉王	恭王	中前	恭/懿	中期
七年趞曹鼎	恭王	恭王	恭王	恭王	懿/孝	恭王	恭王	恭王	恭王
牧簋	恭王	恭王	—	孝王	厉王	孝夷	中期	懿王	中期
利鼎	恭王	恭王	恭王	穆王	夷王	—	中后	恭王	中期
𠦪伯归夆簋	恭王	宣王	夷王	恭王	厉王	懿王	中后	恭王	晚期
走簋	恭王	恭王	恭王	懿王	厉王	恭王	中期	恭王	晚期
走钟	恭王	恭王	—	懿王	—	—	晚期	—	晚期
永盂	恭王	—	—	恭王	夷王	—	中期	恭王	中期
师毛父簋	恭王	恭王	恭王	恭王	中期	—	中期	恭/懿	中期
豆闭簋	恭王	恭王	恭王	恭王	中期	恭懿	中期	恭王	中期
师奎父鼎	恭王	恭王	恭王	恭王	夷王	恭王	中期	恭王	中期
十五年趞曹鼎	恭王	恭王	恭王	恭王	懿王	恭王	恭王	恭王	恭王
师汤父鼎	恭王	恭王	恭王	懿王	晚期	恭王	中后	恭王	中期
望簋	恭王	恭王	—	懿王	夷王	—	懿王	恭王	中期

续表

器名	唐兰	郭沫若	陈梦家	刘启益	彭裕商	王世民	通鉴	铭文选	集成
訇簋	恭王	—	夷王	—	厉王	恭懿	中期	恭王	晚期
师酉簋	恭王	懿王	孝王	夷王	晚期	晚期	中期	恭王	中期
走马休盘	恭王	宣王	夷王	懿王	厉王	恭王	中期	恭王	中期
益公钟	恭王	—	夷王	恭王	—	—	晚期	恭王	晚期
师遽簋盖	恭王	懿王	恭王	恭王	孝夷	懿王	恭王	恭王	中期
康鼎	恭王	懿王	孝王	—	厉王	晚期	中期	厉王	中/晚
同簋	恭王	懿王	孝王	恭王	厉王	—	中期	恭/懿	中期
卯簋盖	恭王	懿王	孝王	恭王	厉王	—	中期	懿王	中期
大簋盖	恭王	懿王	孝王	—	厉王	厉王	晚期	夷王	晚期
大鼎	恭王	—	孝王	懿王	厉王	厉王	晚期	夷王	中期
庚季鼎	恭王	夷王	—	恭王	夷王	—	中期	懿王	中期
尹姞鬲	恭王	—	昭王	恭王	中期	中期	中前	孝王	中期
公姞鬲	恭王	—	昭王	恭王	中期	中期	中前	—	中期
次尊	恭王	—	—	恭王	中期	—	中前	—	中期
次卣	恭王	—	—	恭王	中期	—	中前	—	中期
妓鼎	恭王	—	—	—	穆王	—	中期	—	中期
征人鼎	恭王	—	—	—	早期	—	早期	—	早期
虤簋	恭王	厉王	—	—	厉王	—	晚期	中期	晚期
季貞簋	恭王	—	—	—	穆王	—	中前	—	中期
宭鼎	恭王	—	—	恭王	孝夷	—	中期	穆王	中期
格伯簋	恭王	恭王	—	—	夷王	恭王	中期	恭王	中期
格伯作晋姬簋	恭王	恭王	—	—	—	—	恭王	—	中期
冕仲觯	恭王	恭王	—	—	孝夷	—	恭王	恭王	中期
趩觯	恭王	孝王	懿王	孝王	懿王	孝王	中前	懿王	中期
仲枏父诸器	恭王	—	懿王	懿王	宣王	恭王	中后	恭王	中期

器名	唐兰	郭沫若	陈梦家	刘启益	彭裕商	王世民	通鉴	铭文选	集成
載簋	恭王	宣王	恭王	恭王	孝夷	—	中期	孝王	晚期
史墙盘	恭王	—	—	恭王	恭王	恭王	恭王	恭王	中期
裘卫盉	恭王	—	—	懿王	孝夷	恭王	恭王	恭王	中期
五祀卫鼎	恭王	—	—	恭王	孝夷	—	恭王	恭王	恭王
九年卫鼎	恭王	—	—	恭王	孝夷	恭王	恭王	恭王	恭王
匡卣	恭王	懿王	懿王	懿王	孝王	—	中后	懿王	中期
师晨鼎	恭王	厉王	懿王	懿王	夷王	—	中期	孝王	中期
师俞簋盖	恭王	厉王	懿王	懿王	夷王	—	中期	孝王	中期
谏簋	恭王	厉王	懿王	懿王	夷王	孝王	中期	孝王	晚期
扬簋	恭王	厉王	懿王	懿王	夷王	—	中期	懿王	晚期
蔡簋	恭王	夷王	懿王	—	厉王	—	中期	夷王	晚期
大师虘簋	恭王	—	懿王	懿王	夷王	孝王	懿王	夷王	中期
大师虘豆	恭王	—	—	懿王	夷王	—	懿王	夷王	晚期
叔钟	恭王	—	—	懿王	夷王	孝王	中期	夷王	中期
叔钟	恭王	—	—	懿王	夷王	孝王	中期	夷王	中期
元年师旋簋	恭王	—	懿王	夷王	厉王	夷王	晚期	孝王	晚期
五年师旋簋	恭王	—	懿王	—	厉王	夷王	晚期	懿王	晚期
敔簋	恭王	夷王	康王	夷王	厉王	—	晚期	厉王	晚期
敔簋	恭王	夷王	康王	夷王	—	—	晚期	厉王	早期
盠方尊	恭王	—	恭王	恭王	懿王	懿孝	昭穆	孝王	中期
盠方彝	恭王	—	恭王	恭王	懿王	懿孝	昭穆	孝王	中期
盠驹尊	恭王	—	恭王	恭王	懿王	—	昭穆	懿王	中期
盠驹尊盖	恭王	—	—	—	—	—	昭穆	懿王	中期
师訇簋	孝王	厉王	厉王	夷王	宣王	—	晚期	懿王	晚期
禹鼎	孝王	—	夷王	—	厉王	—	夷王	厉王	晚期
曶盨	孝王	宣王	—	宣王	宣王	—	晚期	宣王	晚期

续表

器名	唐兰	郭沫若	陈梦家	刘启益	彭裕商	王世民	通鉴	铭文选	集成
番生簋盖	孝王	厉王	—	—	厉王	—	中期	孝王	晚期
卻**②**簋	孝王	—	恭王	—	—	—	晚期	昭王	晚期
史颂鼎	孝王	恭王	厉王	夷王	宣王	厉王	晚期	共和	晚期
史颂簋	孝王	恭王	—	夷王	宣王	厉王	晚期	共和	晚期
师𩵋鼎	孝王	—	—	恭王	恭王	恭王	恭王	恭王	恭王
鄩簋	夷王	幽王	—	宣王	宣王	厉王	晚期	厉王	晚期
颂鼎	夷王	恭王	夷王	—	宣王	厉王	晚期	宣王	晚期
颂簋	夷王	恭王	—	—	宣王	厉王	晚期	宣王	晚期
颂壶	夷王	恭王	—	—	宣王	厉王	晚期	宣王	晚期
不毁簋盖	夷王	夷王	宣王	—	宣王	晚期	晚期	宣王	晚期
伯克壶	夷王	夷王	厉王	宣王	宣王	厉王	孝王	孝王	晚期
王伯姜鬲	夷王	—	—	—	宣王	—	晚期	—	晚期
叔向父禹簋	夷王	厉王	孝王	—	厉王	—	晚期	厉王	晚期
叔向父簋	夷王	厉王	孝王	—	—	—	晚期	厉王	晚期
毕鲜簋	夷王	—	—	—	—	—	晚期	孝王	中期
奰簋	夷王	—	—	—	晚期	—	晚期	—	晚期
㝬钟	厉王	昭王	厉王	厉王	厉王	厉王	厉王	厉王	晚期
公臣簋	厉王	—	—	厉王	厉王	—	厉王	厉王	晚期
儳匜	厉王	—	—	懿王	厉王	—	中后	懿王	晚期
此鼎	宣王	—	—	宣王	宣王	宣王	宣王	厉王	晚期
此簋	宣王	—	—	宣王	宣王	宣王	宣王	厉王	晚期
辅师嫠簋④	穆王	—	懿王	夷王	厉王	中期	中后	夷王	晚期
服方鼎	穆王	—	—	—	穆王	—	中前	—	中期
丰作父辛尊	穆王	—	—	穆王	穆王	穆王	穆王	穆王	早期
丰卣	穆王	—	—	穆王	穆王	穆王	穆王	穆王	早期
丰父辛爵	穆王	—	—	穆王	穆王	—	穆王	—	早期

续表

器名	唐兰	郭沫若	陈梦家	刘启益	彭裕商	王世民	通鉴	铭文选	集成
曶鼎	恭王	孝王	懿王	懿/孝⑤	厉王	—	中后	懿王	中期
墙父乙爵	恭王	—	—	—	—	—	恭王	恭王	中期
廙鼎 廙盨 廙簋 十三年廙壶 廙钟	懿王	—	—	懿王	厉王	—	中后	—	中期
	懿王	—	—	懿王	夷王	孝王	懿王	孝王	中期
	懿王	—	—	懿/孝	厉王	孝王	孝王	—	中期
	懿王	—	—	孝王	厉王	孝王	懿王	孝王	中期
	懿王	—	—	懿/孝	厉王	孝王	孝王	懿/孝	中期
毛公鼎	孝王	宣王	夷王	宣王	宣王	宣王	晚期	宣王	晚期
善夫克盨	厉王	厉王	夷王	—	宣王	厉王	晚期	孝王	晚期
师克盨	厉王	—	厉王	—	宣王	厉王	晚期	孝王	晚期
大克鼎	厉王	厉王	夷王	宣王	宣王	夷厉	孝王	孝王	晚期
小克鼎	厉王	厉王	夷王	宣王	宣王	夷厉	晚期	孝王	晚期
师𡢁簋	厉王	宣王	—	—	宣王	晚期	晚期	宣王	晚期
𡢁盘	厉王	厉王	—	—	宣王	厉王	晚期	厉王	晚期
𡢁鼎	厉王	厉王	—	—	—	—	晚期	—	晚期
伊簋	厉王	厉王	—	—	宣王	厉王	晚期	恭王	晚期
南宫柳鼎	厉王	—	孝王	夷王	厉王	晚期	夷王	厉王	晚期
无㠱簋	厉王	厉王	昭王	懿王	厉王	中期	厉王	孝王	中期
𢼸簋	厉王	厉王	孝王	厉王	—	—	晚期	厉王	早期
㝬其鼎	厉王	—	夷王	—	厉王	晚期	晚期	夷/厉	晚期
㝬其壶	厉王	—	夷王	—	厉王	晚期	中期	夷/厉	晚期
㝬其钟	厉王	—	夷王	—	厉王	晚期	晚期	夷/厉	晚期
伯㝬其盨	厉王	—	夷王	—	厉王	晚期	晚期	夷/厉	晚期
善夫㝬其簋	厉王	—	夷王	—	厉王	晚期	晚期	—	晚期
翏生盨	厉王	—	孝王	夷王	厉王	厉王	晚期	厉王	晚期
虢仲盨盖	厉王	厉王	厉王	—	厉王	—	晚期	厉王	晚期

器名	唐兰	郭沫若	陈梦家	刘启益	彭裕商	王世民	通鉴	铭文选	集成
虢叔旅钟	厉王	厉王	—	宣王	宣王	厉王	晚期	厉王	晚期
士父钟	厉王	厉王	—	宣王	—	—	晚期	—	晚期
丼人妘钟	厉王	宣王	夷王	宣王	厉王	—	晚期	夷/厉	晚期
𬛁钟	厉王	懿王					晚期	—	晚期
内公钟	厉王		—		晚期	—	春秋	晚期	晚期
内公鼎	厉王	—	—		晚期	—	春秋	—	春秋
内公簋盖	厉王	—	—		晚期	—	春秋	—	晚期
内公壶	厉王						春秋	春秋	晚期
穌公子簋	厉王				晚期		春秋	晚期	春秋
散氏盘	厉王	厉王	—	宣王	厉王	—	晚期	厉王	晚期
鬲比盨	厉王	厉王	夷王	宣王	宣王	厉王	晚期	厉王	晚期
鬲攸从鼎	厉王	厉王	夷王	宣王	厉王	厉王	晚期	厉王	晚期
召伯虎簋	宣王	宣王	孝王	共和	宣王	中期	晚期	孝王	晚期
杜伯盨	宣王	宣王	—	宣王	晚期	晚期	晚期	—	晚期
驹父盨盖	宣王	—	—	宣王	宣王		晚期	宣王	晚期
无叀鼎	宣王	宣王	—	宣王	宣王	宣王	晚期	宣王	晚期
兮伯吉父盨	宣王	—	—	厉王	—		晚期	宣王	晚期
克钟	宣王	夷王	—		宣王		晚期	—	晚期
兮甲盘	宣王	宣王	宣王		宣王	宣王	晚期	宣王	晚期
虢季子白盘	宣王	夷王	宣王	宣王	宣王	宣王	晚期	宣王	晚期
虢宣公子白鼎	宣王	—	—	宣王			晚期		晚期
虢文公子㤅鼎	宣王	—		宣王	晚期	—	晚期		晚期
虢季氏子組簋	宣王	—		夷王	—		晚期	—	晚期

续表

器名	唐兰	郭沫若	陈梦家	刘启益	彭裕商	王世民	通鉴	铭文选	集成
虢季氏子綏壶	宣王	—	—	夷王	晚期	—	晚期	—	晚期
函皇父鼎	宣王	—	孝王	—	宣王	晚期	厉王	幽王	晚期
函皇父簋	宣王	厉王	孝王	—	宣王	—	晚期	幽王	晚期
函皇父盘	宣王	厉王	孝王	—	宣王	晚期	厉王	幽王	晚期
函交仲簠	宣王	—	孝王	—	宣王	—	晚期	—	晚期

注：①本表中铜器的排列顺序依据唐兰《西周青铜器铭文分代史征》，青铜器名称则依据《殷周金文集成》（表中简称"集成"）。表中"通鉴"指吴镇烽《商周金文资料通鉴》，"铭文选"指马承源主编《商周青铜器铭文选》，"—"表示此器未被收录或未作断代，"夷/厉"表示"夷王或厉王"时期，"早前"为"早期前段"的省称，"中后"为"中期后段"的简称，"中晚"则指"中晚期"，与"中后"不同，它处以此类推。《西周青铜器分期断代研究》一书中有"为西周早期偏晚约当昭王前后器"这样的说法，本表直接定为"昭王"。

②唐兰所称与禽簋同铭之禽鼎未见著录。

③此器原著录于《西清续鉴甲编》卷一，名为周甲戌方鼎，容庚定疑，《乾隆四鉴综理表》认为是真器，《集成》未收。陈梦家在《西周铜器断代》第368页说："此鼎花纹、形制极好，是成王时器。"

④以下为《西周青铜器铭文分代史征》附件二所收青铜器。

⑤刘启益认为曶鼎跨越了懿孝两代。参看氏著《西周纪年》第332页。

资料来源：唐兰《西周青铜器铭文分代史征》，中华书局，1986；郭沫若：《两周金文辞大系图录考释》，科学出版社，2002；陈梦家：《西周铜器断代》，中华书局，2004；刘启益：《西周纪年》，广东教育出版社，2002；彭裕商：《西周青铜器年代综合研究》，巴蜀书社，2003；王世民、陈公柔、张长寿：《西周青铜器分期断代研究》，文物出版社，1999；吴镇烽：《商周金文资料通鉴》（光盘版），陕西省考古研究所，2008；马承源主编《商周青铜器铭文选》，文物出版社，1988；中国社会科学院考古研究所编《殷周金文集成》（修订增补本），中华书局，2007。

后　记

　　本书是在我博士论文的基础上修订而成的，撰写与出版得到了众多师友的关心与支持，在此一并致以诚挚的谢意。

　　2002 年，我从沈阳师范大学考入吉林大学古籍研究所，有幸成为著名古文字学家吴振武先生的弟子。2005 年硕士毕业后，我继续在吴振武先生的指导下攻读博士学位，并于 2010 年顺利毕业。在古籍研究所八年的学习期间，我有幸修读了林沄先生、吴振武先生、冯胜君先生及吴良宝先生等多位老师的课程。在这些杰出学者的熏陶下，我才有信心投身于学术研究。至今，各位师长的教诲仍深刻地影响着我。能够有机会聆听古文字学界各位大师的课程，是我人生中最为荣耀和难忘的时刻。在吉林大学古籍研究所，我有幸结识了蒋玉斌、程鹏万、周忠兵、单育辰、李松儒、李春桃等优秀的同学。他们的成就常令我感到惭愧，同时也激励我不断努力。

　　2005 年寒假，吴振武先生要求我们几位博士生在"杂志缝"中寻找博士论文选题。当时，李学勤先生提出了"重写学术史"的观点，因此我选择了唐兰先生作为我的研究对象，计划撰写一部与学术史相关的博士论文。由于当时《唐兰全集》尚未出版，资料搜集颇为不易，经过四年多的努力，我才完成了博士论文。我深知论文尚有不足之处，因此一直未予出版。今天呈现的这本书虽然经过了修改，但仍未达到我的预期。然而，学术研究是永无止境的，本书的出版权且作为我这一阶段学习的总结。

初入学术圈的年轻人常常试图为学术界的大师们排定座次，就像"兵器谱排名"一样。在本书的撰写过程中，我深刻体会到，评价一位古文字学家，考释古文字的数量只是评价标准之一，绝非唯一标准。以唐兰先生为例，虽然他专门的考释文章不多，但他总结的科学考释方法至今仍具有深远的影响。唐先生天资聪颖，但因个人兴趣爱好过于广泛，许多研究计划未能完成。今天的学者可以此为鉴，不贪多求全。

古文字资料的珍贵众所周知，动辄上千元的书籍常常让人望而却步。我要特别感谢我的妻子金欣，她是一位朴实节俭的女性，从不干涉我购买书籍之事，总是默默地给予支持。本书的出版也有她的一份功劳。

本书得到了辽宁大学文学院新文科建设项目的资助，我在此感谢胡胜院长的信任与无私帮助。

本书中包含了大量的引文和自造字，这给校对和排版带来了不少挑战。我要感谢本书编辑高雁女士的包容和耐心，是高女士无私的帮助才使得本书能够顺利出版。

李　刚

2024 年 10 月

写于沈阳日学时行斋

图书在版编目（CIP）数据

唐兰金石学成就论考／李刚著 . --北京：社会科
学文献出版社，2025. 1. --ISBN 978-7-5228-4193-9

Ⅰ. K877.24

中国国家版本馆 CIP 数据核字第 2024AY1838 号

唐兰金石学成就论考

著　　者／李　刚

出 版 人／冀祥德
责任编辑／高　雁
责任印制／王京美

出　　版／社会科学文献出版社 （010）59367226
　　　　　　地址：北京市北三环中路甲 29 号院华龙大厦　邮编：100029
　　　　　　网址：www.ssap.com.cn
发　　行／社会科学文献出版社 （010）59367028
印　　装／三河市龙林印务有限公司

规　　格／开　本：787mm×1092mm　1/16
　　　　　　印　张：19.5　字　数：252 千字
版　　次／2025 年 1 月第 1 版　2025 年 1 月第 1 次印刷
书　　号／ISBN 978-7-5228-4193-9
定　　价／158.00 元

读者服务电话：4008918866